Edith Sitwell

ENGLISCHE EXZENTRIKER
EINE GALERIE HÖCHST MERKWÜRDIGER
UND BEMERKENSWERTER DAMEN UND HERREN

Aus dem Englischen, mit einem
Vorwort und einer Nachbemerkung von Kyra Stromberg

Verlag Klaus Wagenbach   Berlin

Seite 2 zeigt Mr. Herbert Spencer

Die Originalausgabe erschien 1933 unter dem Titel *English Eccentrics* bei Faber & Faber in London

6.–8. Tausend Januar 1988
© 1987 für die deutsche Ausgabe: Verlag Klaus Wagenbach   Ahornstraße 4   1000 Berlin 30
Gesamtausstattung: Rainer Groothuis. Der Umschlag verwendet ein Foto von Cecil Beaton (© Sotheby, London)
Gesetzt durch Nagel Fototype, Berlin, aus der Borgis Janson Antiqua
Druck und Bindung durch die Druckerei Wagner, Nördlingen
Lithographien: Reprowerkstatt Rink, Berlin
Printed in Germany. Alle Rechte vorbehalten. ISBN 3 8031 3538 9

INHALT

Vorwort
7

›GÄNSEWETTER‹
19

VON URALTEN UND SCHMUCK-EREMITEN
33

VON EINIGEN SPORTSLEUTEN
53

VON EINIGEN MODELIEBHABERN
67

EIN BEOBACHTER DER MENSCHENNATUR
89

PORTRÄT EINER GEBILDETEN DAME
103

VON EINIGEN GELEHRTEN HERREN
117

CHARLES WATERTON,
DER SÜDAMERIKANISCHE WANDERER
131

DER HERR DIESER WELT
147

SERIÖSE KREISE
157

Nachbemerkung
172

VORWORT

Da kommt sie – ein »großer vom Wind gezauster Vogel«, gut ein Meter achtzig groß, überschlank, in fließenden Samt, bauschende Brokate oder sanfte, dunkle Wolle gehüllt, nicht à la mode gewandet, sondern nach ihrem eigenen Kopf – diesem Kopf eines exotischen Raubvogels mit dem »Schnabel einer Harpyie« und der hohen Stirn über den tiefliegenden, kühl-melancholischen Plantagenet-Augen, die gekrönt wird von phantastischem Federputz, die langen Hände mit den silbern oder perlmutten gelackten Fingernägeln und die schmalen Handgelenke beschwert von riesigen Ringen und Reifen ... Es ist Edith Sitwell, Dame of the British Empire in höherem Alter, die große englische Lyrikerin, Essayistin und Exzentrikerin, den Malern und Fotografen ihrer Epoche eine Augenweide, den konventionellen Zeitgenossen ein Dorn im Fleisch, allem Neuen in der Kunst eine wortgewaltige Fürsprecherin – »... eine der drei oder vier bedeutenden Dichterstimmen in einem Zeitalter tragischer Umwälzung und sozialer Einebnung in der ganzen Welt«, wird John Lehmann, der Verleger-Freund ihrer späten Jahre nach ihrem Tode, 1964, schreiben.

»Exzentrik«, schreibt sie selbst in ihren autobiographischen Notizen ›Taken Care of‹, die 1965 erschienen, »Exzentrik ist *nicht*, wie langweilige Leute uns glauben machen wollen, eine Form von Verrücktheit, sondern oft eine Art unschuldiger Stolz. Geniale und aristokratische Menschen werden häufig als exzentrisch betrachtet, weil das Genie wie der Aristokrat vollkommen unerschrocken und unbeeinflußt sind von den Meinungen und Launen der Masse.« Auf sie trifft gleich beides zu: Sie ist eine genial begabte Aristokratin. Und beides ist mißverständlich und muß ausführlicher erklärt werden.

Edith Sitwell, geboren am 7. September 1887 in Wood End, Scarborough, dem Landsitz ihrer aus ältestem englischen Adel stammenden Familie, war das erste Kind von Sir George und Lady Ida Sitwell und – eine Enttäuschung. Für den Vater allemal, aber auch für die blutjunge schöne Mutter: Sie war ein Mädchen, und sie war – jedenfalls nach den Schönheitsbegriffen der Epoche – »unansehnlich« wie sich bald zeigte. »She was plain and she knew it«, heißt es in dem in der dritten Person geschriebenen Selbstportrait, das 1936 unter dem Titel ›That English Eccentric Edith Sitwell‹ in einer englischen Zeitschrift erschien. »Warum«, fragt sie an anderer Stelle, »sollte man versuchen, wie ein Pekinese auszusehen, wenn man ein Windhund ist?« Und sie bekennt sich zur »höchstmöglichen Stilisierung« der eigenen Person. Nicht vertuschende – kompensierende – Aufmachung ist gemeint, son-

Familie Sitwell
Gemälde von J. S. Sargent

dern das Gegenteil: das Hervortreiben und Sichtbarmachen dessen, was einer oder eine ist – Windhund eben oder Pekinese.

Jedes Kind erlebt die Familie anders, vor allem wenn die Abstände zwischen den Geschwistern groß sind. Für Edith, die unwillkommene Erstgeborene, war die Umgebung ihrer Kindheit eine Art Hölle: geistige Strangulation, Unterdrückung aller Neigungen und Talente durch Anpassung an das gesellschaftliche Ideal, körperliche – und psychische – Leiden durch eine verfehlte Behandlung ihres – zweifellos schwachen, überlangen – Rückens: das Mädchen wird in ein Stahlkorsett – ihre »Bastille« – gesperrt, das sie ständig mit sich herumträgt und das eine lebenslange Schädigung bewirkt.

Der Vater tritt kaum in Erscheinung: er betreibt Genealogie, lebt vorzugsweise im elften und zwölften Jahrhundert und frönt etwas ratlos und beliebig der hereditären Bauleidenschaft, um, wie er einmal zu einem seiner Söhne äußert, »sich einen Namen zu machen«. Die Mutter, blendend schön, generös bis zur Leichtfertigkeit, leer – weil zur Leere erzogen – und ohne wirkliche Aufgabe, außer einer gelegentlich ausschweifenden Gastfreundschaft, macht sich von Zeit zu Zeit in ungeheuren – und unerwarteten – Wutanfällen Luft. Der Heftigkeit ihres – meist gezähmten – Temperaments entspricht die »intensive Reizbarkeit« der Tochter, die sich rückblickend »a violent child« – ein überaus heftiges Kind – nennt. Bequem war sie gewiß nicht. Aber »es gibt wohl kaum ein Kind, das von seinen Eltern so falsch

›The Triad of Genius‹:
Edith Sitwell mit ihren Brüdern Osbert (oben) und Sacheverell (unten)

behandelt worden ist wie meine Schwester«, schreibt Osbert Sitwell in seiner Autobiographie ›Linke Hand – rechte Hand‹.

Das Urteil der Tochter läßt denn auch an Härte nichts zu wünschen übrig: Sie findet das Leben der Eltern »zu nichts nütze«, was sie tun überflüssig. Das einzige, was ihnen gelungen sei, meint sie nicht ohne Selbstgefühl, seien ihre drei Kinder. Die beiden jüngeren Brüder Osbert und Sacheverell können die Eltern in einem milderen Licht sehen. Sie zeigen zwar gleiche Neigungen und eine ähnliche literarische Begabung wie die Schwester, sind aber als Söhne willkommen, ja, geliebt und durch die den Mann privilegierende Upper-class-Erziehung weniger geschädigt. Und sie sind ihr zugeneigt, sie ist ihr Vorbild, so wie sie im Laufe des Lebens der eigentliche familiäre Rückhalt der Schwester sind – und mehr. Ein seltener Glücksfall. Erstaunlich sind sie überhaupt, diese drei Spätlinge einer langen Ahnenkette, diese ›Triad of Genius‹, dieses formidable Trio, als das sie gern auftreten und in dem Edith zweifellos – und von den Brüdern anerkannt – die führende Stimme zufällt.

Ihr poetisches Talent gedeiht – trotz aller Entmutigungen durch die häusliche Umwelt – vielleicht auch im Schutz einer gewissen ländlichen Verborgenheit und gestärkt durch ihren beharrlichen Widerstand. Aber erst mit siebenundzwanzig Jahren kann sie es endlich wagen, ganz offen nicht als das zu erscheinen, was sie nicht ist: die hübsche, wohlerzogene, gefällig plaudernde Tochter aus sehr gutem Hause, die sich, spätestens ab siebzehn, darum bemühen muß, standesgemäß und gut verheiratet zu werden. (Bei einer solchen geselligen Gelegenheit sprach sie mit ihrem dafür ausersehenen Tischherrn, einem ahnungslosen Baronet, über Brahms, worüber er sich bei den Eltern bitter beklagte. Die Ehe kam nicht zustande.) Sie liest Gedichte von Swinburne und legt Rosen auf sein Grab, was dazu führt, daß der Gedichtband konfisziert und sie strengstens zur Rechenschaft gezogen wird. (Swinburne galt in ihren Kreisen als anstößig.) Kurz vor dem Ersten Weltkrieg kann sie das Elternhaus verlassen und sich, begleitet von ihrer Gesellschafterin und lebenslangen Freundin, Helen Rootham, als Anstandsdame, aber finanziell dürftig ausgestattet, in einem äußerst bescheidenen Domizil in London etablieren. (Pembridge Mansions bleibt lange Zeit ihre ständige Adresse.) Sie ist, wie sie einmal notiert, »das arme Mitglied einer reichen Familie«. Schon bei einem frühen Aufenthalt in Paris (der Tochter konzediert, um ihr Französisch gesellschaftsfähig zu machen) hatte Helen Rootham ihr die Moderne in Frankreich nähergebracht: die Symbolisten Rimbaud und Verlaine, Picasso und Kandinsky, Diaghilew und Strawinsky – Zeitgenossen und Neuerer.

Die Londoner Jahre der späten Freiheit fördern zutage, was sich an kreativer Kraft aufgestaut hat: Es entstehen und erscheinen die ersten Gedichte. ›The Sleeping Beauty‹, ein größeres Poem auf das Erwachen des – weiblichen – Bewußtseins, wird allerdings erst 1924 veröffentlicht. Zuvor erscheint der Gedichtzyklus ›Façade‹, die erste wichtige Probe ihrer poetischen Möglichkeiten. Bei der Lesung – eher eine von der kühnen Musik William Waltons begleitete Inszenierung – kommt es zum Eklat. Die Art, wie die junge Dichterin tradierte und populäre Formen – Kinderreim, Lied und Tanz – spielerisch und verfremdend handhabt, die Freiheit, die sie sich mit ungewöhnlichen Wortkombinationen und Sprachbildern, mit Klang und Rhythmus nimmt, die Respektlosigkeit, mit der sie ehrwürdige Überzeugungen aus der ›Mäuse-Perspektive‹ betrachtet - das alles schockiert. »Rhythmus«, schreibt sie später in den Anmerkungen zu ihren eigenen Gedichten (1957) »ist einer der wichtigsten Vermittler zwischen Traum und Wirklichkeit«. Die Kritik wirft ihr vor, es sei ihr nur um das ›épater le bourgeois‹, um die eigene Wirkung zu tun – was noch zu den milderen Vorwürfen gehört. Sie wehrt sich: sie meine etwas anderes. Und sie wird nicht müde werden zu erklären, was sie meint.

Der Höhepunkt dieser ersten intensiven Schaffensperiode und zugleich ein Wendepunkt ist das große Gedicht ›Gold Coast Customs‹ (Gebräuche an der Goldküste), das kannibalischen Primitivismus mit dem Verhalten der eigenen Epoche gleichsetzt, eine komplizierte Verquickung. Zu der Lust am polemischen, verstechnisch verzwickten Spiel mit Überliefertem kommt eine strengere Komposition in drei konzentrisch aufeinander bezogenen Kreisen. Dem Inhalt nach ist es das erste ihrer kritisch-prophetischen Zeit-Gedichte, die ihren Abschluß finden in dem späten ›The Shadow of Kain‹ (Der Schatten des Kain) einem der ›Three Poems of the Atomic Age‹ (Drei Gedichte des Atomzeitalters).

Mit Recht bezieht Edith Sitwell auf ihr eigenes dichterisches Verfahren, was über den ihr geistesverwandten Dichter Villiers de l'Isle-Adam, einen der frühesten Symbolisten, gesagt worden ist: »Wörter und Gedanken, die seit der Zeit Babylons nicht mehr zusammengebracht wurden, prallen in einer widersprüchlichen Verbindung zusammen.« Der Widerspruch, die funkenschlagende Reibung dieses Aufeinanderpralls treibt neuen Sinn aus den Wörtern hervor. Sie experimentiert mit Assonanzen und Dissonanzen, mit End- und Innenreim, und so sehr der Intellekt prüfend und korrigierend eingreift – Bild, Klang und Rhythmus haben ihren Ursprung in der Präzision der sinnlichen Wahrnehmung.

Von Anbeginn ist sie, die sich mit vier Jahren allein das Lesen beibringt und mit dreizehn heimlich Alexander Popes langes Versgedicht ›The Rape of the Lock‹ auswendig lernt, mehr Poetin als Intellektuelle. Sie ist – auch wenn sie sich »immer ein wenig abseits vom Leben fühlt« – mit einer immensen und intensiven Wahrnehmungsfähigkeit für die ›Welt‹ ausgestattet, mit hochempfindlichen Sinnen, einem leidenschaftlichen Temperament. Welt – das ist für sie Natur im weitesten Sinne, Kosmos. Es sind die Menschen, die in ihren Augen diesen Namen verdienen, Geschöpfe, die geworden sind, was in ihnen angelegt ist: »selfdeveloped persons« – und es sind ihre Widersacher, die ihnen als träge Masse entgegen stehen. Zunehmend gewinnen die Zeitereignisse Bedeutung, die sich für sie verzerrt und verwirrend an der Oberfläche der Aktualität spiegeln und die sie mitleidend und immer tiefer treffend an ihrer Wurzel erfaßt.

Sie bleibt, was sie als Kind schon war: eine Einzelgängerin. Sie verabscheut die Masse, wie das ›Massenbewußtsein‹, in dem sich für sie »sklavische Gesinnung und Grausamkeit« verbergen. Aber Abscheu vor der Masse, betont sie, heiße nicht, daß sie Menschen nicht möge. Und Menschen sind für sie, zum Beispiel, ihr Kindermädchen Davis, ihr alter Butler Henry Moat, ihre Freundin und einstige Gesellschafterin Helen Rootham, die für die armen »feinen Kinder« die einzigen wirklich tröstlichen Figuren ihrer frühen Jahre waren und denen alle drei Geschwister ihr Leben lang eine liebe- und respektvolle Treue hielten.

Sie ist so streitbar wie verletzlich, und sie hofft, daß die von ihr Herausgeforderten das gleiche Vergnügen an der Auseinandersetzung um der Sache willen haben wie sie selbst. Und die Sache heißt immer: die neue – die erneuernde – Kunst: Dichtung, Malerei, Musik und ihre vielfältigen Mischungen und Grenzüberschreitungen. Sie attackiert nie den deutlich Schwächeren und nie eine vermeintliche persönliche Schwäche, wie es ihr so oft auf rüdeste Art widerfährt. Aber sie ist scharf und unerbittlich, da wo sie auf Dummheit, Geistesträgheit, Übelwollen derer stößt, die sich ein maßgebendes Urteil herausnehmen.

Immer wieder stellt sie sich den Angriffen auf ihre, auf die ›moderne Dichtung‹ überhaupt: antwortet mit erläuternden Repliken in Tageszeitungen und Zeitschriften, erörtert eingehend das Verhältnis zwischen Schreibenden und Lesern (›Readers and Writers‹), äußert sich in poetologischen Exkursen, in Notizen zu ihrer eigenen dichterischen Erfahrung, in Vorwor-

Leonard Woolf   *Virginia Woolf*

ten zu Anthologien zeitgenössischer englischer und amerikanischer Dichtung, die sie herausgibt (unter anderen die seit 1916 in mehreren Jahrgängen erscheinende Sammlung ›Wheels‹).

In ›Poetry and Criticism‹ (Dichtung und Kritik), einer kleinen Schrift, die 1925 in der Hogarth Press von Leonard und Virginia Woolf gedruckt wird, versucht sie die Unerläßlichkeit einer dichterischen Innovation gerade für ihre eigene Epoche zu begründen. Sie sieht sie als »eine Zeit des Aufruhrs und der Kämpfe im Bewußtsein der Dichter«, als »eines der Zeitalter, die alle hundert Jahre einmal wiederkehren, in denen die Dichter die Ansprüche der Tradition – sofern sie den dichterischen Prozeß, die dichterische Technik betrifft – gründlich überprüfen müssen.« Solche Überlegungen habe es zu allen Zeiten bedeutender Dichtung gegeben, sagt sie. Ausgangspunkt aller theoretischen Darlegungen ist für sie, die hochgebildete Autodidaktin, die mehrere Doktorhüte erwarb, die Erfahrung des eigenen Dichtens. In ›A Poet's Notebook‹ beschreibt sie 1943 mit der Genauigkeit des Insiders diesen Prozeß: »Der Dichter führt das von ihm Gewollte instinktiv aus, zugleich aber wissend. Das Wissen ist bei ihm Instinkt geworden und wirkt während der Konzeption eines Gedichtes in ihm, als sei es bloße ›Natur‹. Wenn das Gedicht fast vollendet ist, wenn die Inspiration das ihre gesagt hat, dann – erst dann – wird dieses Wissen wieder zum bewußten Wissen.«

Auf den häufig gehörten Vorwurf, sie und ihre Geistesgenossen seien unverständlich, verschroben, sie malträtierten die englische Sprache, sagt sie klipp und klar, was sie *nicht* unter Dichtung versteht, nämlich: die hübschen kleinen Gelegenheitsgedichte, die niemand wehtun und deren privater Inhalt sich in einer unverletzenden weil abgetragenen Sprache kundtut, manchmal auch in einer handlichen Prosa, die nur durch die Brechung der Zeilen als Gedicht zu erkennen ist. Sie meint mit Dichtung nicht ›erhabene‹ Gegenstände, wohl aber für die Zeit essentielle. Und sie meint die ihnen entsprechende Art der Mitteilung – also neue Bilder, einen neuen Ton. Das Musikalische der Sprache – Laut und Rhythmus – ist für sie, die lange zögerte, ob sie Pianistin werden sollte, von größter Bedeutung.

Ihr Verständnis für – zeitgenössische – Musik geht über die enge Freundschaft mit Musikern und Komponisten, wie Benjamin Britten, und eine persönliche Wertschätzung hinaus. Ihre Gedichte haben früh und ungewöhnlich häufig zu Vertonungen geführt oder richtiger zu einer dichterisch-musikalischen Kooperation.

Ein anderer, nicht minder häufiger Vorhalt der Kritik war: die ›Modernen‹ verachteten die große Tradition der englischen Dichtung. Dazu Edith Sitwell: »Daß Dichtung frisches Leben und neue Kraft und also Veränderung braucht, heißt nicht, daß die alten Dichter weniger geschätzt werden als die neuen. Diese Veränderung . . . zerstört das Alte nicht, aber sie bringt das Neue hervor.« Man müsse sich von der jüngsten Dichtung, ihrenzu Konvention erstarrten Formen lösen und an älteren Traditionen anknüpfen, rät sie, also verkürzt gesagt: weg von Tennyson und hin zu den Elisabethanern.

Ihre Streitlust beschränkt sich nicht nur auf das eigene künstlerische Metier. Es gibt noch andere Ziele als inkompetente Kritiker, auf die sich Dame Ediths Zorn richtet. Diese avantgardistische Dichterin der Moderne ist zugleich überaus kritisch gegen die eigene Epoche. Anstößig sind ihr die hirnlosen Reichen alter und neuer Provenienz, anstößig auch die ›County‹, der Adel, der seine Noblesse eingebüßt hat und seine Privilegien nutzlos auf seinen Landgütern vertut. Ähnlich ärgerlich aber ist ihr die neue Bohème, für die das Neue in der Kunst zur Mode wird, die man schnell wechselt, fatal sind ihr die ›culture vultures‹ – die Geier (unsere ›Hyänen‹) des Kulturbetriebs, ». . . all diese am Kleinen klebenden Hühnerköpfe, die giggelnd am großen Ruhm herumpicken, all dieses müßige Bewunderungsgeschwätz, das, wenn wir es zuließen, uns die neue Kunst verderben könnte.«

Edith Sitwells Bedürfnis, einer ›Gruppe‹ anzugehören, ist gering. Bloomsbury, die berühmteste unter denen der Jahre vor und nach dem Ersten Weltkrieg, ist ihr zu einseitig intellektuell, zu wenig auf die sinnliche Kultur aus, die sie meint und die alle Künste umfaßt. Aber mit Virginia Woolf, deren tonangebendem Mitglied, verbindet sie eine wenn nicht innige so doch verständnis- und achtungsvolle Beziehung, was wiederum Spitzzüngiges auf beiden Seiten nicht ausschließt. Ihre Fähigkeit zur Freundschaft ist immens, die Intensität und Zahl ihrer über große Distanzen hinweg gelebten freundschaftlichen Verbindungen erstaunlich. Ihre Briefe geben darüber Auskunft. Der Angel-, der Kristallisationspunkt dieser Beziehungen ist immer die ›Sache‹, die leidenschaftlich verfochtene Sache der Kunst. Sie läßt Raum für unmittelbare persönliche Anteilnahme. Häufig sind es fast noch unbekannte Dichter oder Musiker der eigenen und der jüngeren Generation, für die sie ficht, und immer verläßt sie sich dabei auf ihr »absolutes Gehör« für Qualität. Bei aller Streitbarkeit bleibt sie fair. So heftig sie, zum Beispiel, Lyrik von Frauen in Vergangenheit und Gegenwart angreift, so entschieden und begründet hebt sie einige unter ihnen hervor – auch wenn sie nicht ganz das gleiche Ziel in der Dichtung verfolgen wie sie. Zu diesen gehört die ›Imaginistin‹ H. D. (Hilda Doolittle), die einem anderen Londoner Zirkel, aber der gleichen »unerwartet blühenden Generation« (John Lehmann) angehört. In der Tat ist die Fülle der verschiedensten Talente, die sich in dieser Epoche in London zusammenfinden, verblüffend. Gegen einen Teil dieser zeitgenössischen Literaten ist ihr Urteil harsch, was im Falle von D. H. Lawrence auch persönliche Gründe haben mag. Seinen Roman ›Lady Chatterley's Lover‹ – dieses Skandalon noch der Zwanziger Jahre – nennt sie ein »sehr schmutziges und völlig wertloses Buch, von keinerlei literarischer Bedeutung« und auch ihre Notiz zu John Cowper-Powys' großem Roman ›Wolf Solent‹ ist eher wegwerfend. Die erzählende Prosa der Zeit war vielleicht so sehr ihre Sache nicht.

William Walton   *Benjamin Britten*   *Dylan Thomas*

Als sie aber die ersten Gedichte von Dylan Thomas liest, den damals nur wenige kannten, ist sie hingerissen und reagiert sofort: »Obgleich wir uns nie begegnet sind, muß ich Ihnen schreiben ... Es ist keine Übertreibung, wenn ich sage, daß ich mich nicht erinnere, je durch einen Dichter der jüngeren Generation so zutiefst bewegt und erregt gewesen zu sein oder eine ähnlich starke Gewißheit empfunden zu haben, daß hier ein Dichter ist, der alle Fähigkeiten und Möglichkeiten zur Größe hat. Ich bin ganz überwältigt von dieser Gewißheit und von Bewunderung ...« (Januar 1936, ›Selected Letters‹). Es bleibt nicht bei dieser persönlichen Hommage. Sie rezensiert

Edith Sitwell, 1928

seine Gedichte, sie stellt Verbindungen zu Verlegern und Literaturwissenschaftlern her, sie verschafft ihm ein Stipendium, sie versucht – nachdem sie sich nah befreundet haben – seiner selbstzerstörerischen Lebensweise entgegenzuwirken und die endgültige Übersiedlung in die Vereinigten Staaten zu verhindern, die sie als Gefahr für ihn sieht. Über eine Generation hinweg treffen beide sich in ihrer künstlerischen Entschiedenheit, wie in der Spannweite ihres Temperaments – von der Melancholie radikaler Einsichten bis zu hintergründigem Witz und gelegentlich skurrilem Humor.

Von diesem Humor finden sich in den Briefen Edith Sitwells ganz wundervolle Proben. Um nur ein Beispiel zu geben: Aus ihrem Haus in Spanien (das sie bei Ausbruch des Bürgerkriegs aufgab) schildert sie einer Freundin

1935 die Vorzüge und den landschaftlichen Zauber ihres Aufenthalts und fährt dann fort: »Der einzige Nachteil ist der mir nächstbenachbarte Gentleman, der genau diesen Zeitpunkt gewählt hat, um ein Badezimmer in sein Haus einzubauen, und das Gehämmer ist derart, daß man es hören muß, um es zu glauben. Es klingt, als würden Häuser mit der Wurzel ausgerissen und dann als Ganzes aus enormer Höhe auf das Steinpflaster geschleudert. Abgesehen davon gibt es so gut wie keine Prüfungen – außer ein paar entkräfteten Moskitos in der Größe von Maikäfern, sehr alt und mit langen Schnurrbärten ausgestattet, die einen mit eben diesen Schnurrbärten kitzeln und dann auf etwas müde Weise an einem herumnibbeln.« Zu den ständigen Prüfungen Edith Sitwells hingegen gehören Menschen, die meinen, sie – ohne ersichtlichen Grund – in Anspruch nehmen zu können, gehören die Möchtegern-Schriftsteller, die ihr unlesbare Konvolute zuschicken (und denen sie einmal einen richtigen, professionellen Schreibkrampf wünscht!) oder Damen, die eine ihr gänzlich unbekannte verlorene Nichte suchen, und ihre Hilfe mehr fordern als erbitten. Eine weitere Plage sind die Interviewer, die keine Zeile von ihr und sie selbst nicht kennen, aber phantasievolle Schilderungen aus der Luft greifen. In einem Brief an den Schriftsteller Noel Coward (einst ihr Widersacher, später ihr respektvoll zugeneigt), der nicht zur Feier ihres 75. Geburtstages kommen konnte, notiert sie: »Ich habe den netten, wohlmeinenden Reporter, der über das Ereignis berichten sollte, nie gesehen, aber aus dem zu schließen, was er schreibt, saß er neben mir, als mein mattes Haupt aufs Kissen sank und ich, knapp vor dem Einschlafen, folgende *berühmte letzte Worte* von mir gab: ›Seien Sie lieb zu mir – nicht viele sind es!‹ Sehr rührend, finde ich, Sie nicht auch?«

Das Buch, in dem diese Art, die Welt anzuschauen, sich am deutlichsten manifestiert, ist die vorliegende Sammlung von Charakterbildern ungewöhnlicher Männer und Frauen, die sie unter dem Titel ›English Eccentrics‹ zusammengefaßt hat – zum Glück kein durchaus ›humoriges‹ Werk, eher eine Reihe scharfsichtiger Beiträge zur Comédie humaine. (Der Leser findet einige zusätzliche Anmerkungen am Ende des Buches.)

Es entstand in der Zeitspanne der dreißiger Jahre, in der die eigentliche dichterische Arbeit hinter Prosa-Arbeiten zurücktreten mußte, die rascheres Geld brachten. Das hatte persönliche Gründe: Als Helen Rootham 1928 an Krebs erkrankte, an dem sie zehn Jahre später starb, hat Edith Sitwell die Sorge für sie übernommen und versucht, was sie ihr an Anregung und Ermutigung verdankte, auf diese Weise zurückzugeben. In dieser Zeit entstanden zwei Biographien: ›Alexander Pope‹ (1930) und ›Victoria of England‹ (1936). Es überrascht zunächst, daß sich Edith Sitwell mit dem namengebenden Sinnbild einer Epoche befaßt, gegen die sie und ihre Mitstreiter so heftig opponierten, aber vielleicht hat gerade dies sie stimuliert, ihrem eigenen Herkommen und Hintergrund nachzugehen und gerecht zu werden. In diesem Jahrzehnt arbeitet sie auch an ihrem einzigen Roman ›I Lived Under a Black Sun‹ (deutsch ›Stella und Vanessa‹), dem das Leben von Jonathan Swift zugrunde liegt und der ihr – sehr ungewöhnlich für sie – die fast einhellige Zustimmung der Kritik einträgt.

Es mag sein, daß sie auch eine Pause von der Konzentration rein dichterischer Arbeit brauchte, ein Atemholen, um die weltverändernden und bedrängenden Ereignisse dieses Jahrzehnts, das mit dem Ausbruch des Zweiten Weltkriegs endet, adäquat im Gedicht zu fassen. Kein Dichter dieser Zeit hat den Wahnsinn moderner Kriege und deren tiefste Beweggründe mit ähnlicher Radikalität in großen und schrecklichen Bildern ausgedrückt. Sie sieht das Zeitalter unter dem Zeichen Kains. Es sei ihr Wunsch gewesen, schreibt sie am Ende ihrer Anmerkungen zu den eigenen Gedichten, »eine Dichtung hervorzubringen, die das Licht des Großen Morgens ist, in der alle Geschöpfe, die wir auf unserer Straße entlangziehen sehen, zum Inbegriff aller Schönheit oder aller Freude oder aller Trauer werden.«

Das scheint mir mehr zu sein, als die versöhnende Geste einer grandios von der Bühne der Zeit abtretenden alten Dichterin. Gegen die bittere Resignation in den letzten Zeilen ihrer Autobiographie steht die Hoffnung, die aus dem letzten Vers ihrer Kains-Gedichte spricht:

»Und doch: – Wer träumte, daß Christus starb für nichts? – Er wandelt wieder in Seen von Blut. Er kommt im schrecklichen Regen.«*

---

* zitiert in der Übersetzung von Christian Enzensberger

›GÄNSEWETTER‹

Bei diesem merkwürdigen ›Gänsewetter‹, wenn sogar der Schnee und die schwarzgeränderten Wolken aussehen wie Versatzstücke aus dem Theaterfundus, wie die weggeworfenen Fetzen toter Schauspieler, etwa wie »das Gesicht eines Mörders in einer Hutschachtel, bestehend aus einem großen Stück angesengtem Kork und einer schwarzen Perücke«, und wenn der Wind so kalt ist, daß man an das Meer in einem leeren Theater erinnert wird, »bestehend aus einem Dutzend großer Wellen, wobei die zehnte ein wenig größer als die übrigen und leicht beschädigt ist«* – bei diesem Wetter also dachte ich über die Heilmittel nach, die in der ›Anatomie der Melancholie‹** gegen dieses Übel angeraten werden, über eine aus Mumien gewonnene Medizin, zum Beispiel, und über den Gewinn, den das Durchstöbern von Müll bringt.

Jeder zehnte Windstoß blies mir alte Erinnerungen wie schmelzende Schneeflocken ins Gesicht. Den ›Battlebridge Müll- und Aschenhaufen‹ gibt es, so sagt man, seit der Großen Pest und dem Großen Brand Londons. Dieser Berg aus Dreck und Asche lieferte Hunderten von Schweinen Futter. Rußland, das von dem enormen Müllhaufen gehört hatte, erwarb ihn, um Moskau wieder aufzubauen, nachdem es abgebrannt war. Der Hang des Müllberges ist heute von Durchgangsstraßen durchzogen, welche die Namen beliebter Minister aus jener Zeit tragen. Und weiter: »Wenn Sie den Hügel hinabgehen, befinden Sie sich in Battlebridge unter Leuten, die einen so eigentümlichen Charakter haben und so zum Ort gehörig aussehen, als sei er eigens für sie gemacht worden und sie für ihn. Mit einem flüchtigen Blick werden Sie wahrnehmen, welche Besonderheiten diese Leute von der Bevölkerung unterscheiden, durch die Sie gerade hindurchgegangen sind …«

Und schon meldet sich eine andere Erinnerung; sie ist noch kälter und schmilzt wie Schnee. »Der Grund und Boden auf dem der Battlebridge-Müllhaufen stand, wurde an die Pandämonium-Theatertruppe verkauft. Sie bauten ein Theater an der Stelle, wo jener wolkenküssende Dreckhaufen gestanden hatte. Los, ich will hinein. Das Innere ist irgendwie phantastisch, aber hell und auch hübsch; und angefüllt mit Battlebridge-Beaux und -Belles. Keine Spur von einem Müllmann.«

Es gab auch bescheidenere Vorteile aus diesem Müll. Eine alte Frau, Mary Collins, eine Müll-Gräberin, die als Zeugin vor einem Richter aussagen mußte, erwiderte, als er sich überrascht zeigte, daß sie soviel Besitz hatte: »Ach, Euer

---

* ›Liste aus dem Theaterfundus‹ *Tattler*, Nr. 42
** Robert Burton, *The Anatomy of Melancholy*, 1621

London um 1650
Ausschnitt aus der Stadtansicht von Wenzel Hollar

Gnaden, das ist noch gar nichts ... wir finden das alles im Müll. Es ist das Gesetz der Müll-Leute. Ich habe Häuser gebaut mit dem Gewinn, den ich aus dem Müll gemacht habe.«

Ob die Bewohner der Durchgangsstraßen neben dem Müllhaufen, aus dem von einigen, die an das Schicksal der Menschheit glaubten, Moskau wieder aufgebaut werden sollte, in der frühen Dämmerung den von weither kommenden Tönen des Sirenengesangs lauschten, weiß ich nicht. Vielleicht lauschten sie stattdessen den hoffnungsvollen kleinen Artikulationen, die aus dem Kehricht-haufen aufstiegen – dem Lippenklicken der Erdwürmer, das womöglich zu den frühesten Ursprüngen unserer Sprache gehört. »Diese Klick-Geräusche, die Erdwürmer hervorbringen, wie neulich der Physiologe O. Mangold entdeckt hat, betreffen uns nicht«, belehrt uns Herr Georg Schwidetzky in einem kürz-lich erschienenen hochinteressanten Buch*, denn, obwohl die alte Rasse der Erdwürmer sich einer Verwandtschaft mit uns rühmen darf, waren unsere eigenen wurmähnlichen Vorfahren Wassertiere; und bis zum heutigen Tag wis-sen wir nichts über ihre Laute. Immerhin ist es möglich, daß ein gewisses Lip-pen-Klicken von den Lauten herstammt, welche die Würmer hervorbringen.«

Werden wir Heilung für unsere Melancholie finden im Gedanken an den Ursprung des zwischen Liebenden, zwischen Mutter und Kind getauschten Kusses oder auch in der weiteren Feststellung im gleichen Buch: »Das lateini-sche Wort ›Aurora‹ (Morgen-Dämmerung) läßt sich mühelos ableiten von einem älteren ›ur-ur‹, das an zwei Stellen durch ein A ergänzt worden ist. Die Veränderungen sind natürlich immer späteren Datums. Nun ist ›ur-ur‹ phone-tisch das Überbleibsel eines ›Lemuren-Wortes‹ und als Laut charakteristisch für die ganze Gattung. Wenn man etwas über das Leben dieser Lemuren erfahren will (die heute in den Tropen, vor allem auf Madagaskar leben), stellt man mit Überraschung fest, daß sie sich mit Vorliebe einer Art Morgenandacht hingeben. Sie sitzen mit emporgehobenen Händen in der gleichen Körperhal-tung wie der berühmte griechische Adorant und wärmen sich in der Sonne … Man darf daher mit gewissem Recht annehmen, daß Aurora, die römische Göt-tin der Morgenröte, letztlich ihren Ursprung in diesen morgendlichen Gebets-übungen eines Lemuren hat.«

Vielleicht finden wir eine gewisse Milderung unserer Melancholie im Nach-sinnen darüber oder auch in der Begründung, die ein Wissenschaftler für den Unterschied von Mensch und Tier gibt. »Die anatomische Überlegenheit des Menschen«, werden wir belehrt, »besteht hauptsächlich dem Grade nach, nicht in der Art der Unterschiede, die sind nicht absolut. Sein Gehirn ist größer und vielfältiger, und seine Zähne ähneln denen von Tieren in Zahl und Form, sind aber kleiner und lückenlos angeordnet, und in einigen Fällen unterscheiden sie sich in der Reihenfolge.«

Wir haben wirklich allen Grund, stolz zu sein und uns zu beglückwünschen. Zu diesen Gründen gehört das neue und freundliche Interesse, das die Völker füreinander zeigen. »Richard L. Garner« (ich zitiere wieder Herrn Schwi-detzky) »ging in den Kongo, um Gorillas und Schimpansen in ihrer natürlichen Umwelt zu studieren und ihre Sprache zu erforschen. Er nahm einen Drahtkä-fig mit, den er im Dschungel aufstellte und von dem aus er die Affen beobach-tete.« Unglücklicherweise bleibt ein solcher Drahtkäfig – der ja für phantasie-volle und idealistisch gesonnene Geister praktisch unsichtbar ist – doch immer Teil solcher Experimente. »Garner jedoch versuchte einer kleinen Schimpansin menschliche Wörter beizubringen. Die Lippenstellung für das Wort ›Mama‹ wurde korrekt nachgeahmt, aber kein Ton war zu hören.« Das ist interessant,

* *Do you speak Chimpanzee?* Verlegt bei Routledge

denn ein neuerer Psychoanalytiker hat behauptet, die Ursache für die gegenwärtige Ruhelosigkeit in Europa sei der Wunsch jeden Mannes, der einzige Sohn einer Witwe zu sein. Wir sehen also, daß das unschuldige, idyllische und zurückgebliebene Volk der Affen, wenn wir es auch mit nur wenigen Lehren und Reden unserer Zivilisation vertraut machen, ebenso fortgeschritten, so zivilisiert sein wird wie wir übrigen. Wer weiß, ob sie nicht imstande sein werden, Kanonen zu bauen?

Um in unserer Suche nach einem Mittel gegen die Melancholie fortzufahren, könnten wir unseren Kehrichthaufen nach einem entschiedenen und sogar glanzvollen Verhalten im Tode durchforschen, einer Übersteigerung gewissermaßen der im Leben üblichen Verhaltensweisen. Diese Haltung, diese Entschiedenheit, dieser Protest oder diese Erklärung wird von denen, deren Knochen zu nachgiebig sind, Exzentrik genannt. Aber diese Mumien werfen einen Schatten, der nicht ihren eigenen geometrischen Proportionen entspricht, und diese Verzerrungen sind geeignet, ein staubiges Gelächter hervorzurufen.

Exzentrik kommt vor allem in England vor, und zum Teil, glaube ich, wegen der spezifischen und befriedigenden Einsicht in die eigene Unfehlbarkeit, die ein Kennzeichen und Geburtsrecht der britischen Nation ist.

Diese Exzentrik, diese Entschiedenheit, nimmt viele Formen an. Es kann sogar das Gewöhnliche sein, das zu einem hohen Grad von malerischer Vollkommenheit ausgebildet wird, wie in dem Falle, den ich jetzt erzählen werde.

Am 26. Mai 1788 wurde Mary Clark, sechsundzwanzig Jahre alt und Mutter von sechs Kindern, in der Carlisle Dispensary von einem Kind entbunden. Ich will hier nicht auf die medizinischen Einzelheiten eingehen, aber es hat den Anschein, daß das Kind »ausgetragen und bei bester Gesundheit war. Die Glieder des Mädchens waren rundlich, zart und gut proportioniert, und es bewegte sie mit offenkundiger Behendigkeit. Den Ärzten fiel auf, daß ihr Kopf eine merkwürdige Form hatte, aber das beunruhigte sie nicht sonderlich, denn das Kind verhielt sich wie üblich, und erst als sein Tod im Alter von fünf Tagen nicht mehr abzustreiten war, entdeckten die Herren, daß es auch nicht die leiseste Spur von Großhirn, Kleinhirn oder Rückenmark besaß.«

Mr. Kirby, aus dessen Ausführungen ich diese Geschichte herausgesucht habe und der zu den glücklichen Menschen gehört zu haben scheint, die sich niemals umtun, die aber, wenn sie mit einer unbezweifelbaren Tatsache konfrontiert werden, sehr leicht zu erstaunen sind, schließt mit diesem bedeutungsvollen Satz: »Zu den Rückschlüssen, die Dr. Heysham aus dieser außergewöhnlichen Körperbildung – wenn auch eher bescheiden und zaghaft – gezogen hat, gehört der folgende: daß das Lebensprinzip, die Nerven von Rumpf und Extremitäten, daß also Empfindung und Bewegung unabhängig von einem Gehirn existieren können.« Dies ist ein hervorragender Fall von Gewöhnlichkeit, und er ist zu einem solchen Grade von Vollkommenheit entwickelt, daß er exzentrisch wird. Noch einmal: Jeder sprachlose, aber bedeutungsvolle Kommentar zum Leben, jede Kritik an der Ordnung der Welt, wenn sie sich nur in einer einzigen Geste ausdrückt und diese verdreht genug ist, wird exzentrisch.

Zum Beispiel ähnelt Miss Beswick, die zur vorigen Gattung von Exzentrikern gehört, dem ohne Gehirn geborenen Kind keineswegs, dessen außerordentliche Normalität und Ähnlichkeit mit anderen menschlichen Wesen ja dadurch nachgewiesen wurde, daß es nicht wußte, daß es am Leben war. Miss Beswicks Normalität hingegen lag gerade in der Tatsache, daß sie nicht begreifen konnte, daß sie tot war, und infolgedessen hing der kalte, dunkle Schatten ihrer Mumie in der Mitte des achtzehnten Jahrhunderts über Manchester. Wenn man sie in der Erde begrübe, so argumentierte Miss Beswick, könnte ihr Tod sich womöglich als Illusion erweisen, als traumloser Schlaf ... Sie hinterließ daher dem Arzt Dr. Charles White und seinen beiden Kindern, Miss Rosa White und ihrer Schwester, zusammen mit ihrem Vetter Captain White eine große Geldsumme unter der Bedingung, daß der Arzt sie jeden Morgen – nach dem, was unbelehrten Leuten als ihr Tod vorkommen könnte – aufsuchte, um sich von der Wirklichkeit ihres Todes zu vergewissern. Als sie den letzten Atemzug getan hatte, wurde also die bewegungslose alte Dame mit dem starren weißen Gesicht und den drohenden schwarzen Augen unter dicken schwarzen Augenbrauen einbalsamiert und in dem Haus, in dem sie fast achtzig Jahre gelebt hatte, in den Staub des Dachbodens niedergelegt. Dr. White wohnte darunter, und die Stille und der Staub des Hauses wurde von Zeit zu Zeit durch das hastige Verschwinden seiner geisterhaften Kinder und jeden Morgen von der Stimme des Doktors unterbrochen, wenn er seine stumme, aber wachsame Patientin untersuchte.

Als der Arzt starb, wurde die mumifizierte Miss Beswick, diese Anwärterin auf Unsterblichkeit, zum Entbindungs-Krankenhaus überführt.

Ein Exzentriker einer ganz anderen Gattung war Peter Labellière. Er wird als christlicher Patriot und Weltbürger bezeichnet, der seine Kritik am Verhalten unseres Planeten dadurch zum Ausdruck brachte, daß er in seinem Testament bestimmte, man möge ihn mit dem Kopf nach unten begraben, »damit«, so erklärte er, »da ja die Welt auf den Kopf gestellt sei, er so begraben war, daß er zuletzt recht behielt«. Er starb am 6. Juni 1800 und wurde in Box Hill begraben.

Bekannt ist auch der Matrose Richard Brothers, eine mutige und tragische Gestalt, der in seinem späteren Leben als Folge der Entbehrungen, die er aus Gewissensgründen erduldet hatte, verrückt wurde. Dieser arme, bescheidene und verwirrte Heilige gab seinen Beruf auf, weil er, nach eigener Aussage, »das militärische Dasein als ganz unvereinbar mit den christlichen Pflichten ansah und er aus Gewissensgründen den Lohn für Plünderung, Mord und Blutvergießen nicht annehmen konnte.« Mr. Timbs merkt an, daß ihn »dieser Schritt in große Armut brachte, und es scheint, daß er in der Folge viel zu leiden hatte. Sein Verstand war schon verwirrt und seine Entbehrungen und einsamen Grübeleien scheinen ihm den Rest gegeben zu haben. Ein erstes Beispiel seines Wahns scheint sein Glaube gewesen zu sein, er könne Blinde wieder sehend machen.« Diese mitleidsvolle Halluzination galt im Falle von Richard Brothers als Verrücktheit. Aber dem gerade zitierten Autor zufolge, werden die gleichen Illusionen und Halluzinationen bei anderen und glückhafteren Geistern als Beweis ihrer Genialität betrachtet, auch wenn sie selbst ihnen keine Beachtung schenkten. Ernsthaft bemerkt er: »Es wäre ein leichtes, eine ganze Reihe von Beispielen berühmter Menschen anzuführen, die Halluzinationen hatten, ohne daß diese auch nur im mindesten ihr Verhalten beeinflußten. So hat zum Beispiel Malebranche versichert, er habe die Stimme Gottes deutlich in seinem Inneren vernommen. Descartes wurde nach langer Zurückgezogenheit von einer unsichtbaren Person begleitet, die ihn drängte, in der Suche nach der Wahrheit fortzufahren.«

Aber es ist nicht allein diese unbeachtete Stimme, die, wenn man ihr Beachtung schenkt, uns ins Paradies versetzen würde. Sollte ich nicht über jene Menschen schreiben, die, bedrängt von den körperlichen Mängeln dieser unzulänglichen Welt, kraft ihres Glaubens und durch die Vermittlung des Himmels, den sie sich für solche Zwecke geschaffen haben, diese Mängel beseitigen können? In diesem Himmel kann alles geschehen; es ist ein auf Erden errichteter Himmel, der dennoch den Naturgesetzen unterworfen ist. Es stimmt allerdings, daß er für alle – bis auf seine glücklichen Bewohner – unsichtbar ist und daß alle materiellen Bedürfnisse auf geistige Weise gestillt werden. Aber dieser Zustand mag besser sein als gar keinen Himmel zu haben. Unter diesen Himmelsbewohnern waren die Shaker, und die Begründerin dieses besonderen Himmels war Ann Lee, die 1763 in Manchester geboren wurde. Zu guter Letzt siedelten sich die Shaker in Amerika an, wo ihr Glaubenseifer und vor allem auch ihre Grundsätze großes Erstaunen und in einigen Fällen auch Verstimmung hervorriefen. Der Grund sowohl für Erstaunen wie für Verstimmung war folgender: Mrs. Ann Lee war unmittelbar vom Himmel verkündet worden, daß die äußerliche Manifestation der Liebe zwischen den Geschlechtern eine der Ursachen für den Niedergang der Welt sei; einigen Rebellen gegen diese Theorie zufolge, war dadurch eine recht kritische Lage entstanden, weil ja nur die Wahl blieb zwischen dem Niedergang der Welt oder dem vollständigen Erlöschen allen Lebens auf diesem Planeten. Sie zogen den Niedergang vor und sagten – sei's drum! Sogar Mr. Lee, den Mrs. Lee zunächst derart in Schrecken versetzt hatte, daß er die Folgen dieser himmlischen Botschaft respektierte und der eine Zeitlang mit ihr gehofft hatte, sie würde vielleicht irgendeinen Gegenbefehl erhalten, entschied sich schließlich, ohne zu zögern, für den Niedergang und verschwand, als die Shaker Amerika erreichten, zusammen mit einer Shakerin, die er zu seiner Irrlehre bekehrt hatte. In ihrem genußreichen Buch ›Religious Fanaticism‹ entwirft die Autorin Mrs. Ray Strachey ein gefälliges Bild von der Inbrunst und den Praktiken dieser tugendhaften Leute, indem sie aus den Schriften eines zeitgenössischen Mitglieds zitiert: »Der Himmel«, so schreibt er, »ist eine Shaker-Gemeinschaft in ganz großem Maßstab. Alles darin ist geistig. Jesus Christus ist *der* Gemeindeälteste und Mutter Ann *die* Gemeindeälteste. Die Gebäude sind groß und prächtig und sämtlich aus weißem Marmor. Es gibt da weite Obstgärten mit allen Arten von Früchten, … *aber alles ist rein geistig.« (Kursivsetzung von mir.* E. S.). Wenn sie nicht im Himmel war, arbeitete Mutter Ann hart als Wäscherin, so daß jene großen und prächtigen Gebäude, jene Obstgärten mit allen Arten von Früchten ein Trost gewesen sein müssen für diesen erschöpften Körper, dieses gütige Herz. »Bei einer der Zusammenkünfte«, fährt der Erzähler fort, »wurde uns offenbar, daß Mutter Ann zugegen war und uns Dutzende von Körben mit geistigen Früchten für die Kinder mitgebracht hatte, worauf die Älteste uns alle einlud, uns den Körben in der Mitte des Fußbodens zu nähern und zuzulangen. Danach traten alle vor und taten so, als griffen sie nach den Früchten und äßen sie. Sie werden sich fragen, ob ich mir auch wie alle übrigen so eine Frucht nahm. Nein. Mein Glaube war nicht stark genug, um die Körbe oder die Früchte zu sehen, und Sie könnten jetzt denken, daß ich über die Szene gelacht habe. Aber in Wahrheit war ich viel zu beeindruckt durch den allgemeinen Ernst und die feierlichen Gesichter um mich herum, als daß ich hätte lachen können.«

Manchmal wurden auch andere Geschenke gesandt als Früchte, zum Beispiel ›geistige‹ goldene Brillen. Diese himmlische Zierde erschien auf ähnliche Weise wie die Früchte, und sie war ebensowenig zu sehen wie jene. »Am zweiten Sonntag, den ich mit den Shakern verbrachte«, wird berichtet, »gab es eine sonderbare Darstellung. Nach dem Mittagessen versammelten sich alle Mitglieder in der Diele und sangen zwei Lieder. Danach teilte ihnen die Älteste mit, daß es ein ›Geschenk‹ für sie sei, mit ihren goldenen Instrumenten in einer Prozession zu wandeln und zu spielen, während sie auf den heiligen Springbrunnen zugingen, um all ihre Flecken, die sie sich durch sündhafte Gedanken und Gefühle zugezogen hätten, abzuwaschen. Denn Mutter Ann sah ihre Kinder gern rein und heilig. Ich blickte mich nach Instrumenten um, aber da sie rein geistig waren, konnte ich sie nicht sehen. Die Prozession bewegte sich in Zweierreihen durch den Hof um den Platz herum und machte dann in seiner Mitte Halt. Während dieses Marsches brachten alle mit dem Mund irgendeinen Laut hervor, wie es ihnen gerade gefiel, und taten so, als spielten sie ein bestimmtes Instrument, wie etwa eine Klarinette, ein französisches Horn, eine Baßtrommel usw., und es entstand ein solcher Lärm, daß ich das Gefühl hatte, unter eine Horde von Irren geraten zu sein. Die meisten der Brüder fingen dann an, Bewegungen zu machen, als wüschen sie sich Hände und Gesicht, aber einige von ihnen tauchten zuletzt auch ganz unter, das heißt, sie wälzten sich im Gras und schlugen die komischsten und phantastischsten Kapriolen.

Während meiner ganzen Zeit bei den Shakern fand eine große Erweckung unter den Geistern der unsichtbaren Welt statt, und die Mitglieder verwandten viel Zeit auf solcherlei Darbietungen. Ich hatte den Eindruck, daß, wenn die Brüder und Schwestern ein wenig Spaß haben wollten, sie rasch einmal ›von Geistern besessen‹ waren.«

Dieser Himmel war weit weniger greifbar als das moderne Paradies, diese wolkenhohe Welt aus Papier, die Ivar Kreuder errichtet hatte, ein Himmel, den er – obwohl er aus Papier war – undurchschaubar zu machen verstand, so daß keiner der Finanziers, die seine Heiligen waren, durch die schimmernden Mauern hindurch auch nur einen Blick auf die verkommenen körperlichen und geistigen Slums dahinter werfen konnte. In der seichten kleinen Hölle, die das Fundament bildete, errichtete er den modernsten und bequemsten Himmel, in dem anstelle von Mutter Anns unhörbarer Stimme, sich die Attrappe seines Telefons befand.

Geben wir den Gedanken an diese seichte Hölle auf und wenden wir uns als Mittel gegen unsere Melancholie einem Fall zu, wo kein Himmel, aber eine vollständige Welt – deren Großartigkeit uns gemeinhin nur mittels unserer fünf Sinne zugänglich ist, sich durch nur vier Sinne mitteilte. Die Eroberin dieser materiellen Welt hieß Margaret McAvoy und wurde am 28. Juni 1800 geboren. Nachdem sie mit sechzehn Jahren völlig erblindet war, konnte sie Farben durch die Berührung ihrer Finger unterscheiden. Diese taktile Fähigkeit veränderte sich auf sehr materielle Weise je nach den Umständen. Wenn ihre Hände kalt seien, erklärte sie, verliere sie diese Fähigkeit ganz und gar, und sie erschöpfte sich auch durch lange und unablässige Anstrengungen. Heutzutage, da man den Triumph von Helen Keller, dieser großartigen und noblen Frau, kennt, mögen die kleineren und recht schlichten Triumphe Margaret McAvoys unerheblich erscheinen. Aber ich füge einige Notizen über ihre Erfahrungen hinzu, die von einem Komitee aus Ärzten und anderen Wissenschaftlern gemacht wurden, das sie untersucht hatte, weil nämlich Erziehung – der Verstand – keine Rolle bei diesen Erfolgen spielte. Sie sind allein physischer Sensibilität zu danken. Wir müssen anerkennen, daß die Beschreibung, die den Ärzten gegeben wurde, in ihrem Fall vergleichsweise weniger schwierig gewesen sein muß, als im Falle einer blind Geborenen. »Wenn die roten Strahlen des Spektrums auf ihre Hand fielen, sagte sie, es erscheine ihr als golden. Alle Farben wurden auf ihren Handrücken projiziert, und sie beschrieb die verschiedenen Teile der Hand genau. Sie bezeichnete auch, ohne daß man es von ihr verlangt hätte, den Augenblick, wenn eine Farbe schwach oder auch wieder deutlich wurde, sobald eine Wolke vorüberzog. Die Farben des Prismas erregten ihr das größte Vergnügen, das sie seit ihrer Erblindung empfunden hatte. Sie hatte niemals in ihrem Leben ein Prisma gesehen. Sie empfand das Spektrum als Wärme – wobei die violetten Strahlen ihr am wenigsten angenehm waren. Sie bemerkte, daß ihr die roten Strahlen wärmer und angenehmer vorkämen als die violetten; eine Ansicht, die mit der von Herschel übereinstimmt, der die großen Unterschiede von Wärme-Behagen zwischen den verschiedenen Strahlen des Prismas nachgewiesen hat.

FRAGE: »Was für eine Empfindung hatten Sie, als Sie zuerst nach der Farbe meines Jacketts gefragt wurden und sie benannten?«

ANTWORT: »Zunächst war es Erstaunen und dann Vergnügen.«

FRAGE: »Bevorzugen Sie irgendeine Farbe?«

ANTWORT: »Ich bevorzuge die sehr leichten Farben, weil sie mir ein angenehmes Gefühl vermitteln; eine Art Glühen unter meinen Fingern, ja, durch und durch. Schwarz gibt mir eher ein frösteliges Gefühl.«

FRAGE: »Ist es, wenn die Farben in einem Reagenzglas eingeschlossen sind, ähnlich wie wenn Sie sie durch eine flache Glasscheibe wahrnehmen?«

ANTWORT: »Es ist ähnlich, aber nicht so sehr, wenn das Reagenzglas kalt ist.«

FRAGE: »Spüren Sie die Farben genauso stark, wenn die Gläser vor einem Gegenstand stehen?«

ANTWORT: »Wenn die Gläser dicht beieinander stehen, als seien sie eins, spüre ich die Farbe, aber sie erscheint blasser; aber wenn sie weit voneinander entfernt aufgestellt sind, fühle ich den Gegenstand nicht.«

FRAGE: »Wenn man Ihnen farbige Gläser gibt, welche Empfindung haben Sie dann?«

ANTWORT: »Fast die gleiche, als wenn man mir Seide in die Hand gibt.«

FRAGE: »Wie unterscheiden Sie Glas von Steinen?«

ANTWORT: »Die Steine fühlen sich härter und fester an, das Glas weicher.«

FRAGE: »Haben Sie nicht neulich ein Siegel angefühlt, von dem Sie sagten, es sei weder Stein noch Glas?«

ANTWORT: »Ja, und es fühlte sich weicher an als Glas.«

FRAGE: »Wie war der Eindruck auf Ihren Fingern, als Sie die Figuren und Zeichen fühlten, die von einem Spiegel durch das flache Glas reflektiert wurden?«

ANTWORT: »Ich spüre sie als Bild auf jedem Finger.«

FRAGE: »Wie fühlen sich Figuren und Buchstaben durch ein Glas an?«

ANTWORT: »So, als seien sie gegen den Finger gerichtet.«

FRAGE: »Welche Empfindungen haben Sie bei verschiedenen Flüssigkeiten?«

ANTWORT: »Ähnlich wie bei Seide.«

FRAGE: »Wie erkennen Sie den Unterschied zwischen Wasser und Weingeist?«

ANTWORT: »Indem Weingeist sich wärmer anfühlt als Wasser.«

FRAGE: »Woher wissen Sie, daß jemand Ihnen seine Hand entgegenstreckt oder Ihnen zunickt?«

ANTWORT: »Wenn irgend jemand mir die Hand beim Eintreten oder Weggehen entgegenstreckt, ist es, als ob ein Luftzug oder Wind mir zugetragen wird, und dann strecke auch ich meine Hand aus. Wenn mir jemand ziemlich nah an meinem Gesicht zunickt, habe ich eine ähnliche Empfindung, aber wenn jemand mit dem Finger auf mich zeigt oder ganz sanft eine Hand vor mich hält, spüre ich es nicht, wenn ich nicht gerade dabei bin zu lesen oder Farben zu nennen; dann kann ich sehr rasch sagen, daß es da irgendeine Störung gibt zwischen Mund und Nasenflügeln und dem Gegenstand.«

FRAGE: »Wie schätzen Sie die Größe von Menschen, die das Zimmer betreten?«

ANTWORT: »Indem ich spüre, daß mir mehr oder weniger Wind zugetragen wird – je nach der Größe des Menschen.«

FRAGE: »Haben Sie irgendeine zusätzliche Empfindung, wenn ein Mensch sehr rasch an Ihnen vorbeigeht?«

ANTWORT: »Ja, ich habe eine stärkere Empfindung von Wärme, der Schnelligkeit entsprechend, mit der eine Person an mir vorbeigeht oder ins Zimmer tritt.«

Nachdem wir diesen Triumph über die materielle Welt betrachtet haben, dürfen wir uns den Gedanken über jenen Himmel der Liebe zuwenden, der den physischen Tod überlebt, und über die Engel in diesem Himmel. Ein solcher Engel erschien in der geschminkten, halbirren Gestalt der armen Sarah Whitehead, die als die ›Bank-Nonne‹ bekannt ist.

Dieses vereinsamte und aller Mittel beraubte Geschöpf war einst – nicht nur in materieller Hinsicht, sondern auch in der Liebe – reich und glücklich gewesen. Sie war ein Mädchen von siebzehn Jahren, als ihr Bruder, der bei der Bank angestellt war, sie zu sich nahm. Sein Haus war luxuriös, denn er lebte weit über seine Verhältnisse, und Sarah besaß Kutschen und so viele Kleider, wie sie sich

*Vor dem Stock Exchange und der
Bank von England, 19. Jh.*

nur wünschte. Niemand wußte, woher er sich das Geld beschaffte; die Wahrheit war, daß er wie ein Irrer spekuliert hatte, denn nachdem er einmal mit dem Luxusleben angefangen hatte, wußte er nicht mehr, wie er sich ihm wieder entziehen sollte. Die Freundschaften, die er am höchsten schätzte, beruhten – bis auf die einer Familie, von der später die Rede sein wird – auf diesem Luxus. Denn nichts verursacht, wie wir wissen, tieferen Schmerz (und entschiedenere Abwehr dieses Schmerzes) als der Anblick eines notleidenden Freundes. Als die Bank von seinen Spekulationen erfuhr, machten ihn die Direktoren freundlich und feinfühlig darauf aufmerksam, daß es gegen die Regeln der Bank verstieße, wenn die Angestellten spielten, und daß am Ende, wenn er das Spekulieren nicht aufgäbe, er entlassen werden müßte. Woraufhin ihm sein Temperament durchging und er – trotz allem, was man sagen mochte, um ihn davon abzubringen – seine Stellung kündigte.

Seine Schwester erfuhr nie, daß er die Bank verlassen hatte, und die Verschwendung im Haus ging weiter. Aber sie bemerkte sehr wohl, daß viele der Gäste, die zu ihren täglichen Abend-Gesellschaften kamen, nicht ganz von der Art waren, wie die, die sie früher besucht hatten. Sie waren lauter und auffälliger gekleidet. Auch ihr Bruder schien verändert. Sein Gesicht war teilnahmslos und blaß, so als ob er vor Kälte stürbe, obgleich es brennend heißes Sommerwetter war; und es schien ihr auch, als lauschte er nicht auf das, was jemand zu ihm sagte, sondern auf irgendein Klopfen an der Tür. Nach einer Weile hörten die Abendessen auf. Die Kutschen verschwanden. »Die Not«, so die Herren Wilson und Caulfield, »legte ihren dürren Finger auf die Stelle, wo man früher im Überfluß geschwelgt hatte. Verzweiflung packte ihn, und nachdem seine Freunde ihn ausgeplündert hatten, verband er sich mit dem berüchtigten

Roberts, der gewaltige Geldsummen bei den hebräischen Stämmen Londons locker machte, indem er sich als Erbe des Herzogs von Northumberland ausgab und – neben vielen anderen sachkundig ausgeführten Fälschungen – auch den Besitz des Herzogs mit einer Hypothek belasten ließ, was ihm jedoch auf dem Rechtsweg nicht nachgewiesen werden konnte.« Aber obwohl er nach dem Gesetz nicht bestraft werden konnte, mußte der arme törichte Bursche, den er als Handlanger benutzt hatte, doch sterben.

Zum letzten Mal verließ der junge Whitehead das Haus in der Morgendämmerung, ehe seine Schwester aufwachte, ohne einen Abschiedsgruß für sie zu hinterlassen, in der Hoffnung, ihr die Kenntnis seines Schicksals zu ersparen. Sie wartete den ganzen Tag auf ihn, und als es dann Abend wurde und er nicht kam, hatte sie mit einem Mal das Gefühl, tödlich krank zu sein, und sie kauerte sich neben die Tür und lauschte auf seine Schritte. Aber die Zeit verging, und er kam immer noch nicht... Schließlich, als das Tageslicht schon verblaßte, näherten sich einige Freunde seinem Haus; aber sie schienen nicht verwundert zu sein, sie neben der Tür zusammengekauert zu finden. Sie sprachen in sonderbarem Flüsterton, und ihre Gesichter wirkten krank und fahl, aber sie erklärten, daß sie sich nicht wohlbefunden hätten. Außerdem war das Licht seltsam, und auch das mochte ihr Aussehen erklären. Ihr Bruder, sagten sie, habe ihnen eine Nachricht geschickt und sie gebeten, sie solle mit ihnen in ihr Haus in Wine Court gehen, denn er könnte weder an diesem noch am nächsten Abend nach Hause kommen.

Am dritten Morgen danach konnte Sarah Whitehead in der weitentfernten Straße nicht die Glocke von St. Sepulchre's Church hören, die für den Mann läutete, der nur drei Tage, nachdem er zum Tode wegen Urkundenfälschung verurteilt worden war, gehängt wurde, während der eigentlich Schuldige freikam.

Die Tage gingen dahin, und Sarah Whiteheads Freunde flehten sie an, noch bei ihnen zu bleiben, weil ihr Bruder noch nicht zurückkehren könne, wie sie sagten. Aber seine lange, sonderbare und so ganz unerklärliche Abwesenheit ließ ihr keine Ruhe. Vielleicht, dachte sie, hatte er geheiratet und seine Schwester vergessen. So verließ sie schließlich, ohne daß die Freunde etwas wußten, das Haus und machte sich auf den Weg zur Bank. Bestürzt über ihr Erscheinen, sprudelte ein törichter junger Angestellter die ganze Geschichte heraus. Sie sagte nichts, und sie weinte auch nicht, sie stand nur da und sah den Mann an, dessen Stimme vor diesem Blick erstarb, bis sie nur noch ein Flüstern war. Sarah Whitehead stand eine ganze Weile so da und sah den verstummten bleichen jungen Mann an. Dann nahm sie, die in diesem Leben noch keine zwanzig Jahre alt war, die zerbrochenen Überreste und ihr versteinertes Blut zusammen und ging sehr langsam davon – mit so schweren Füßen, wie die Toten sie haben mögen, wenn sie nach vielen Jahren des Wartens, der dumpfen, stumpfen und angstvollen Qual, vielleicht zu uns zurückkehren, um die kleinen Einzelheiten unseres Lebens zu beobachten. Nach wenigen Stunden fand sich das, was der Ruin übriggelassen hatte, wieder im Haus ihrer Freunde ein.

In den Tagen und Nächten, die nun folgten, fügten sich diese zerstreuten und ausgebrochenen Stücke wieder zusammen, bis sie eine Art verzweifeltes

Gefängnis bildeten für eine ungeheure chaotische Welt, in der keine Form existierte, nur eine Zeitspanne von riesiger geballter Dunkelheit, der ein Universum irren und verwirrenden Lichts folgte, das einstmals leeres, wartendes Sonnenlicht gewesen war. Dann wurde ihr ganzes Wesen allmählich von einer riesigen, formlosen Masse durchdrungen, die immer riesiger wurde, während sie schemenhaft aus der Schwärze und dem Licht hervortauchte, bis beides, Schwärze und Licht, ausgelöscht waren. Nach einem Äon, das nicht in der Zeit existierte, fing diese riesige Masse an zu schrumpfen, bis sie nur noch ein kleines hilfloses Geschöpf war, aus dem, während es in Stücke gerissen wurde, ein schreckliches, zerbrochenes Weinen, ein hoffnungsloses, hilfloses Wimmern drang. Aber kein Laut dieses Weinens erreichte die Außenwelt, denn das Gefängnis, das es wie ein Grab umschloß, war zu gewaltig; und dieses Gefängnis wollte auseinanderbersten, konnte es aber nicht. Dennoch habe ich gehört, wie dieser Laut aus den kleinen Tumulten des Abfalls, dem Lippen-Klicken der Würmer, das bald in Sprache übergehen wird, und dem Kuß der ganzen Welt emporstieg; obgleich diese emsige Abfall-Welt durch den Lärm der Maschinen, die sie erfunden hat, um die Zeit einzufangen und totzuschlagen, taub geworden ist für solche Laute, die rein sind wie der Gesang der Engel.

Jeden Morgen um acht Uhr machte sich Sarah Whitehead auf den Weg zur Bank, um dort auf ihren Bruder zu warten. Sie war so mittellos wie eine Vogelscheuche auf dem Felde zurückgeblieben, aber sie erfuhr das nie; denn der Stadtrat Birch, so wird berichtet, »war ihr wahrer Freund und ließ ihr eine kleine Rente zukommen; sie wurde ihr regelmäßig jede Woche von einer Dame aus der Stadt ausgezahlt, die gütigerweise diesen Auftrag übernommen hatte, um ihr den Weg zu ihrem Wohltäter zu ersparen. Ihre Existenz hing ganz und gar von der Mildtätigkeit ihrer Freunde ab. In einem Trauergewand, mit geschminktem Gesicht, auf dem Kopf eine Art Diadem, das phantastisch mit schwarzen Kreppbändern ausgeschmückt war, und über dem Arm einen Handarbeitsbeutel – so fand sie sich täglich in der Bank ein, wo sie stundenlang herumlungerte und auf ihren Bruder wartete – im Glauben, daß er noch in diesem Institut beschäftigt sei.«

Die Bankdirektoren, von Mitleid für ihr Elend überwältigt und wohl wissend, daß ihre Lage ohne den Stadtrat Birch und ein oder zwei weitere Freunde verzweifelt gewesen wäre, gaben ihr oft Geld, alle, die in der Bank arbeiteten, taten das. Aber schließlich führte diese Freundlichkeit dazu, daß ihr unglücklicher, verwirrter Verstand auf den Gedanken verfiel, man versuchte auf diese Weise, ihr ungeheure Summen Geldes vorzuenthalten. Sie fing an, während der Geschäftszeit der Bank Szenen zu machen, die schließlich so unerträglich wurden, daß die Verwaltung sich gezwungen sah, ihr den Zutritt zur Bank für einige Zeit zu verbieten. Man tat das sehr ungern, da alle voller Mitleid für sie waren; und nachdem sie versprochen hatte, sich ruhiger zu verhalten, wurde ihr erlaubt, wieder wie bisher in die Bank zu kommen; und so sah man sie dort wieder so häufig wie zuvor. Nur einmal vergaß sie ihr Versprechen, als sie in der Börse auf den damaligen Lord Rothschild zuging und ihn heftig beschimpfte, weil er versuche, eine so verzweifelte Frau wie sie zu berauben. Sie erklärte, er habe sie um ihr ganzes Vermögen betrogen, und forderte die zweitausend

– 30 –

*Miss Sarah Whitehead
die ›Bank-Nonne‹*

Pfund zurück, die er ihr gestohlen habe. Lord Rothschild betrachtete sie voller Mitleid, zog eine Half-Crown-Münze aus der Tasche und sagte freundlich: »Da, nehmen Sie das und lassen Sie mich jetzt in Ruhe; ich gebe ihnen morgen die andere Hälfte.« Sie dankte ihm ruhig und ging ohne ein weiteres Wort.

Fünfundzwanzig Jahre lang hätte man dieses Gespenst täglich in einem der kleinen Restaurants in der Nähe der Bank sehen können, wie es auf das andere geliebte Gespenst wartete; denn, wenn es auch lange dauerte – er mußte doch bald zu ihr zurückkehren. Wenn jemand, der etwas mehr Geld hatte als sie, ihr einen Brandy anbot, nahm sie ihn mit einem dankbaren Blick, aber schweigend an; wenn sie dann den Brandy getrunken hatte, kroch sie wieder zur Threadneedle Street, um dort auf ihren Bruder zu warten. Fünfundzwanzig Jahre ging dieses Leben in Hoffnung so weiter, aber dann änderte sich etwas im Erscheinen der Bank-Nonne. Vielleicht war der Strahl eines furchtbaren Lichts in das dunkle Innere ihres Verstandes gedrungen. Jedenfalls verfiel sie rasch, obgleich sie nicht mehr als fünfunfünfzig oder sechzig Jahre alt war. Eines Tages, einige Zeit vor ihrem Tode, kam sie nicht wie gewöhnlich zur Bank; und von da an, bis sie ins Grab gelegt wurde, hätte ihr Bruder, wäre er zu der Bank gekommen, um sie zu treffen, keinen treuen liebenden Geist mehr vorgefunden, der auf ihn wartete. Irgendetwas in diesem Geist war zerbrochen, war verlorengegangen.

Das war eine Geschichte vom Himmel, in der Hülle der Verzweiflung, die ich aus dem Müll steigen hörte, gedämpft oder zerbrochen durch diese Leblosigkeit. Wer weiß, vielleicht könnte eine befremdliche Geste, ein erinnerter Blick die Seelen der unter den Ruinen der Zeit begrabenen Mumien heraufrufen, obwohl der Staub murmelt: »Die Erfindungsgabe der Ägypter, die ihre Körper in guter Beschaffenheit erhielt, damit sie der Rückkehr ihrer Seelen beiwohnen konnten, bewirkte noch weniger. Alles war eitel, eine Nahrung für den Wind und die Narrheit. Ägyptische Mumien, die Cambyses oder die Zeit verschont haben, verschlingt jetzt die Habsucht. Die Mumie ist zur Ware geworden, Mizraim heilt Wunden und Pharao wird verkauft und zu Balsam verarbeitet.«

Von Uralten und Schmuck-Eremiten

Substanzen aus Mumien«, werden wir belehrt, »und alle waren von größtem Nutzen in der magnetischen Medizin. Paracelsus zählt sechs Arten solcher Substanzen auf: Die erschen vier – die ägyptischen, die arabischen, die phönizischen und die libyschen – unterscheiden sich lediglich durch die Zusammensetzung der Mittel, die von den einzelnen Völkern verwendet wurden, um ihre Toten zu konservieren. Die fünfte Art von besonderer Wirksamkeit war die aus Verbrechern, die gehängt worden waren, denn aus solchen wird ein mildes Trockenmittel gewonnen, welches die wässerigen Körpersäfte herauszieht, ohne das Öl und das Geistige zu zerstören,

Mr. Henry Jenkins

welchselbe von den Himmelskörpern hochgeschätzt werden und also fortwährend durch den Zustrom und die Eingebung himmlischer Geister gestärket werden, daher diese Mumienart auch die der Sternbilder und des Himmels genannt werden darf. Die sechste Art solcher Substanzen wurde aus Corpuskeln oder geistigen Ausflüssen gewonnen, die ein lebender Körper ausstrahlte; wiewohl wir – im Hinblick darauf, wie diese eingefangen wurden – keine sehr klaren Vorstellungen zu diesem Kapitel gewinnen können.« (>Medicina, Disuetatica sive Sympathetica<, nach Paracelsus.) Unsere ersten geistigen Ausflüsse, unsere erste aus Mumien gemachte Medizin soll ein Arzneimittel sein, das aus solchen gewonnen wird, deren Exzentrik sich in der unnatürlichen Ausdauer äußerte, mit der sie den Anschein des Am-Leben-Seins aufrecht erhielten und andererseits aus solchen, die, noch während sie am Leben waren, vorführten, wie sterblich sie waren.

Von diesen beiden einander strikt entgegengesetzten Arten von Toten stand die erste unter der starken Wirkung des Mondes. Wann immer der Mond über dem Land zu- oder abnahm, konnte man ein schwaches Geflüster – wie das von schläfrig klagenden Nachtigallen – vernehmen, denn die Ur-Alten starben unter dem seltsamen Einfluß des Mondlichtes. Einige von ihnen erstrahlten bei Vollmond in ewigem Ruhm, andere schwanden dahin und wurden mit dem Neumond wiedergeboren, während ihr alter Staub in ein moosgrünes frisches Grab sank. Denn jener Planet hat eine sonderbare Wirkung. Ambrosius Parr war der Überzeugung, daß für alle Menschen die Gefahr, sich mit der Pest anzustecken, bei Vollmond größer sei, während nach Plinius der vierte Tag des Mondes über die Beschaffenheit des Windes im betreffenden Monat entscheidet. Der zunehmende Mond vergrößert die Augen der Katzen, wenn wir Gellius glauben dürfen, und Zwiebeln blühen, wenn der Mond abnimmt, und welken, wenn er zunimmt – ein finsteres und widernatürliches Gewächs, das die Leute aus Pelusium veranlaßte, seinen Gebrauch zu meiden. Ameisen, so wieder Plinius, arbeiten nie, wenn ein Mondwechsel bevorsteht. Aristoteles ist überzeugt, daß Erdbeben zu erwarten sind, wenn der neue Mond geboren wird, und daß unter dem seltsamen und einschläfernden Einfluß dieses Lichtes (das sich am Murmeln und Plätschern der Flüsse nährt, so wie die Sonne ihre Kraft aus dem Meer zieht) Schläfer, die unter seinen Strahlen liegen, noch schläfriger werden, während alle erschlagenen Leichen, die es bescheint, verfaulen. In diesem Punkt stimmt ihm van Helmont zu, der versichert, daß eine vom Mondlicht getroffene Wunde äußerst schwer zu heilen sei. Hirten müssen zum Mond beten, denn nach Galen »sind alle Tiere, die geboren werden, wenn der Mond eine Sichel ist oder ein halbes Viertel erreicht hat, schwächlich und kurzlebig, während solche, die bei Vollmond geboren werden, gesund und lebenskräftig sind.«

In einem Haus im Wald, wo das Mondlicht grünlich durch die Blätter scheint und es kaum einen Laut gibt, außer den schläfrigen kleinen Haushaltsgeräuschen, die allmählich verstummen, macht einen die Köchin darauf aufmerksam, daß ins Mondlicht gehängtes Fleisch rasch verdirbt. In weiter Ferne unter sehr andersartigen Bäumen fürchten sich wilde Stämme wie die Araber, die Ägypter und die Neger in Westindien davor, im Mondlicht zu schlafen. Und schon mancher unvorsichtige Neger, der im Licht des Vollmonds geschlafen hat, wachte morgens auf – wollen wir dem Leutnant Burton Glauben schenken – und stellte fest, daß seine eine Gesichtshälfte eine vollkommen andere Farbe hatte als die andere; und diese merkwürdige Metamorphose verschwand auch nicht mit dem Schwinden des Mondes. Im Gegenteil, viele Monate müssen vergehen, bis beide Seiten des dunklen Gesichts wieder die gleiche Farbe zeigen. Nach solchen Berichten über den schlimmen Einfluß des Mondes kann es uns nicht mehr überraschen, wenn ein gewisser Dr. Moseley bei seinen Untersuchungen zu dem Schluß kommt, daß sehr alte Menschen bei Voll- oder Neumond dahinsterben.

Unter anderen hochbetagten, zittrigen, nachtigallengleichen Stimmen, die in dieser schläfrigen Vollmondnacht klagend aus den weißen, ein wenig schiefen Häuschen hervordringen, können wir auch die Geister der Gebeine des alten Mr. John de la Smet vernehmen, der 1766 im Alter von einhundertunddreißig Jahren starb. Oder von Mr. George King, der zu gleicher Zeit im gleichen Alter starb; oder von John Taylor, der gleichfalls hundertdreißigjährig 1767 verschied. Oder von Mr. William Beattie, dessen Tod sich 1774 ereignete, oder von Mr. Watson, der 1778 verstarb; oder von Mr. Mac Cride, der 1780 dahinging; und von Mr. William Ellis, der 1780 dem Staub entgegenzitterte. Alle diese altehrwürdigen Personen zerfielen dann unter dem vollen Mond zu grünlichem Staub, während Mr. Peter Garden das einhunderteinunddreißigste Lebensjahr erlebte und 1775 starb. Mrs. Elizabeth Merchant starb 1761 im Alter von einhundert-

– 34 –

unddreiunddreißig Jahren; Mrs. Catherine Noon verblich, schon weiß und geisterhaft, im Jahre 1763 im Alter von hundertsechsunddreißig Jahren. Mr. William Leland und die alte Countess of Desmond starben beide 1732 mit hundertundvierzig Jahren, und die alte Mrs. Louisa Trusco schlug sie alle: 1780 zerfiel sie mit hundertfünfundsiebzig Jahren zu Staub.

Mr. Thomas Parr
Stich nach Rubens

Wie ich höre, war das achtzehnte Jahrhundert bekannt für das Alter und die Dunkelheit der dichtbelaubten, schattenspendenden Maulbeer- und Feigenbäume, und es ist ja möglich, daß es diesem Jahrhundert auch gelang, seinen Uralten eine schläfrige Überfülle an Zeit zu vermitteln. Aber es hat auch schon früher eine solche schattenhafte alte Person gegeben, Thomas Parr mit Namen, den, wie ich glaube, Rubens gemalt hat, als er hundertvierzig Jahre alt war, und dessen Alter und Tüchtigkeit von John Taylor, dem Wasser-Poeten, in Versen gefeiert wurden. Er starb am 15. November 1635 im Alter von hundertzweiundfünfzig. Trotz der unangemessenen Munterkeit seiner letzten Jahre, wurde er in der Westminster Abtei beigesetzt.

Mr. Parr heiratete mit achtzig zum ersten Mal; und von da an wurde das Heiraten ihm zur Gewohnheit. Dennoch gab es eine Gelegenheit, wo er – zweifellos aufgrund eines Versehens – öffentlich Buße tun mußte, weil er mit einhundertundfünf Jahren diese Zeremonie umgangen hatte. Diese geisterhafte Antiquität, die wie der Mond im Tageslicht des Sommers dahinschwand, mußte bei dieser Gelegenheit, in ein weißes Laken gehüllt, vor der Kirchentür stehen. Aber ich fürchte, das alte Klappergerüst von Kavalier sonnte sich sogar in diesem Sündenfall, und sicherlich prahlte er damit vor König Karl I. Später heiratete er noch einmal, diesmal im Alter von einhundertzwanzig Jahren, und seine Frau, deren Mädchenname Catherine Milton lautete, schenkte ihm ein Kind. Zu dieser Zeit seines Lebens »war er mit Dreschen und anderen hausväterlichen Arbeiten beschäftigt«, und sein Porträt zeigt den recht noblen vom Wind zerzausten Kopf und Bart eines Jupiter des Waldes, schrundig und braun wie der Stamm eines Feigenbaums.

Eine weitere bemerkenswerte Uralte war die Countess of Desmond, deren Tod nicht so sehr auf das hohe Alter, auch nicht auf den Vollmond, sondern darauf zurückzuführen ist, daß sie auf einen Apfelbaum stieg und von diesem in einem Schauer glitzernder Äpfel herunterfiel. Wieder ein anderer Fall ist Mr. Henry Jenkins, der 1670 einhundertneunundsechzigjährig starb.

Trotz seiner bemerkenswerten Karriere hatte Mr. Jenkins – vielleicht aus Müdigkeit – beschlossen, bescheiden am Tag des Neumonds zu sterben statt bei Vollmond. Mrs. Anne Saville aus Bolton, Yorkshire, die ihn gut kannte, erinnerte sich, daß er eines Tages, als er zu ihr kam, um etwas von ihr zu erbitten, ihr anvertraute, daß er sich an die Schlacht von Flodden Field mit großer Genauigkeit erinnere. König Heinrich VIII. war nicht dabei, teilte er der sprachlosen Mrs. Saville mit, denn er befand sich gerade in Frankreich; Earl of Surrey war General. Als sich Mrs. Saville von dem nicht unnatürlichen Staunen erholt hatte, in das sie das Bekenntnis des Mr. Jenkins gestürzt hatte, fragte sie nach weiteren Einzelheiten über Flodden Field und nach Mr. Jenkins Alter zu dieser Zeit. »Ich war zwischen zehn und zwölf Jahre alt«, versicherte ihr der beachtliche alte Herr, »denn ich wurde mit einer Pferdeladung von Pfeilen nach Northallerton geschickt, aber von dort aus schickte man einen größeren Jungen damit weiter zum Heer.«

Da die Schlacht von Flodden Field am 9. September 1513 geschlagen wurde und Mr. Jenkins sich nun seinem Tode näherte, der am 18. Dezember 1670 stattfand, wollte Mrs. Saville gern wissen, wie es sich mit der Wahrheit von Mr. Jenkins Erinnerungen verhielt. Konnten sie denn nicht in irgendeiner Alters-Trance, einem todesähnlichen Schlaf entstanden sein? Aber im Laufe ihrer Erkundigungen entdeckte sie, daß vier oder fünf sehr alte Männer der gleichen Epoche sich an Mr. Jenkins erinnerten, als sie in dem Alter waren, wo Jungens Vogelnester ausnehmen; und auch als sie ihn kennenlernten, war er schon ungeheuer alt gewesen. Mr. Jenkins hatte, wie sich zeigte, mannigfache Tätigkeiten ausgeübt: Er war, zum Beispiel, ein äußerst lebhafter, wortreicher Zeuge in einem Rechtsstreit zwischen den Herren Smithson und Anthony Clark in Kettering im Jahre 1665 gewesen, damals ein wackerer Arbeiter im Alter von einhundertfünfundsiebzig Jahren. Und sein Biograph teilt uns – außer sich vor Bewunderung – mit, daß dieser quicklebendige alte Mensch das letzte Jahrhundert seines Lebens als Fischer zugebracht habe und häufig beobachtet wurde, wie er im Fluß schwamm, wobei sich sein Bart wie Unkraut auf dem bewegten Wasser ausbreitete. Sie alle gehören also zu unserer »aus Mumien hergestellten Medizin«, und sie sterben jetzt aus, nicken ein und dämmern im ruhigen Licht des Vollmonds hinüber ins Nichts.

Denn die Uralten waren so mumienhaft wie die süßen überreifen und verschrumpelten Feigen, und ihren Sehnen, die vom Alter geschrumpft waren, konnte auch das folgende Rezept, das sich im ›Book of Knowledge‹ von 1687 findet, nicht die einstige Kraft zurückgeben: »Man nehme junge Schwalben aus

ihrem Nest, zwölf an der Zahl, dazu die Spitzen von Rosmarin, Lorbeerblätter, die Spitzen von Lavendel, Erdbeerblätter, von allem eine Handvoll, schneide die langen Federn der Schwalbenflügel und -schwänze ab, lege sie in einen Steinmörser und die Kräuter obendrauf und zerkleinere alles mit Stumpf und Stiel – Innereien, Federn, Knochen; dann mische man dies mit drei Pfund Schweineschmalz und setze alles zusammen einen Monat lang in die Sonne, dann koche man es auf und seihe es durch und bewahre die Salbe auf und reibe die verletzte Stelle damit ein.« Vergeblich wäre es auch gewesen, hätten unsere Uralten Schwalben gegessen, was, der ›Pharmacopeia‹ von 1654 zufolge, den Blick klärt, als fiele einem frischer Tau auf die Augen.

Alle diese Heilmittel waren nutzlos für sie, und ebenso nutzlos waren die Heilmittel, die unseren sächsischen Vorvätern tausend Jahre zuvor verabreicht wurden, zum Beispiel gegen Leiden wie »Geschwülste am Herzen eines Menschen«, die man mit Gurken und Rettich behandelte, mit Raps und Knoblauch, Stabwurz und Fünffingerkraut, Pfeffer und ungesiedetem Honig; oder wie »warzige Ausschläge«, die nach folgendem Rezept geheilt wurden: Entsprechend der ersten Verordnung muß man »einige kleine Oblaten herstellen, von der Art, wie man sie bei der Messe verwendet, und auf jede dieser Oblaten die folgenden Namen schreiben: Maximanus, Malchus, Martianus, Dionysius, Constantinus, Serefian«, dann muß man wieder einen Zauber singen (der später erwähnt wird), und zwar erst in das linke Ohr, dann in das rechte Ohr, dann über dem Schädel des Mannes; danach soll eine Jungfrau auf ihn zugehen und ihm die Oblate um den Hals hängen. »Wiederhole das drei Tage lang, und es wird ihm bald gut gehen.« Wenn man von der Wirkung dieser ersten Verordnung nicht überzeugt war, konnte man »den unteren Teil einer Schlüsselblume und der Fumaria officinalis in die Nasenlöcher des Mannes stecken und ihn eine gute Weile auf dem Rücken liegen lassen.«

Diese Heilmittel waren von keinem Nutzen für Mr. Jenkins und Mr. Parr und all die anderen Uralten, die über ein Jahrhundert gelebt hatten. Aber immer noch brauen Kräutersammler in den dunklen Höhlen des Waldes und in den kleinen weißen Bauernhäusern inmitten ihrer dichtbelaubten Obstgärten Heilmittel für seltene Fälle zusammen. Zum Beispiel nehmen Frauen, wenn sie aus irgendeinem Grunde – den Tod ausgenommen – stumm werden, Flohkraut und verreiben es mit Staub, wickeln es in Wolle und legen es unter die Frau; während sie gegen trübe Augen grüne Gartenkräuter verwenden, die sie zerstampfen, in Hummelhonig tauchen und auf die Augen legen. Bei den Unglücklichen, die an »bösen Körpersäften im Nacken« leiden, nehmen die weisen Frauen wilden Kerbel und Erdbeerpflanzen, Schlehe und Eibisch, breites Bischofskraut und Braunwurz. Alle diese Kräuter wurden drei Nächte, »bevor der Sommer in die Stadt kam«, gesammelt; von jedem gleich viel«; dann muß der Patient, so die Verordnung,»sie mit fremdem Bier zu einem Trank verarbeiten«, und in der Nacht, wenn dann der Sommer in die Stadt kommt, darf er, »nachdem er die ganze Nacht wach geblieben ist (aus Gründen, die allein der Erfinder dieses Rezepts kennt), den ersten Zug tun und den zweiten, wenn er den ersten Hahnenschrei hört.« Danach muß er anderthalb Tage lang in einer Art Spannung und auch, wie ich annehme, einem gewissen Wachzustand verharren und »beim gesegneten Aufgang der Sonne« eine dritte Dosis zu sich nehmen. Danach, so werden wir belehrt, »lasse man ihn zur Ruhe kommen«.

Es war, wie wir sehen, eine anstrengende Sache, sich bei derlei Verordnungen Gesundheit und Leben bis zu einem Alter von hundertfünfzig Jahren zu erhalten. Noch dazu bei den Gefahren auf dem Lande, die vor allem durch Vögel verursacht wurden, die jederzeit durch ein Fenster hereinfliegen, jemand ein goldenes oder silbernes Haar vom Kopf reißen und ein Nest daraus bauen konnten. Als Folge dieses Raubes konnte alles geschehen; Mißgeschick war das unvermeidliche, der Tod ein häufiges Ergebnis.

Auch waren Vögel und Geschwülste oder böse Körpersäfte im Nacken und das unvorhersehbare Verstummen von Frauen nicht die einzigen Gefahren, die man zu meiden hatte, nicht die einzigen Erkrankungen, die geheilt werden mußten, denn Vogelkreuzkraut schlug, so scheint es, die Gicht in die Flucht, auch wenn sie wie Feuer wütete, während die Päonie ein unfehlbares Heilmittel gegen Wahnsinn war. Waldkerbel wiederum erwies sich als sehr nützlich, wenn ein böser Mann einen anderen aus reiner Bosheit verhext hatte; während das Kraut Heraclea bei einer Reise durch die dunklen Wälder die Gefahr, von Räubern überfallen zu werden, abwendete.

Während Menschen von unterschiedlicher moralischer Beschaffenheit auf verschiedene Weise versuchten, ihr Leben zu erhalten, trachteten andere – ebenso rühmenswerte, ja sogar noch rühmenswertere, danach, den Folgen des Am-Leben-Seins zu entrinnen.

Und diesem lobenswerten Wunsch kamen gewisse Adelige und Landedelleute entgegen, indem sie durch Anzeigen in Zeitungen nach ›Schmuck-Eremiten‹ suchten. Nichts, meinten sie, könne das Auge derart entzücken, wie der Anblick eines älteren Mannes, der mit einem langen grauen Bart, in einem zottigen härenen Gewand, durch die Unbequemlichkeiten und Annehmlichkeiten der Natur taperte.

Der Honorable Charles Hamilton, der seinen Besitz in Plains' Hall bei Cobham in Surrey hatte und während der Regierung König Georgs II. lebte, war ein Bewunderer von derlei schweigsamer Einsamkeit, und nachdem er eine Anzeige für einen Eremiten aufgegeben hatte, baute er auf einem steilen Hügel in seinen Besitzungen einen Zufluchtsort für eine solche dekorative, wenngleich zurückgezogene Persönlichkeit.

Diese Eremitage ärgerte Mr. Horace Walpole, der es lächerlich fand, die Ecke seines Gartens abzugrenzen, um darin melancholisch zu sein: Der Zufluchtsort scheint in der Tat mehr wegen seiner Unbequemlichkeit bekannt gewesen zu sein als wegen seiner Schönheit, denn man erfährt, daß es da »eine obere Wohnung gab, die zum Teil von verschlungenen Auslegern und Wurzeln der Bäume getragen wurde, welche den Eingang zu der Zelle bildeten«. Dennoch scheint Mr. Hamilton keine Schwierigkeiten gehabt zu haben, den Eremiten herbeizuschaffen; und jedenfalls mußte ein Eremit ja eine Art professioneller

Mr. Horace Walpole,
Fourth Earl of Oxford

Unbequemlichkeit erwarten, wenn er nach den Bedingungen der Übereinkunft bereit war, »sieben Jahre in der Eremitage zu bleiben, wo er mit einer Bibel, einer Brille, einer Fußmatte, einem Strohsack als Kissen, einem Stundenglas als Zeitmesser, Wasser als Getränk und Nahrung aus dem Hause versehen werden sollte. Er mußte ein wollenes Gewand tragen und durfte sich unter gar keinen Umständen die Haare, den Bart und die Nägel schneiden, nicht jenseits der Grenzen von Mr. Hamiltons Besitz herumstreunen oder auch nur ein Wort mit dem Diener wechseln.« Wenn er, ohne eine dieser Bedingungen zu verletzen, sieben Jahre auf dem Gelände Mr. Hamiltons ausharrte, sollte er – als Beweis für Mr. Hamiltons Bewunderung und Zufriedenheit – die Summe von siebenhundert englischen Pfund erhalten. Aber wenn er, zum Wahnsinn getrieben durch das unerträgliche Kitzeln des Bartes oder das Kratzen des Wollgewandes, irgendeine der festgelegten Bedingungen verletzte, sollte er keinen Penny bekommen: Der dekorative Eremit blieb – eine melancholisch stimmende Tatsache – nur drei Wochen an seinem Zufluchtsort.

Aber ein Gentleman, der in der Nähe von Preston in Lancashire lebte, hatte mehr Glück mit seinem Eremiten. Er hatte eine Anzeige in der Zeitung aufgegeben, in der er jedem Mann, der sieben Jahre lang unter der Erde zu leben bereit war, ohne je einen Menschen zu sehen und ohne sich Haar, Bart, Finger- und Fußnägel zu schneiden, ein Gehalt von fünfzig Pfund im Jahr bot. Auf die Anzeige erfolgte sofort eine Antwort, und der glückliche Inserent bereitete eine Wohnung unter der Erde vor, die, wie uns Mr. Timbs versichert, »sehr geräumig und mit einem kalten Bad, einer Zimmerorgel und mit so vielen Büchern ausgestattet war, wie es dem Bewohner beliebte; und die Mahlzeiten wurden von des Gentlemans eigenem Tische serviert.« Der dekorative Bewohner gedieh dort ungesehen vier Jahre lang. Aber da er nicht zu sehen war, fällt es schwer zu erraten, welches Vergnügen sein Arbeitgeber aus der ganzen Sache bezog.

Aber nicht nur die Betagten antworteten auf solche Anzeigen oder gaben selbst Anzeigen auf. Denn im ›Courier‹ für den Januar 1810 erschien folgende Notiz: »Ein junger Mann, der sich aus der Welt zurückziehen und an irgendeinem angenehmen Ort in England als Eremit leben möchte, ist bereit, sich mit einem Edelmann oder einem Gentleman in Verbindung zu setzen, der den Wunsch hat, einen solchen Eremiten zu haben. Jeder Brief, der, frankiert, an S. Laurence gerichtet, bei Mr. Otton Nr. 6 Coleman Lane, Plymouth hinterlassen wird und eine Mitteilung enthält, welche Zuwendungen zu erwarten sind, wird entsprechend berücksichtigt.«

Die Erwähnung der Zuwendung klingt ein wenig geschäftstüchtig, und ich weiß nicht, was für eine Antwort Mr. S. Laurence erhielt. Ebensowenig weiß ich, wie die soziale Stellung eines Schmuck-Eremiten war. Ich weiß hingegen, daß im ›Blackwood's Magazine‹ für April 1830 Mr. Christopher North uns in den ›Noctes Ambrosianae‹ darüber informiert (ich wage nicht auszudenken, in welcher Gesinnung oder aus welchen Gründen), daß der Herausgeber eines gewissen anderen Magazins »vierzehn Jahre lang Eremit bei Lord Hills Vater gewesen sei und mit einem langen Bart, der von einer Ziege stammte, und einem Stundenglas in der Hand von Sonnenaufgang bis Sonnenuntergang in einem Käfig auf jenes ehrenwerten Baronets Grund und Boden gesessen habe, mit der strikten Anweisung, keine Half-Crowns von den Besuchern anzunehmen, sondern sich zu verhalten wie Giordano Bruno«.

Leider muß ich sagen, daß diese Inspiration Mr. North beim Lesen der Korrespondenz in ›Notes and Queries‹ von 1810 gekommen sein könnte, wo nämlich ein Gentleman berichtet, daß, als er Sir Richard Hills Landsitz besichtigte, man ihm auch die dortige Eremitage gezeigt habe, die von einer ausgestopften menschlichen Figur in der Berufskleidung eines Eremiten bewohnt und daß die ganze Szene von überaus gedämpftem Licht erfüllt gewesen sei.

Ein exemplarischer Schmuck-Eremit

Aber das ist ein heikler Gegenstand, und es ist daher vergnüglicher, sich einem unbezahlten Eremiten zuzuwenden, einem älteren Mann, dessen Name unbekannt ist; aber man konnte ihn vom Jahre 1863 an täglich und auch vorher schon fünfzehn Jahre lang im Dorf Newton Burgsland nahe von Ashby de la Zouch, in Leicestershire in seinem Garten herumtapsen sehen. Dieser Schmuck-Eremit war kein Professioneller, sondern ein Amateur. Er war sein eigener Herr, und er lebte bequem, wie ich zu meinem Bedauern zugeben muß, er aß gern gut und genoß sein Glas Bier und seine Pfeife; dennoch – trotz dieser Flecken auf seiner Eigenschaft als Eremit – beanspruchte er diese Bezeichnung für sich, denn »wahre Eremiten waren zu allen Zeiten die Verfechter der Freiheit«; und man muß auch sagen, daß er sich insofern dem Eremiten-Ideal anpaßte, als er ein ehrwürdiges Äußeres und einen langen weißen Bart zur Schau trug. Dieser Uralte war unrettbar für alles Symbolische eingenommen und besaß zwölf Gewänder, damit jedes ein »abseitiges Motto darstellen« könne.

Die Anzüge und Hüte wurden alle mit gebührender Hochachtung angeredet und mit den Namen genannt, die ihnen ihr Besitzer verliehen hatte, und ich kann nichts Besseres tun, als dem Leser einige Beispiele dieser Embleme und Namen zu geben:

Nr.	Name	Emblem oder Motto
1	*Sonderbare Käuze*	*Ohne Geld, ohne Freunde, ohne Kredit*
2	*Blasebalg*	*Fache die Flamme der Freiheit mit Gottes Wort der Wahrheit an*
3	*Helm*	*Wird immer für das Geburtsrecht des Gewissens, der Liebe, des Lebens, des Eigentums und der nationalen Unabhängigkeit kämpfen*
13	*Patent-Teekanne*	*Um das Aroma des Tees am besten aus dem Tee zu ziehen – Vereinigung und guter Wille*
17	*Reform-Waschbecken*	*Weißgewaschenes Gesicht und schwarzes Herz*
20	*Bienen-Korb*	*Die Mühen des Fleißes sind süß; ein weises Volk lebt in Frieden*

Die Formen der Hüte sollten nicht nur ihre Eigennamen spiegeln, ausdrücken, symbolisieren, sondern auch die ewigen Wahrheiten, die in den Emblemen oder Motti enthalten waren. Die Gewänder aber waren nicht weniger wichtig als die Hüte. ›Sonderbare Käuze‹, zum Beispiel, bestand aus weißem Leinen oder Baumwolle und lag nicht eng an, sondern saß locker; nur in der Taille war es mit einem weißen Gürtel, der vorne gebunden wurde, fest zusammengenommen. Die linke Brust dieses erstaunlichen Modemachwerks war mit einem herzförmigen Zeichen und der Inschrift ›Freiheit des Gewissens‹ als Motto geschmückt. Man darf nun aber auch nicht einen Augenblick lang glauben, daß der Hut ›sonderbare Käuze‹ etwas mit dem Anzug zu tun haben könnte. Dieser Hut war fast weiß, und seine eigentliche Form löste keine Erregung aus, denn die Aufmerksamkeit sollte auf die Motti gelenkt werden, deren vier mit schwarzem Band daran befestigt waren. Das erste trug die Worte ›Gesegnete Mahlzeit‹, das zweite ›Gutes Einkommen‹, das dritte ›Wohlgekleidet‹, das vierte ›Alle arbeitenden Menschen‹. Man kann sich vorstellen, welche Sensation diese in der Kleidermode ausgedrückten Bestrebungen hervorriefen.

Die anderen Hüte und Gewänder, die der alte Herr trug, waren ähnlich aufregend, sagten aber nicht so viel Gutes über den Charakter des Trägers aus. Das Kostüm ›Forstleute‹, zum Beispiel, war in leichtester Stimmung entworfen, in weichem braunen Leder »ausgeführt«, wie die Modeleute sagen, und nur wenig mit Borten bestickt. In der Form ähnelte es mehr oder minder einem Frack, wurde aber vorn mit weißen Knöpfen geschlossen und in der Taille von einem weißen Gürtel zusammengehalten, der mit einer kleinen weißen Schnalle schloß. Zu diesem Kostüm trug der alte Herr einen Hut, der eine gewisse Ähnlichkeit mit einem Turban hatte und dessen weiße und schwarze Streifen einander in eine Wirrnis immer kleiner werdender Kreise folgten bis sich diese im Nichts auflösten. Dieser uralte und achtenswerte Mann beschränkte sich in »seiner Manie des Symbolisierens«, um Mr. Timbs unfreundliche Zusammenfassung der Sache zu zitieren, nicht allein darauf, derlei Tugenden in seiner Kleidung auszudrücken. Nein, in seinem Garten, seinem besonders gehüteten Besitz, wimmelte es von solchen Verkündungen und Symbolen. Ich muß gestehen, daß ich die Beschreibung des Gartens dieses tugendhaften alten Herrn ebenso verwirrend finde wie seine Ideale; aber ganz offensichtlich wollte er zugleich Vergnügen und moralische Belehrung vermitteln.

Weit fort in diesem merkwürdigen Garten mit seinem wilden Gemisch aus Dunkelheit und irrem, schwindelerregendem, stundenlangem Sommerlicht, das sich als Blumen maskierte, verbrachte der Eremit seine Tage. Aber zuletzt verarmte er, leider, sein Lebenslauf als Schmuck-Eremit war vorbei, und so entschwindet er unserem Blick. Wir müssen uns daher einem anderen Schmuck-Eremiten zuwenden – einem, der diese Rolle noch weniger professionell betrieb als der vorige.

Der in Frage stehende Eremit war Mr. Matthew Robinson, der spätere Lord Rokeby, und er wurde berühmt wegen seiner amphibischen Gewohnheiten, und weil er wohlwollend war und einen Bart besaß. Dieser langlebige Gentleman von tugendhaften Sitten, der 1712 geboren wurde, war der Sohn von Mr. Septimus Robinson, Zeremonienmeister bei George II. und der Bruder der bezaubernden Mrs. Elizabeth Montagu und Mrs. Sarah Scott. Er scheint nur ein Laster gehabt zu haben – nämlich vor Besuchern über alles Maß ausführlich zu rezitieren.

Lord Rokeby war charakterlich sehr verschieden von seinen Schwestern. Er war ein Eremit und ein Schmuck der Natur, Mrs. Montagu und Mrs. Scott waren eine Zierde der Gesellschaft. Lord Rokeby beobachtete mit Vorliebe die Vögel, die in seinen Wäldern und Parks umherflogen; Mrs. Montagu liebte es, wenn die Federn dieser Vögel, die so leuchtend, leicht und glänzend waren wie ihr eigener Verstand, ihr Wohnzimmer schmückten, obgleich sie alle Vögel und überhaupt alle Tiere liebte, solange sie am Leben waren. Die Federn von Pfauen und Eichelhähern, von Papageien und Aras waren in Tapisserien hineingewoben, zierten ihr Zimmer und wurden zum Gegenstand eines Gedichts von Cowper. Lord Rokebys Freunde waren die Tiere und Vögel auf seinem Besitz und seine Gedanken über die Freiheit des Menschen. Zu Mrs. Montagus Freunden zählte Horace Walpole (der sie gelegentlich gut leiden konnte), Burke, Bath, Mrs. Vesey und die anderen Blaustrümpfe, die Garricks und Dr. Johnson, der keine Freiheiten duldete – zumindest nicht in den Gesprächen anderer. Lord Rokeby genoß das Landleben; Mrs. Montagu genoß keineswegs die Gesellschaft ländlicher Gentlemen. »Unsere Kollektion von Männern«, schrieb sie, »ist sehr antik. In meiner Liste folgen sie so aufeinander: Ein Mann von ein wenig eingerostetem Verstand; ein schon ziemlich mitgenommener Beau; ein äußerst zerrütteter Stutzer; ein hübscher, ziemlich geistloser Gentleman; ein sehr ernsthafter Baronet; ein überaus fetter Landedelmann; ein höchst affektierter Geck; ein in Coke upon Littleton bewanderter Rechtsanwalt, der aber nichts weiß über ›verschlungene Wege, ein gutes Testament zu heiraten‹, ein sehr tölpelhafter rechtmäßiger Erbe; welcher von

diesen allen ein günstiges Auge auf mich werfen wird, weiß ich nicht.« Lord Rokeby liebte Ruhe und Meditation; Mrs. Zappelphilip Montagu konnte nie still-sitzen. »Warum braucht ein Tisch, der stillsteht, vier Beine, wo ich doch auf zweien herumzappeln kann?« Und, bemerkenswertester aller Unterschiede: Während Lord Rokeby berühmt war für seinen Bart, konnte Mrs. Montagu Bärte nicht ertragen, ja, sie sah sich gezwungen, ihrem Vater zu sagen, sie sei außerstande – eben wegen dieses Anhängsels die Köpfe von Sokrates und Seneca abzuzeichnen. »Als ich ihm sagte«, schreibt sie an die Duchess of Port-land, »ich fände diese gewaltigen Bärte schwer zu zeichnen, reichte er mir den Kopf Johannes des Täufers auf einem Tablett, so als wolle er damit das Grübeln über gräßliche Gesichter ausschließen.«

Lord Rokeby entschloß sich in seiner früheren Jugend, nachdem er im Tri-nity College in Cambrigde studiert hatte, ganz plötzlich, Aachen einen Besuch abzustatten, das, wie Mr. Kirby, einer seiner zahlreichen Biographen, sich beeilt, uns zu erklären, »eine für ihre Bäder berühmte Stadt ist.« Diese Reise scheint Lord Rokebys Lebensweise gänzlich umgewandelt zu haben; und von dieser Zeit an bedurfte es solcher gewichtigen Persönlichkeiten wie des Erzbischofs von Armagh oder des Prinzen William von Gloucester, um ihn aus dem Wasser zu holen. Die Gewohnheit, endlos zu baden, nahm allerdings nur allmählich zu, und ihr ging das gleichfalls bemerkenswerte Wachstum eines langen Bartes voraus. Dieses Phänomen scheint etwa zu der Zeit aufgetreten zu sein, als Lord Rokeby, durch den Tod von der väterlichen Autorität befreit, den Familienbe-sitz in Mount Morris in Kent übernahm. Mr. Kirby, der sehr strenge Ansichten über diesen Gegenstand hat, bemerkt mit löblicher Zurückhaltung: »Bärte wurden einst als Zeichen der Ehrwürdigkeit angesehen, besonders bei den Alten.« Inzwischen hat sich die Meinung in dieser Sache jedoch gewandelt, und ein Bart wird zumindest als ein unzweifelhaftes Zeichen von Exzentrik betrach-tet. Warum sich seine Lordschaft einen Bart zulegte, ist unbekannt. Gründe für dieses Verhalten lassen sich nicht leicht entdecken; es spricht allen Vermutun-gen Hohn und führt den Scharfsinn in die Irre. So viel allerdings ist sicher, daß er lange Jahre Aufsehen erregte wegen dieses Anhängsels, dessen Länge – er reichte bis fast zu seiner Körpermitte — deutlich kundtat, daß es nicht neueren Datums war. Lord Rokeby, scheint es, »wurde häufig wegen seines Verhaltens und wegen seiner scharfsinnigen Bemerkungen aufgesucht«; und, wie ich annehme, auch, damit die Fremden seinen Bart betrachten konnten; und alle diese Besonderheiten zusammen verfehlten nie«, wie Mr. Kirby meint, »unge-wöhnliche Empfindungen zu erregen«. Diese ungewöhnlichen Empfindungen wurden etwas später noch weitaus mehr erregt durch die amphibischen Gewohnheiten, auf die ich angespielt habe, und die er sich, wie bereits ange-deutet, während seines Besuchs in Aachen zu eigen gemacht hatte. Er ließ eine kleine Hütte auf dem Sandboden von Hythe errichten, etwa drei Meilen von Mount Morris entfernt, und von dieser Hütte aus tauchte er mit lobenswerter Entschlossenheit ins Meer und blieb mit äußerster Beharrlichkeit darin, bis er ohnmächtig wurde und mit Gewalt aus dem Wasser gezogen werden mußte.

Mr. Matthew Robinson
Lord Rokeby

Jeden Tag ging Lord Rokeby, dessen Erscheinung einem freundlichen Troll glich, mit gebeugtem Rücken, als schleppte er das ganze Gewicht seiner Winterwälder als Reisigbündel darauf, sehr langsam, den Hut unter dem Arm, zum Strand von Hythe. Bei diesen Expeditionen folgte ihm ein Wagen und ein besonders geschätzter Diener in einer kunstvollen Livree, der, nachdem er eine oder zwei Meilen im Kielwasser seines Herrn zaghaft dahingezockelt war, plötzlich in den Wagen gelupft und so zum Ort der Handlung gebracht wurde. Wenn es regnete, fuhr der Diener den ganzen Weg in der Kutsche, denn Lord Rokeby wies ihn darauf hin, daß er aufwendig gekleidet sei und daher nicht naß werden dürfe, weil er womöglich seinen Anzug verderben und sich eine Krankheit zuziehen könne.

Schließlich ließ Lord Rokeby zur Enttäuschung der Zuschauer, aber zur Erleichterung des Dieners ein Bad ganz in der Nähe seines Hauses bauen, das »so konstruiert war, daß es sich allein durch Sonnenstrahlen erwärmen ließ«. »Die Häufigkeit seiner Waschungen«, versichert uns Mr. Kirby, den das Verhalten dieses amphibischen alten Mannes bestürzt zu haben scheint, »war erstaunlich.« Und man höre nur, was ein Augenzeuge zu berichten weiß, ein Gentleman, der »beschlossen hatte, einen Einblick in diesen außerordentlichen Charakter zu geben«. »Auf meinem Weg, auf der Hügelkuppe oberhalb von Hythe, die eine ganz entzückende Aussicht gewährt, bemerkte ich einen Springbrunnen, dessen klares Wasser in ein Bassin floß, das von Seiner Lordschaft eigens dafür aufgestellt worden war. Ich erfuhr, daß es viele solcher Springbrunnen an der gleichen Straße gäbe und daß der Lord die Gewohnheit hatte, Wassertrinkern, die er zufällig dabei antraf, wie sie an seinem Lieblingsgetränk teilhatten, ein paar Half-Crown-Stücke zu übergeben, von denen er immer genügend lose in einer Seitentasche hatte. Und er versäumte dabei nie, das Wassertrinken mit besonderem Nachdruck und mit Überzeugungskraft zu empfehlen. Im Näherkommen hielt ich eine Weile an, um den Landsitz zu betrachten. Es ist ein gutes, einfaches Herrenhaus: Auf den Wiesen weidet viel schwarzes Vieh, und ich konnte ein oder zwei Pferde vor der Eingangstreppe bemerken. Nachdem ich die nötigen Erkundigungen eingezogen hatte, wurde ich von einem Diener zu einem kleinen Wäldchen geführt, indem sich, wenn man eintrat, ein Gebäude mit einem Glasdach präsentierte, das man zunächst für ein Gewächshaus hätte halten können. Der Mann, der mich begleitete, öffnete ein Pförtchen, und als ich hineinblickte, bemerkte ich unmittelbar unter dem Glas ein Bad mit einem Wasserzufluß, der von einem Teich gespeist wurde. Als ich näher kam, wollten mir die hübschen Spaniels und der getreue Gärtner den Zutritt verweigern, bis die wohlbekannte Stimme des Dieners sie besänftigte. Der Lord war gerade aus dem Wasser gekommen und trug einen alten blauwollenen Rock und Hosen von der gleichen Farbe. Während wir vorsichtig über einen Holzfußboden weitergingen, sahen wir Seine Lordschaft bäuchlings ausgestreckt am anderen Ende des Bades. Sein Kopf war oben kahl, aber das Haar an seinem Kinn, das auch die Stellung, die er eingenommen hatte, nicht zu verbergen mochte, quoll zu beiden Seiten unter seinen Armen hervor. Ich zog mich sofort zurück und wartete in einiger Entfernung bis er aufwachte. Er erhob sich, öffnete die Tür, eilte, von seinen Hunden begleitet, blitzschnell durch das Dickicht und wandte sich rasch dem Haus zu, während einige Arbeiter, die mit Holzhacken beschäftigt waren und die vorher nur ganz leise miteinander gesprochen hatten, den Wald nun wieder von ihren Stimmen widerhallen ließen.«

Auch der pompöse Stil der zitierten Passage kann nicht die Ehrfurcht verbergen, die der »Gentleman, der beschlossen hatte, einen Einblick in den obengenannten außergewöhnlichen Charakter zu geben«, empfand, als er sich derart mit Bad und Bart konfrontiert sah.

Trotz einiger finsterer Gerüchte, auf die ich später zurückkommen werde, bestand Lord Rokebys Speisezettel vor allem aus fettloser Rindsbrühe, und er riet vom »Verzehr exotischer Lebensmittel jeglicher Art ab, und zwar aus der Überzeugung, daß die Erzeugnisse unserer Insel angemessen für den Unterhalt ihrer Bewohner« seien. Es muß allerdings gesagt werden, daß er sich nachgiebig zeigte, als er das Bad verlassen mußte, um Prince William of Gloucester zu einem Abendessen zu empfangen. Bei dieser Gelegenheit waren – obgleich der Bart immer noch deutlich in Erscheinung trat – die übrigen Charakteristika Lord Rokebys nicht zu bemerken: Das Essen war üppig und die Auswahl der Weine groß, und das Dessert des Prinzen war von einem besonders kostbaren Tokayer begleitet, der fünfzig Jahre oder länger im Keller geruht hatte. Aber nicht bei allen Gelegenheiten erwies sich Lord Rokeby als Höfling; und einmal, als er die Canterbury-Rede vor dem neuen König hielt, berichtete seine Schwester Mrs. Montagu ihrem Ehemann: »Ich bin froh, daß er sich auf das Land zurückgezogen hat, aber mit der Canterbury-Rede hatte er einen höchst erstaunlichen Auftritt bei Hofe. Morris sagt, es sei von nichts anderem die Rede. Ich wünschte, die Wachen hätten ihn nicht durch die Tür gelassen. Lord Harry Beauclerk brachte die Leute zum Schweigen, als bei seinem Erscheinen ein Geraune entstand: Er habe den Gentleman noch nie so gut angezogen gesehen.« Sein unberechenbares Verhalten war in der Tat eine Quelle steter Besorgnis für die bezaubernde Mrs. Montagu, die, wie wir aus dem folgenden Brief an ihre Schwester ersehen können, in der schrecklichen Vorstellung lebte, ihr Bruder werde seine amphibischen und fleischfresserischen Gewohnheiten bei einem ihrer Besuche in Bath dort vorführen. »Ich hoffe«, schrieb sie, »der Horton Gentleman wird seine Reise nach Spa nicht in einen Besuch in Bath umwandeln. Ich würde den Spaß, einen Gentleman baden zu sehen, während ein Kalbslendenbraten um seine Ellbogen herumschwimmt und alle Belles und Beaux in der Trinkhalle ihm bewundernd zuschauen, niemals überstehen.

Die Dame, die uns führte und die unsere verwandtschaftlichen Beziehungen nicht kannte, sagte, daß natürlich seine Eigenwilligkeit große Verwunderung erregt hätte, aber es sei gutes Kalbfleisch gewesen und er habe davon ihr und anderen abgegeben, was er nicht selber aß; ganz gewiß sei er einer der eigenartigsten Gentlemen, von dem sie je gehört habe, aber sehr gutartig.«

Die amphibischen Gewohnheiten waren nicht der einzige Schatten, den ihr Bruder auf Mrs. Montagus Gemüt warf, denn sie war ja schon überschattet vom Bart und dem langen Haar Lord Rokebys. Sie war daher überaus erleichtert, als beides in einer Reihe von Pamphleten, welche die Politik von Lord North angriffen, wegerklärt, sozusagen ausgebügelt wurde. In einem Brief bezieht sie sich darauf: »Julius Caesar«, erläutert sie, »übte seinen Heldenmut in jungen Jahren, damit er den Mangel seiner Glatze unter dem Kranz des Eroberers verbergen konnte. Mir scheint, Mr. Robinsons (Lord Rokebys) Haarwuchs verlangt nach einer solchen ehrenhaften Bedeckung mindestens so sehr wie jede Kahlköpfigkeit, und ich bin froh, daß man ihn mit Lorbeeren zugedeckt hat. Niemand braucht einen solchen Beweis seiner Talente mehr als er. Wenn ein Mann Genie zeigt, so halten die Leute alle seine Verrücktheiten für die Auswüchse eben dieses Genies. Ich habe um das Pamphlet nach London geschickt.«

Lord Rokebys Haupthaar und Bart waren nicht die einzigen Naturprodukte, die er verwildern ließ; denn in seinen Wäldern und Parks – ich kann in diesem Zusammenhang nur wieder Mr. Kirby zitieren, weil sein Stil dem Gegenstand so vollkommen entspricht – »war die Natur in keiner Hinsicht durch Kunst gezügelt, auch die Tiere waren im Zustand völliger Freiheit belassen, und man sah sie mit ungewöhnlicher Lebendigkeit und Kraft über seine Weiden springen«. Derweil konnte man zuzeiten beobachten, wie der verehrungswürdige Besitzer derselben in gleicher Freiheit und durchaus tugendhaft über die gleichen Weiden einer fliehenden weiblichen Gestalt nachstellte, denn »er war in seiner Jugend ein großer Bewunderer des schönen Geschlechts gewesen und auch in seinem hohen Alter soll er ein großer Bewunderer weiblicher Schönheit gewesen sein«. »Und unter den Frauen war keine, die nicht munter genug und bereit gewesen wäre, in diese unschuldige Fröhlichkeit einzustimmen oder Gegenstand derselben zu sein«, riefen die Herren Wilson und Caulfield in hemmungsloser Begeisterung aus. Aber dann folgen dunklere Töne, denn wir erfahren, daß gewisse Personen, deren Feingefühl durch den Bart verletzt worden war, glaubten, er lebe von rohem Fleisch, ja einige behaupteten sogar, er sei ein Kannibale!

Bleibt noch zu sagen, daß Lord Rokeby »die frische Luft liebte, und zwar ohne einen anderen Baldachin als den Himmel über sich, daß im Winter seine Fenster für gewöhnlich offenstanden« und daß er die ärztliche Kunst ablehnte; einmal, als ihn ein Krampf befiel, teilte er »seinem Neffen mit, daß, wenn er bleiben wolle, er willkommen sei«; daß aber, sollte er aus falscher Menschlichkeit ärztliche Hilfe herbeirufen, er, Lord Rokeby – wenn er durch einen seltsamen Zufall vom Arzt nicht umgebracht würde –, sich seiner Hände und Sinne, wie er hoffe, hinlänglich werde bedienen können, um ein neues Testament aufzusetzen, und daß er seinen mißratenen Neffen enterben werde.

Lord Rokeby hegte auch einen ganz besonderen Widerwillen gegen den Gang zur Kirche. »Diese Eigenart, sich von Orten des Gottesdienstes fernzuhalten«, so versichern uns die Herren Wilson und Caulfield sehr ernst, »entstammte zu einem Teil den übertriebenen Vorstellungen, die er vom Wesen der Gottheit hatte, deren Altäre, wie er mit Nachdruck sagte, auf der Erde, im Meer und im Himmel stünden; dann der geringen Beachtung, die er dem Klerikalen oder Priesterlichen schenkte und seinem geistigen Abscheu vor ihrem unliberalen Wunsch, alle sollten sich in ihrem Glauben auf sie verlassen, und vor ihrer häu-

Lady Elizabeth Montagu
Schabkunstblatt nach Sir Joshua Reynolds

figen Verfolgung Andersgläubiger; und letztlich entsprang dieser Widerwille seiner entschiedenen Meinung über die Wirkungslosigkeit ihres Predigens.«

Diese übertriebene Vorstellung vom Wesen der Gottheit, zusammen mit den sie begleitenden sonderbaren Ansichten, führte bei einer Gelegenheit zu einer großartigen Darbietung von Lord Rokebys Ritterlichkeit und seiner Fähigkeit, mit peinlichen Situationen fertig zu werden. »Der Erzbischof von Armagh«, sagte Lord Rokeby zu einem Bewunderer, »teilte mir mit, daß er am Samstag bei mir dinieren wolle. Ich gab also Anweisungen für ein Diner und alles übrige für meinen Vetter, den Erzbischof; aber ich hatte bis zu seinem Besuch nicht daran gedacht, daß der Tag darauf ein Sonntag war. Was sollte ich machen? Da war also mein Vetter, der Erzbischof, und der mußte zur Kirche gehen, aber es gab keinen Weg zur Kirche, und die Tür zum Altarraum war seit dreißig Jahren verschlossen; und mein Kirchenstuhl war sicherlich auch nicht das richtige für meinen Vetter, den Erzbischof. Ich ließ also sofort aus Hythe Schreiner und Tischler holen und aus dem Dorf Arbeiter und Schnitter und Leute, die den Kies herankarrten. Alle machten sich an die Arbeit, der Weg wurde freigemäht und der Kies darauf geworfen und festgewalzt und ein Tor für den Friedhof gemacht; die Tür zum Altarraum wurde geöffnet und gereinigt, und ein neuer Kirchenstuhl wurde angefertigt, gut ausgepolstert und schön bezogen; und am Tag darauf ging ich an der Seite meines Vetters, des Erzbischofs, zur Kirche, und er fand alles richtig und in Ordnung; aber seither war ich nicht wieder in der Kirche, da können Sie sicher sein.«

Lord Rokebys Leben war nicht frei von Aufregungen und Vorkommnissen wie dem folgenden: Als er mit dreiundachtzig Jahren in Chequers Inn, einem Gasthaus in Lenham abstieg, um bei den allgemeinen Wahlen von 1796 seine Stimme abzugeben, umdrängten und bestaunten ihn die Landbewohner, die sich in den Kopf gesetzt hatten, er sei ein Türke. Aus dieser munteren Szene schritt er, so hörte man, auf die Wahlkabine zu und stimmte für seinen alten Freund Filmer Honeywood.

Zu guter Letzt wird uns versichert, daß er trotz des Bartes, der ihm im hohen Alter bis zu den Knien reichte, und trotz seiner amphibischen Gewohnheiten »Tugenden besaß, die seine Mängel mehr als ausglichen«. Eine besonders bemerkenswerte Tugend war seine glühende Liebe zur Freiheit und sein Haß auf alle Unterdrückung. Er hörte nicht auf, sich lautstark für das eine und gegen das andere einzusetzen, »und sagte seine Meinung bei jeder Gelegenheit frei heraus, was ihm sogar die Bewunderung seiner Feinde eintrug. Da er die Menschen unbedingt glücklich machen wollte, »beschäftigte er sich unausgesetzt mit dem Wohlergehen und dem Wohlstand seines eigenen Landes«.

Verehrt und bewundert starb er im Dezember 1800 in seinem achtundachtzigsten Jahr auf seinem Landsitz in Kent.

Es stimmt melancholisch, ist aber auch lehrreich, sich von Lord Rokeby mit seiner Gewohnheit des unausgesetzten Badens abzuwenden und uns mit dem Fall der Schmuck-Eremitin Mrs. Celestina Collins zu befassen. Sie hinterließ ein großes Vermögen und starb mit siebzig Jahren in ihrem Haus in der St. Peters Street in Coventry. Über diese nicht durchweg angenehme alte Dame äußerte

Mr. Cyrus Redding in schätzenswerter Zurückhaltung, daß »sie eine Neigung zum Exzentrischen besaß und daß, wenn sie sich einmal eine Idee zu eigen gemacht hatte, sie durch nichts mehr davon abzubringen war«.

Unter anderen Ideen, die Mrs. Celestina Collins sich angeeignet hatte, war auch die, dreißig Stück Geflügel in ihrem Bett oder auch zwischen ihren Küchenmöbeln schlafen zu lassen. Ihr Liebling unter diesen eifrigen und ruhelosen Gefährten war ein riesiger Hahn, dessen Sporen, infolge seines Alters, eine Länge von drei Zoll hatten. Dieser Hahn teilte sich ihre Zuneigung mit einer riesigen Ratte, und diese beiden unzertrennlichen Gefährten waren auch bei ihren Mahlzeiten zugegen, die äußerst kärglich waren und die, wie ich fürchte, durch das Wesen und die Gewohnheiten ihrer beiden Vertrauten mitbestimmt waren. Dieser Zustand dauerte eine Weile an, bis schließlich die Ratte, durch die kargen Rationen wild geworden, wütend auf den Hahn wurde und Mrs. Collins ihrerseits sich über die Ratte erboste und ihr einen Schlag versetzte, der sie, zu ihrem großen Bedauern, tötete.

Mr. Reddings Zurückhaltung zeigt sich aufs neue in dem folgenden prägnanten Satz: »So sehr war sie diesem Ungeziefer verbunden, das allen anderen Menschen verhaßt ist, daß sich ein Mäusenest in ihrem Bett fand.«

Mrs. Celestina Collins war keineswegs die einzige, deren Bett Überraschungen für den Unvorsichtigen enthielt, wie wir sehen werden, wenn wir zu dem Geizkragen-Kapitel kommen. Aber vorerst wollen wir in das Nest eines anderen Schmuck-Eremiten eintauchen.

Dieser gleichermaßen dekorative Gentleman befand sich vor etwa achtzig Jahren einige Meilen von Stevenage entfernt, wo ein glücklicher Korrespondent des ›Overhampton Chronicle‹ den Vorzug hatte, ihn zu interviewen und den Lesern mitzuteilen: »Die Zeit, diese Zerstörerin aller Dinge, hatte hier ganze Arbeit geleistet . . . keine aufmunternde Stimme ist in diesen Mauern zu hören, nur die Geräusche von Ratten und anderem Ungeziefer . . . Nur mit Mühe, von schwachen Lichtstrahlen in diese abscheuliche Höhle geleitet, konnte ich eine menschliche Gestalt aufspüren. Sie war nur in eine Pferdedecke gekleidet, die Arme, Beine und Füße frei ließ. Bereits elf mühsame Winter hatte er in dieser schrecklichen Behausung zugebracht, wobei ihm zwei Schaffelle als Bett dienten und die Ratten, die man im Gefühl völliger Sicherheit hin- und hereilen sah, seine einzigen Gefährten waren. Während der ganzen Zeit seiner Abgeschiedenheit hat er entschlossen vom Waschen Abstand genommen. Sein Gesicht ist folglich vollkommen schwarz. Wie sehr ist es doch zu bedauern, daß ein Mann mit solchen Gaben, wie man sie an diesem Eremiten kennt, seine Tage in Schmutz und Abgeschiedenheit zubringt!«

»Wie, niemals im Einspänner umgekippt?«

Von einigen Sportsleuten

Unter jenen lichten, Zweigen, die grüne tauchen sie aus dem Sportsleute: die einen anderen fahren wie ähnliche Schreie ertö- ganten Landauer fliegen leicht sind sie unterwegs Sportsleute, oder auch ›Whip-Club‹.
üppig leuchtend wie die
üppig leuchtend wie die
  Lord Hawkes ist der Mister Buxton sowie Stanhope, »in gelbleibi- schen und Sprungfedern glänzenden braunen Silberschmuck am Ge-

John Mytton Esq.

leichten und glänzenden Taufontänen versprühen, Schatten hervor, die reiten wie Kentauren, die Verrückte. Hohe vogel- nen, und auch die ele- dahin wie Vögel. Viel- zu einem Rennen, diese zu einem Meeting des Hier also kommen sie, Sterne in einer Julinacht, Juli-Rosen.
  erste, und dann folgen der Honorable Lincoln gen Wagen mit Peit- und Klappsitzen, die Pferde mit einfachem schirr und Rosetten hin-

ter den Ohren«. Die Fahrer tragen leichte, weitgeschnittene Einreiher aus bei- gem Tuch mit drei Taschen übereinander, die Röcke, die bis zum Fußgelenk rei- chen, werden von einem einzigen Perlmuttknopf in der Größe eines One- Crown-Stücks zusammengehalten. Die Westen haben zweieinhalb Zentimeter breite gelbe und blaue Streifen. Die Kniehosen sind mit Seidensamt gepaspelt und über der Wade bis hinauf zum Knie mit sechzehn Schlaufen und Rosetten geknöpft. Die Stiefel sind sehr kurz und enden in breiten Lederbändern, die über den Rand bis zum Fußgelenk hinabhängen. Die Hüte haben einen nur zweieinhalb Zentimeter hohen Kopf und einen Rand von gleicher Breite. Die- ser glanzvolle Aufzug wird noch gesteigert durch das große Bouquet, das sie an die Brust geheftet haben, »ganz wie die Kutscher unseres Adels«.

  Obgleich das Kostüm prächtig ist, wird es bald verändert oder, richtiger, ver- bessert werden; denn als der Name ›Whip-Club‹ in ›Four-in-Hand-Club‹ abgewandelt wird, können wir in der ›Morning Post‹ vom 3. April 1809 bei Gelegenheit seines ersten Treffens lesen, daß »in keiner Epoche eine so ele- gante Kavalkade in diesem Lande zu sehen war«. Die Fahrer trugen einen blauen einreihigen Rock mit langer Taille und Messingknöpfen, auf die der Name ›Four-in-Hand-Club‹ eingraviert war. Ihre Westen waren aus Kaschmir und mit blauen und gelben Streifen verziert, ihre Kniehosen aus Cordsamt, die

Beim Pferderennen...

maßvoll hoch geschnitten waren und weit bis über das Knie reichten, wurden vorn über dem Schienbein geknöpft; die Stiefel waren kurz mit langen Stulpen und nur je einer Lederschlaufe an der Seite und einer hinten, die dazu dienten, um die Breeches in ihrem straffen Sitz zu halten. Die Hüte hatten einen kegelförmigen Kopf und einen ›Allen‹-Rand (was immer das gewesen sein mag!). »Hinzu kamen ein Kutschier-Rock aus dickem weißem Wollstoff mit fünfzehn Pellerinen, zwei Taschen übereinander und einer Innentasche für das Halstuch, und die Krawatte aus weißem Musselin mit schwarzen Punkten. Dazu wurden Sträußchen aus Myrte mit weißen und gelben Geranien getragen.« Aber auch dieser Glanz genügte noch nicht; denn im Mai des gleichen Jahres kamen die Club-Knöpfe aus der Mode, und wir erfahren, daß »Lord Hawke gestern stolz Queen-Anne-Schillinge als Knöpfe trug, während Mr. Ashurst Crown mit One-Crown-Stücken großtat.«

Diese Herren, allesamt gute Sportler, hatten kein Auge für jenen törichten Gecken Sir Robert Mackworth, der fünfzehn Jahre zuvor vierspännig gefahren war und, wie uns die ›Times‹ vom 21. Januar 1794 versichert, »sich durch nichts als durch die Eigenart seiner Equipage auszuzeichnen schien«. Sir Robert Mackworth, so scheint es, hatte vier Pferde verschiedener Farbe vor seinen Phaeton, einen leichten Zweispänner, gespannt, dessen vier Räder jeweils in der Farbe eines der Pferde bemalt waren; in seinem Zeichen, der ›Blutigen Hand‹, war die Zahl Vier angebracht, was er auf seine Weise als »vier in einer Hand« – also vierspännig – auslegte. Sein Motto war: »Bei mir liegen Sie richtig!« »Wenn sich der Narrheit des Ganzen noch etwas hinzufügen läßt«, fährt die ›Times‹ streng fort, »so ist es seine Absicht, die jeweils nach außen gerichteten Ohren seiner Pferde zu stutzen, um Platz für vier ungeheure Rosen in der jeweils passenden Farbe zu machen.« Hier sind sie also, diese so überaus verschiedenen Sportler, alle – bis auf den bleichen, geisterhaften, mondähnli-

. . . und danach

chen, windschnellen Colonel Mellish – rotgesichtig wie Juli-Rosen, hell und glänzend wie Juli-Sterne.

Und hier folgt der Sternenstaub, die laut plaudernde Menge der Tipgeber und der unbedeutenderen Rennfahrer. Hat man schon je zuvor einen ähnlich glatten hellen Turf gesehen? Nun, wir sind in Brighton und warten auf die Ankunft des Prinzregenten. Lord George Germain, sein Bruder, der Duke of Dorset, und Mr. Delme Radcliffe, die drei bestbekannten Herrenreiter, warten auf ihre Pferde. Es sind kleinwüchsige Männer mit wachen Augen und verwaschenen Gesichtern wie die meisten Jockeys. Vielleicht hat der Wind, noch verstärkt durch die Reitgeschwindigkeit, ihre Gesichtszüge weggeblasen? »Es gab eine große Bewegung«, schrieb der alte Mr. Thomas Parker siebenundzwanzig Jahre später in sein Tagebuch, »und das Stimmengewirr war ungeheuerlich, bis Lord Foley und Colonel Mellish, die beiden großen Verbündeten des Tages, sich der Rennbahn näherten; dann folgte ein tiefes Schweigen, während sie auf ihre Wettbücher warteten. Sie kamen näher, lächelnd und geheimnisvoll und ganz ohne Aufhebens. Schließlich sagte Mr. Jerry Cloves: »Bitte, Mr. Mellish, wollen Sie die Kerze anzünden und uns starten lassen?« Als dann der Master of the Buckle sagte: »Ich wette drei zu eins auf Sir Salomon«, kam alles in Gang, und die Luft hallte wider von Einsätzen und Wetten aller Schattierungen.

Der geisterhafte Colonel Mellish fährt glanzvoll wie immer an der Rennbahn in Brighton vor. Sein »weißes, aber hübsches Gesicht«, das Nimrod so sehr bewundert, ist heute nicht weißer, als es damals war, und er trägt immer noch ein Reitdress gleichen Stils, der wegen seiner hellen Farbtöne auffällt, dazu einen adretten weißen Hut, tadellos weiße Hosen und weiße Seidensocken. »Er fährt seinen von vier schönen weißen Pferden gezogenen Landauer selbst«, wie Nimrod nicht versäumt, uns mitzuteilen, und die beiden Vorreiter, die mit diesem Aufzug übereinstimmen, reiten in vollem Geschirr. Ihnen folgt ein Reitbursche, der ein Vollblut führt, und an der Wendemarke auf dem Feld wartet ein anderer Reitbursche, auch er in karminroter Livree, mit einem weiteren Reitpferd.

Jetzt sammelt sich der lichte, leichte Sternenstaub zu einer Milchstraße, denn jetzt kommen die Reitpferde. Ihre Namen sind: »Jenny Come Bye me«, »Kiss in a Corner«, »Jack Come – and Tickle Me«, »I am Little, Pity my Condition«, »Jack is my Favourite«, »Britons, Strike Home«, »Why do You Slight Me«, »Turn About Tommy«, »Sweeter when Clothed«, »Watch Them and Catch Them«, »First Time for Asking«, »Fear not, Victorious« und »Hop, Step and Jump«. »Etwa eine halbe Stunde vor dem Zeichen zum Start vom Hügel aus«, schreibt der alte Mr. Parker, »trat der Prinz selbst unter die Menge – mir scheint, ich sehe ihn, als wäre es heute: in einem grünen Jackett, einem weißen Hut, engen rohseidenen Hosen und Schuhen, stach er durch seine vornehmen Manieren und seine ansehnliche Erscheinung hervor. Meistens wurde er vom Duke of Bedford, Lord Jersey, Charles Wyndham, Shelley, Brummel, Mr. Day, Churchill und – etwas ganz Außergewöhnliches – von dem kleinen alten Juden Jack Travers begleitet, der, wie einst der Hofzwerg, hinter dem königlichen Gefolge herging. Die Hügel waren mit Fahrzeugen aller Art bedeckt, und nun preschte der ›deutsche Wagen‹ des Prinzen (so wurden die Landauer damals, als sie aufkamen, genannt) mit sechs Braunen und Sir John Lade anstelle des Kutschers auf dem Bock durch das Tor des Great Pavilion, glitt den grünen Abhang hinauf und hielt am großen Standplatz, wo er den ganzen Tag über der Mittelpunkt der Aufmerksamkeit blieb. Zur Dinner-Zeit erstrahlte der Pavillon in vollem Licht, für eine große Gesellschaft fand ein üppiges Bankett statt.«

Jetzt aber gehen die Lichter aus, und ein kalter Abendwind weht durch die Zweige und fegt den lichten, leichten, schwatzenden Sternen-Staub fort. Aus immer größerer Ferne tönen jene hohen heiseren Vogellaute herüber. Aber hin und wieder wendet ein Reiter, ein Wagenlenker, ein Sportsmann den Kopf, und wir können ihm ins Gesicht sehen, obgleich die Zweige es beschatten. Einige dieser Männer sind von hohem, einige von niederem Stand, aber sie alle wirken nicht so sehr wie Jäger, sondern wie Gejagte.

Folgen wir ihnen in ihren Stall, beobachten wir ihr gewöhnliches alltägliches Tun.

Im Flachland, in der Nähe von Doncaster, zum Beispiel, hätte man an einem Herbsttag um 1840 den stattlichen Mr. Jimmy Hirst, den Gerber aus Rawcliffe, der sich mit einem großen Vermögen aus dem Geschäft zurückgezogen hat, antreffen können, wie er im Begriff stand, sein Haus zu verlassen, um schießen zu gehen. Sein hübsches wenn auch grobes Gesicht war so rund wie die Herbstsonne und glänzte wie blankpoliertes Leder, und alles an ihm hatte einen kräftigen Leder-Geruch. Aber Mr. Hirst hatte, außer auf dem Rennplatz, mit Pferden nichts im Sinn; auf die Jagd ritt er auf einem Bullen von fülligen Proportionen und schwankendem Temperament, und anstelle von Vorsteherhunden benutzte er eine Schar lebhafter und pfiffiger Schweine, die alle auf einen Namen hörten und ihren Dienst tadellos versahen. Es heißt, daß Mr. Hirst einmal auf dem Bullen mit der Badsworth-Meute zur Jagd geritten sei. Wenn das stimmt, wird seine Gegenwart, könnte ich mir vorstellen, die Szene belebt und die Jagd auf Trab gebracht haben.

Aber man kann dem Wahrheitsgehalt der Geschichte nicht trauen.

Sein Personal bestand aus einem Hausdiener, einem weiblichen Dienstboten für alles, einem zahmen Fuchs und einem Otter; daneben aber besaß er einen Stall mit Mauleseln und Hunden. Das Haus selbst gewann an Behagen durch einen großen Sarg im Speisezimmer, das nach Leder roch und wo überall rostige landwirtschaftliche Instrumente herumhingen. Mr. Hirst hatte sich als sehr weitblickend gezeigt, als er den Sarg kaufte, denn er wollte neunzig werden; in der Zwischenzeit ließ er sich als Büffet verwenden, und wenn ihn seine Freunde von der Rennbahn oder auch andere Leute besuchten, holte er Alkoholika aus seiner Tiefe hervor.

Mr. Hirsts sportliche Aktivitäten beschränkten sich nicht darauf zu schießen und auf einem Bullen zur Jagd zu reiten; er war eine ebenso bekannte Figur auf der Rennbahn von Doncaster, wohin er in einem sehr merkwürdigen alten Wagen auf sehr hohen Rädern fuhr, der die Form einer Sänfte hatte und dem Nägel fremd waren. Seine Ankunft verbreitete allseits beste Laune, da er äußerst beliebt war auf dem Rennplatz. In seiner schimmernden, aus Federn eines Enterichs gemachten Weste stolzierte er in der Umfriedung herum und zog, wenn er Wetten abschloß, selbstgefertigte Banknoten im Wert von Fivepence bis zu einem Halfpenny aus den Taschen.

Seine letzte Fahrt war so bemerkenswert wie irgendeine, die er zuvor unternommen hatte. Der Sarg wurde aus dem Eßzimmer herausgebracht und – nachdem man die Alkoholika entfernt und diese durch den Leichnam des neunzigjährigen Mr. Hirst ersetzt hatte – gefolgt von einer riesigen Prozession von Sportsleuten und Renn-Tippgebern und unter den Klängen eines flotten auf einem Dudelsack und einer Fiedel gespielten Marsches, von acht kräftigen Witwen zu Grabe getragen. Mr. Hirst hatte eigentlich den Wunsch gehabt, von sieben alten Jungfern zur letzten Ruhe gebracht zu werden, und er war so weit gegangen, daß er den Versuch machte, einige Damen zu bestechen, ihm diesen Dienst gegen eine Guinea zu erweisen. Aber unglücklicherweise war das Bestechungsgeld nicht hoch genug, um die dem jungfräulichen Stande eigentümliche Scheu zu überwinden. So daß Mr. Hirst schließlich auf Witwen zurückgreifen mußte, die, da sie eher verfügbar waren, ihm nur je eine Crown wert zu sein schienen.

Colonel Thornton von Thornville Royal, Yorkshire, war ein nicht ganz so liebenswerter Typ Sportsmann wie Mr. Hirst, wiewohl seine Taten, nach seiner eigenen Meinung, nicht weniger bemerkenswert waren. Und obgleich er ein Buch über seine sportlichen Ausflüge in die Highlands geschrieben hat, dessen Langweiligkeit ihm von Sir Walter Scott, dem Virtuosen in dieser Sache, bestätigt wurde, war seine Phantasie, sobald sie auf die Unterhaltung beschränkt blieb, ausschweifend und unberechenbar. Von Natur aber war er geizig und so kalt und heftig wie der Nordwind.

Als bei einer Gelegenheit ein Reiter zum Entzücken des Colonel vom Pferd fiel und jemand rief, er habe sich den Kopf eingeschlagen, konterte er das mit dem Ausruf: »Eingeschlagener Kopf? Ich bin der einzige in Europa, Sir, der je mit einem eingeschlagenen Schädel überlebt hat. Ich war in der Nähe meines Besitzes auf der Jagd in Yorkshire, als mein Gaul mich abwarf und ich von einer Sense aufgespießt wurde, die da liegengeblieben war. Als man mich aufsammelte, war mein Kopf regelrecht in zwei geteilt, und beide Teile lagen wie Epauletten auf meinen Schultern – das war ein eingeschlagener Kopf, Sir, wenn's recht ist.« Es war unmöglich, in Gegenwart des Colonel irgendein Abenteuer zu erwähnen, ohne daß dieser Gentleman puterrot anlief und in großer Breite erklärte, daß er die gleichen Prüfungen nicht nur einmal, sondern mehrmals erduldet habe. »Verhaftet? Na, ich bin häufiger als irgend jemand sonst in England verhaftet worden, und einmal unter greulichen Umständen. Sie müssen wissen, ich war bei Stevens zu Besuch, meine Frau war mit mir. Eines morgens zwischen sieben und acht Uhr – wir waren noch im Bett – betrat ein Gerichtsvollzieher das Zimmer. ›Ich habe Verständnis für Ihr Geschäft, guter Mann‹, sagte ich. ›Warten Sie unten, ich werde aufstehen, mich anziehen und Sie zu meinem Rechtsanwalt begleiten, der das Nötige besorgen wird.‹ Er bestand darauf, daß ich sofort aufstehen und ihm, so wie ich war, folgen sollte. ›Was – im Nachthemd?‹, sagte ich. Er blieb dabei. Ich widersetzte mich, worauf der Lump zum Kamin ging, den Schürhaken ergriff, der die ganze Nacht über im Feuer gelegen hatte, und ihn zwischen mich und meine Frau aufs Bett warf. Sie sprang – nach Weiberart – aus dem Bett. Nicht so Ihr untertäniger Diener! Da lag ich, und da stand der Lump und stieß nach mir. Und da wäre ich geblieben, hätten nicht die Laken Feuer gefangen. Nun hatte ich nicht vor, im Bett zu verbrennen, auch wollte ich das Haus nicht in Gefahr bringen, in dem sich zu der Zeit zufällig viele Gäste aufhielten, also stand ich auf und zog mich an. Diesen Zweck wollte ich erreichen, und ich habe ihn erreicht. Und nun frage ich Sie, als Männer, als *Gentlemen* – habe ich meine Ehre aufs Spiel gesetzt, indem ich zu guter Letzt nachgab? Aber bedenken Sie, Gentlemen, immerhin, wie ich Ihnen geschildert habe, nicht eher, als bis das Bett Feuer fing.«

Was nun wieder Mr. Thorntons sportliche Leistungen betrifft, waren sie so bemerkenswert wie erfolgreich. Als man ihn einmal zu seinem Ruhm als Schütze beglückwünschte, erwiderte er: »Je, nun, Sir. Manchmal schieße ich mit einem Ladestock.« »Schießen – mit einem Ladestock?« »Nun ja, wie in des Teufels Namen würden Sie denn schießen, wenn Sie in Eile sind?« »Ich verstehe Sie wirklich nicht ganz.« »Ich meine Folgendes, Sir. Eines schönen Morgens, zum Beispiel, gegen Ende Oktober, ging ich spazieren, als ich bemerkte, daß die Post aus London die Pferde wechselte, wie sie das immer etwa eine Meile von meinem Tor entfernt tut. Da erinnerte ich mich, daß ich meinem Freund einen Korb mit Wild versprochen hatte. Ich hatte den verteufelten Abzug nicht gespannt – und die Kutsche war reisefertig –, was war zu tun? Ich sprang über die Hecke, feuerte meinen Ladestock ab. Und, verdammt will ich sein, wenn ich nicht so an die vier Rebhühner und ein paar Fasane herunterholte.«

Nach einem Leben voll solch erstaunlicher Taten und Leistungen, gräßlicher Gefahren und Unfälle, kann es weiter nicht verwundern, daß Oberst Thornton, als er in Paris im Sterben lag, aus dem Bett fiel und bemerkte, daß der Boden mit Nadeln und Stecknadeln übersät war, alle mit der Spitze nach oben; so daß, als er aufstand, er das Bild eines Igels abgab, »nur daß die Stacheln umgekehrt – also mit der Spitze in seinem Fleisch – staken«.

Sobald Colonel Thornton bei andern zu tief ins Glas geschaut hatte, wenn ich mich so ausdrücken darf, hatte er die Gewohnheit, die ganze Gesellschaft zum Dinner einzuladen – in der Hoffnung, so die allgemeine Aufmerksamkeit auf sich zu ziehen, die aus irgendwelchen Gründen nie so ganz seinen Erzählungen galt, wie er es sich gewünscht hätte. Aber ebenso gewohnheitsmäßig, traf irgendein gräßliches Unheil tags darauf sein Hauswesen, so daß er gezwungen war, die Gesellschaft zu verschieben und das Manöver endete regelmäßig damit, daß der siegreiche Colonel im Hause eines seiner enttäuschten Gäste zu Abend aß.

Wie so gänzlich anders als die des Colonel Thornton war die Karriere des großmütigen armen Squire Mytton, der, wie ich glaube, schon vor seiner Geburt zu den Schrecken des Todes verdammt war, denen er dann im Alter von achtunddreißig Jahren erlag. John Mytton, Gutsherr auf Halston in der Nähe von Shrewsberry, wurde am 13. September 1796 geboren und blieb, noch nicht ganz zwei Jahre alt, vaterlos zurück. Im Alter von zehn Jahren war er, wie sein Freund Nimrod mitteilt, ein »Früchtchen erster Güte«. Sein Nachbar, Sir Richard Puleston, taufte ihn sogar – in der ihm eigenen so treffenden Ausdrucksweise – »Mango, König der Draufgänger«, und er machte diesem Titel bis zum Ende seines Lebens alle Ehre.

Aber ach, wie wenig kannte Sir Richard Puleston – trotz der ihm eigenen treffenden Ausdrucksweise –, wie wenig kannte irgendein anderer Freund John Myttons das dunkle Schicksal, das ihm beschieden war: die acht Flaschen Portwein pro Tag, aus denen sehr bald kaum weniger Flaschen Branntwein wurden, den ruinierten Besitz, das ruinierte Leben, das Schuldgefängnis, und das schon mitten im Delirium tremens.

Da kommt er, dieses arme, getriebene, betrunkene Wesen, herbeigeweht von einem wilden Sturm. Er schien sein Leben damit zu verbringen, wie ein Strauß zu rennen – er schritt ebenso schnell und kraftvoll aus wie dieser Vogel –, zu rasen, zu springen, zu fahren, zu jagen – immerzu gehetzt von einem heftig wütenden, düsteren Wind. Und immer meinte er, diesen Wind zu überlisten. Sollte er doch durch ihn hindurchfahren und ihn bis auf die Knochen verzehren! Er würde es ihm schon zeigen, wie wenig ihn das kümmerte!

Dieser halb-irre, dahinjagende und gejagte Mensch trug stets nur die allerdünnsten Seidensocken, die allerleichtesten Stiefel oder Schuhe, so daß er im Winter eigentlich dauernd nasse Füße hatte. Seine Jagd-Breeches waren ungefüttert, er trug einzig eine dünne Weste, und die fast immer offen. Selten nur hatte er einen Hut auf dem Kopf, und im Winter ging er ohne Unterhosen in weißen ungefütterten Leinenhosen und mit einem leichten Jackett auf die Jagd. Ganz gleich wie grimmig der Frost war, wie heftig und toll der ungestüme Wind seines Lebens blies – er watete ausnahmslos durch jedes Wasser, brach in jedem vereisten Teich ein und stapfte hindurch, und man konnte beobachten, wie er, ausgezogen bis aufs Hemd, im ärgsten Schneetreiben Wildenten nachspürte. Einmal legte er sich gar im Hemd auf die Lauer, um sie in der Dämme-

– 59 –

Squire Mytton nimmt eine Abkürzung

rung abzupassen. Ein anderes Mal waren die Wildhüter von Woodhouse, dem Besitz seines Onkels, einigermaßen überrascht – um das mindeste zu sagen –, als sie Squire Mytton splitternackt und äußerst entschlossen ein paar Enten über das Eis verfolgen sahen.

Es ist wahrhaftig ein Wunder, daß John Mytton das achtunddreißigste Jahr erreichte, denn kein anderer Mann auf dem friedvollen Lande hat sich je häufiger in Gefahr begeben, sich mehr Unfällen ausgesetzt als er. »Wie oft«, fragte sich sein Freund Nimrod bewundernd, aber auch voller Bedauern, »ist ihm sein Pferd mit dem Einspänner durchgegangen, wie oft hat er in tiefem Wasser gestrampelt, ohne schwimmen zu können! Wie kam es, daß er nicht bei einer der zahllosen Straßen-Raufereien, in die er verwickelt war, in Stücke gerissen wurde?« Bei einer Gelegenheit, einem Pferderennen in Lancashire, wäre ihm das fast passiert, als nämlich eine Diebesbande es sich in den Kopf gesetzt hatte, Squire Mytton in ein Haus hineinzustoßen, während eine andere sich im gleichen Augenblick darauf versteifte, ihn da herauszuzerren.

Bei dieser Begegnung gewann keine von beiden, weil nämlich der Squire durch seine enormen Körperkräfte standhaft blieb, und schließlich wurde einer der Herren, die an diesem Kampf beteiligt waren, in die Kolonien geschickt – zum Lohn für seine Gewalttätigkeit und die geplante Räuberei.

Squire Mytton inszeniert eine Saalschlacht

Der Squire ritt unausgesetzt über gefährliche Hindernisse, fiel – wenn er betrunken war – vom Pferd, fuhr sein Tandem in rasendem Tempo und schenkte Kreuzungen und Ecken so wenig Beachtung wie seinen Gläubigern. »Da kommt Squire Mytton«, sagten die Landleute immer, wenn sie ein verrückt gelenktes Tandem erblickten, das dahinfuhr wie der Nordwind. Und sie riefen »Hurra!«, denn der Squire war warmherzig und beliebt. Einmal ritt er in vollem Galopp über ein Kaninchengehege, um herauszufinden, ob sein Pferd stürzen werde. Er fand es heraus. Roß und Reiter überschlugen sich mehrmals, um ein paar Augenblicke später heil wieder auf die Füße zu kommen.

John Mytton konnte anderen ebenso gefährlich werden wie sich selbst. Nicht nur, daß ihm Unfälle gleichgültig waren, er liebte sie geradezu. Und wenn ein unglücklicher Gentleman es vorschnell wagte, sich in den Einspänner des Squire zu setzen und – sollte er nur eine schwache Ahnung von dem dann folgenden Hindernisrennen haben – den Squire zu bitten, doch an ihrer beider Genick zu denken, fragte der nur: »Sind sie schon jemals schwer verletzt worden, wenn Ihr Einspänner umgekippt ist?« »Nein, Gott sei Dank nicht«, war die Antwort, »denn ich bin noch nie mit einem umgekippt.« Woraufhin die Verwirrung groß war. Denn der Squire, ernstlich betroffen über dieses Versäumnis der Vorsehung, sprudelte hervor: »Wie, niemals im Einspänner umgekippt? Was für ein lahmer Bursche müssen Sie Ihr Leben lang gewesen sein!«

Ein guter Hürdenspringer

Und indem er mit dem einen der beiden Räder die Böschung hochfuhr, holte er das Versäumte nach. Zum Glück, so Nimrod, wurde keiner der beiden Herren ernsthaft verletzt.

Wagenunfälle waren Squire Myttons besondere Stärke. Nachdem er ein paar Kutschpferde von einem Pferdehändler namens Clarke gekauft hatte, spannte er eins von ihnen zusammen mit einem anderen vor seinen Einspänner, um zu sehen, ob es ein tüchtiges Leitpferd abgeben würde. Glauben Sie, daß er ein guter Hürdenspringer ist?« fragte er den beunruhigten Mr. Clarke, der neben ihm saß. Und noch ehe dieser unglückliche Mann antworten konnte, rief der Squire aus: »Wir werden ihn auf die Probe stellen!« Und da er gerade ein geschlossenes Gatter vor sich hatte, ließ er ihm die Zügel schießen. Das Pferd bewährte sich, indem es Squire Mytton, das andere Pferd, Mr. Clarke und den Einspänner vollendet stilvoll, aber in größter Verwirrung jenseits des Gattertores zurückließ. Aber wieder war niemand verletzt. Ein anderes Pferd des Squire richtete sich auf Kommando steil vor dem Einspänner auf, »bis sein Hinterteil ganz den Boden berührte«. Trotz dieser häufig wiederholten Leistung des begabten Tieres blieb der Squire am Leben.

Der Herr und seine Pferde hatten ein so freundliches Verhältnis zu der Landbevölkerung, daß sie sich auf dem Heimweg von einer Jagd nahmen, was ihnen gerade in den Sinn kam. Und Squire Mytton fand nichts dabei, sich den roten Flanellunterrock einer Bäuerin von der Hecke zu greifen und über den Kopf zu ziehen, wenn sein Jackett durchnäßt war, und die nasse Jacke statt dessen zumTrocknen zurückzulassen. Auch war es ganz und gar nicht ungewöhnlich, daß Squire Mytton, wenn er während der Jagd zu frieren anfing, begleitet

Squire Mytton in vorbildlicher Haltung auf ›Baronet‹ ...

von seinem Lieblingspferd Baronet, in eines der Landhäuser trat und um ein kräftiges Feuer für Baronet und sich selbst bat, denn er glaubte an keinen Himmel, aus dem die Tiere ausgeschlossen waren. Baronet und er lagerten sodann Seite an Seite vor dem Feuer, bis sie sich aufgewärmt hatten und machten sich danach auf den Heimweg. Aber ach, einmal schlug ihm die Gewohnheit, alles Gute mit dem ihm ergebenen Tier zu teilen, zum Unheil aus: denn ein Pferd mit dem Namen ›Sportsman‹ fiel auf der Stelle tot um, weil John Mytton ihm in seiner Herzensgüte eine Flasche gewürzten heißen Portwein zu trinken gegeben hatte. Und unheilvoll war es auch, daß Squire Mytton eines Tages von dem Pferd als Reittier Abstand nahm und statt dessen auf einem großen braunen Bären in das Speisezimmer einritt. Das Abendessen stand bereit, und alles ging gut, bis der Squire, in voller Jagdmontur, dem Bären die Sporen gab; woraufhin das verletzte Schoßtier dem Reiter die Wade durchbiß und ihm so eine böse Wunde beibrachte. Nimrod liefert in Myttons Lebensbeschreibung ein treffendes Bild, wie dem Bären, obgleich vom sanfteren Geschlecht, Flammen aus Nase und Maul schossen und Squire Mytton rittlings auf dessen Rücken saß – in ähnlicher Haltung wie einst Arion auf dem Delphin.

Sein Leben lang regnete es Geld für den Squire, und es verrann und versickerte auch wie Regen. In den letzten fünfzehn Jahren seines Lebens floß doch tatsächlich mehr als eine Million Pfund durch seine Finger. Einiges davon ging, das ist wahr, auf den Unterhalt seiner Jagdhunde oder seiner Rennbahn, auf der er in aller Regel mindestens fünfzehn bis zwanzig Pferde gleichzeitig trainierte. Etwas von dem Geld wurde auch für jene leichten Schuhe verwendet, die abgetragen waren, wenn er in ihnen auch nur zweimal wie ein wahn-

. . . und auf einem Bären

witziger Storch auf steinigem Gelände durch dick und dünn und über alles, was sich ihm in den Weg stellte, gerast war. Denn die täglichen Spaziergänge dieses Mannes waren ein Sinnbild seines Lebens und seines halb-irren, getriebenen Geistes.

Er besaß einhundertzweiundfünfzig Paar Hosen und Breeches und ebensoviele Westen und Röcke, und in seinen Kellern standen »ganze Batterien von Bierfässern wie Soldaten in geschlossener Formation«. So sorglos ging er mit dem Geld um, daß eines Nachts mehrere tausend Pfund von jenem heftigen Wind, der so bezeichnend für sein Leben war, auf dem Rückweg vom Doncaster-Rennen einfach aus seinem Wagen heraus, die Straße entlang und in die Weite geblasen wurden. Er hatte nämlich auf dem Sitz des Wagens, in dem er allein saß, die Banknoten gezählt und war darüber eingeschlafen, und da kam dieser kalte Nachtwind des Schicksals und fegte sie fort. Oft, wenn er auf eine Reise ging, ergriff er einige Hände voll Banknoten, rollte, sie, ohne sie zu zählen, zu einem dicken Bündel zusammen und warf sie seinem Diener zu, als wäre es Altpapier. Bei einer Gelegenheit fischte Nimrod so ein Bündel mit siebenunddreißig Pfund aus einem Acker von Halston auf, wo es – nach seiner feuchten Beschaffenheit zu urteilen – schon viele Tage gelegen haben mußte.

Wohl die merkwürdigste Heldentat, in die Mytton verwickelt war, ist die Episode mit dem Nachthemd und dem Schluckauf. Sie sollte besser in der würdevollen Ausdrucksweise seines Biographen Nimrod wiedergegeben werden: »Wir lesen davon, daß irgend jemand Feuer an Troja legte, so wie Alexander an Persepolis, Nero an Rom, ein Bäcker an London, ein schuftiger Kalif an Ale-

»*Dieser verdammte Schluckauf!*«

xandria und der tapfere Mucius Scaevola an seine eigene Hand und seinen Arm, um den stolzen Porsenna zu erschrecken und zum Frieden zu zwingen. Aber hat man je davon gehört, daß ein Mann sein eigenes Nachthemd in Brand steckte, um seinen Schluckauf zu verjagen? Das aber war der Höhepunkt, auf den ich Bezug genommen habe, und so hat er sich abgespielt: ›Dieser verdammte Schluckauf‹, sagte Mytton, als er entkleidet dastand, offensichtlich im Begriff, ins Bett zu steigen; ›aber ich werde ihm schon so einen Schrecken einjagen, daß er sich davonmacht‹. Und er ergriff eine brennende Kerze und hielt sie an den Saum seines Nachthemds, und da es aus Baumwolle war, stand er augenblicklich rundum in Flammen.«

In dem darauffolgenden Durcheinander, in dem ihn zwei kühne Gentlemen zu Boden warfen und, im Versuch die Flammen zu löschen, über ihn hinwegrollten, und die Flammen dem Nachthemd und dem Schluckauf den Garaus machten, blieben die beiden Gentlemen Sieger, indem sie ihm das Nachthemd in Fetzen vom Leibe zerrten. Was nun den Schluckauf betraf, so war er verschwunden. »Der Schluckauf ist bei G...weg«, sagte der Squire, als er, grauenvoll verbrannt, in sein Bett taumelte. Am nächsten Morgen begrüßte er seine Freunde mit lautem »Hallo!«, um ihnen zu zeigen, wie gut er Schmerzen ertragen konnte.

Dies fand in Calais statt, wohin er vor seinen Gläubigern geflohen war; aber sobald seine schrecklichen Verbrennungen geheilt waren, kehrte er in einem Anfall aberwitzigen Mutes, wie ich annehme, nach Halston zurück, denn er wußte genau, daß ihm in England sämtliche Gerichtsvollzieher auf den Fersen waren, und daß man ihn bei seiner Rückkehr unweigerlich ergreifen und in ein Schuldgefängnis stecken würde. Man denkt besser nicht an seine Leiden an dem eisigen, verlassenen und elenden Ort, an dem er seine Kindheit verbracht hatte (gemeint ist doch offensichtlich Halston, wo er vaterlos seine Kindheit verbrachte/K. S.); aber er sollte dort auch nicht lange bleiben. Er wurde in das King's-Bench-Gefängnis gebracht, dann in noch andere Gefängnisse in England und Frankreich, bis er schließlich, nachdem er den äußersten Schmerz an Leib und Seele erlitten hatte, den ein Mann seiner Art erfahren kann (man hatte seine Frau, die er liebte, gezwungen, ihn zu verlassen), im Alter von achtunddreißig Jahren starb – völlig erschöpft von äußerster Narrheit, tiefstem Elend und zu viel Branntwein.

Nimrod, der sein Freund war, sagte von ihm: »Was nun sein Sterben in Frieden mit der ganzen Menschheit betrifft – wie hätte es anders sein können? Niemals hatte er den Versuch gemacht, sich an irgendeinem menschlichen Wesen zu rächen. Auch wenn seine Rede nicht ›Ja, ja oder nein, nein‹ war, hätte er – weit davon entfernt, Aug' um Auge und Zahn um Zahn zu fordern – dem, der ihm seinen Rock gestohlen hatte, auch noch seinen Mantel dazu gegeben. Sein Herz war so warm wie das der meisten Menschen in dieser Welt kalt ist. Und diese Herzenswärme hatte ihn in das Gefängnis gebracht, in dem er starb.«

Ich hoffe, daß dieses mitleidsvolle Geschöpf einen freundlichen Himmel voller Pferde und Hunde gefunden hat, einen alten gütigen Himmel mit ländlichen Sitten, ländlicher Annehmlichkeit und himmlischen Herrenhäusern darin, wo er und Baronet, Mann und Pferd, noch einmal zusammen am Feuer sitzen können und er all den Schmutz und das Elend des Schuldgefängnisses und die acht Flaschen Port am Tag und all die frühere Torheit vergessen kann.

Von einigen Modeliebhabern

Von jenen, die wie übergroßen Schatmen Plätzen geworfen kauften oder auch dem ben uns die Modeliebhaber, die Stutzer, die Dandys. Beau Feilding, aus der Zeit Karls II. und diese Kategorie; aber an Delille, der, ein Geisthäßlichste Mann seiner lichen Eitelkeit so wenig Alter noch »sein Haar ›couleur de rose‹ behan- Prinz Raunitz, der ein einen Teil des Morgens einem Zimmer auf- und Kammerdiener Wolken

Lord Effingham

Peter Schlemihl ihren ten, den sie an vornehhatten, dem Teufel verStaub überließen, bleihaber, die Stutzer, die diese glanzvolle Figur Beau Nash fallen nicht in ihre Stelle tritt der Abbé licher und überdies der Zeit, von seiner persöneinbüßte, daß er auch im regelmäßig mit Puder deln ließ«; des weiteren Satin-Korsett trug und damit verbrachte, in abzuschreiten, in das vier parfümierten Puders

verstäubten, jeder in einer anderen Farbe, damit der Puder, wenn er niederfiel, sich genau zu der Schattierung vermischte, die dem Geschmack ihres Herrn entsprach. »Ils étaient«, bemerkt ein französischer Autor, »des dévots à l'élégance, et en cela ils méritent nos respects. Mais étaient-ils élégants? Voilà la question.«

Zu den berühmten Stutzern oder Dandys des späten achtzehnten und des frühen neunzehnten Jahrhunderts gehörten Lord Effingham und Lord Scarbrough. In der ›Morning Post‹ vom 4. Juli 1798 heißt es: »Es gibt keinen einzigen Mann in unserer Nation, nein, nicht einmal Lord Effingham, der soviel Zeit und Mühe darauf wendet, die äußere Erscheinung seines Kopfes so überaus elegant zu gestalten, wie Lord Scarbrough. Es wird behauptet, daß Seine Lordschaft sechs französische Friseure beschäftigte, die nichts anderes zu tun haben, als sein Haar zu frisieren. Lord Effingham hat nur fünf.«

Und da fahren sie nun, diese Beaux und ihre Ergänzung, die federgekrönten, feder-leichtsinnigen Damen, immer im Park rundherum, als wären sie Blätter oder eher Federn, die der kalte Wind dahinbläst. »Unsere ausgezehrten Beaux mit ihren gesteppten Revers und wattierten Ärmeln«, schrieb die Times, »sind wie eine trockene Walnuß in einer zu großen Schale!« Während der gleiche Kommentator zu den Damen bemerkt: »Dem Maroon-Fieber ist eine höchst merkwürdige Art von Leicht-Sinnigkeit gefolgt, welche die Ärzte Pterio-

Manie oder Feder-Wahn nennen ... Die Damen tragen jetzt Federn, die genau so lang sind wie sie selbst, so daß eine solche Dame, wenn sie steht, doppelt so lang ist, wie wenn sie in ihrem Bett liegt ... Eine junge Dame, die *nur zehn Fuß hoch* war, wurde jüngst auf dem Portland Place von einem Sturmwind umgerissen und der Hauptmast ihrer Federn bis nach Hampstead Hill geweht.« Es waren dies Federn des Argus-Fasans, der indischen Ara, des Argilla, des flachen und des Stachelschwein-Straußes und des Seringapotum; der Rest ihres Aufzugs war noch leichter als die Federn, und »als Folge der Musselin-Mode«, berichtet ein anderes Blatt, »fingen achtzehn Damen Feuer und weitere achtzehntausend fingen sich einen Schnupfen.«

*Mr. George Brummell
genannt Beau Brummell (1778–1840)*

Hier nun erscheint eine elegant gekleidete, törichte Gestalt, von deren Rock Lord Byron einmal bemerkte: »Man hätte fast meinen können, daß der Körper dachte.« Es ist der prachtvolle und bewunderte Freund des Prinzregenten, Enkel eines Pförtners der Schatzkammer und, wie einige behaupten, Sohn eines Pastetenbäckers. Eine ähnlich prächtige Persönlichkeit hält seinen Wagen an, um mit diesem Schatten, der die Mode vorhersagt, zu plaudern und fragt: »Brummell, wo haben Sie gestern diniert?« »Diniert – nun, mit einem Menschen namens R.-, ich nehme an, er will meine Aufmerksamkeit auf sich lenken, daher das Diner; aber, um ihm Gerechtigkeit widerfahren zu lassen, er wollte, daß ich die Party selbst arrangiere, also habe ich Alvanley, Mills, Pierrepoint und noch ein paar andere eingeladen, und ich versichere Ihnen, die Sache ging ganz einzigartig aus; es gab alle Erlesenheiten der Saison und darüber hinaus; der Champagner war köstlich, und kein Wunsch blieb unerfüllt; aber, mein lieber Freund, stellen Sie sich mein Erstaunen vor, wenn ich Ihnen jetzt sage, daß dieser Mr. R.- die Kühnheit hatte, sich hinzusetzen und mit uns zu dinieren.« An diesem Punkt der Geschichte trat ein erfolgreicher Geschäftsmann näher und bat um die Ehre von Beau Brummells Gesellschaft beim Diner, woraufhin dieser lachend erwiderte: »Mit Vergnügen, wenn Sie versprechen, es nicht weiterzusagen.«

Die riesige Abendsonne warf den langen Schatten des Beau in den Staub, denn er hatte, um sich mit seinem Bekannten zu unterhalten, den Wagen für einen Augenblick verlassen. Der Schatten bewegte sich langsam, steif, auf groteske Weise, so als sei er sehr alt, gelähmt und in Lumpen. Aber Beau Brummel erkannte darin keinen Fingerzeig auf die Zeit, da er, in Ungnade beim Prinzregenten, mit einem Jahreseinkommen von achtzig Pfund – nicht einmal genug, um seine Wäscherechnung zu bezahlen – in Caen leben sollte; ein elender, halbgelähmter, alter Mann, der mit schwachen und schwankenden Schritten die Straße entlangkroch und sich an der Wand festhielt, und den die Kinder verspotteten und auslachten. So verlacht und verspottet, kroch er jeden Tag um zwei Uhr in eine Konditorei, um dort auf Pump zwei seiner bevorzugten Kuchen und eine Tasse Kaffee zu sich zu nehmen, sein einziger Luxus. Und wenn die alte Dame, die das Café führte, nach der Begleichung der Rechnung fragte, erwiderte der alte Beau mit einer Verbeugung: »A la pleine lune, Madame, à la pleine lune.« (Bei Vollmond, Madame, bei Vollmond.) Manchmal war er so arm dran, daß er sich dieses kümmerliche Labsal erbetteln mußte. Verschlimmert wurde sein Elend noch durch die folgenden herzlosen Verse, die in den Zeitungen erschienen:

Scharf weht der Wind und es ist schneidend kalt
schwach ist nun mein Gebein und ich werde alt
der Mantel um die Schultern ist verschlissen und voll Schmutz
der Schirm gibt meinem Kopf nur ungenügend Schutz
der einst Verstand genug besaß, daß er die Welt entzücke
und nun nichts mehr besitzt als eine Lockenperücke.
Ach je, daß, da so schlimm es Wind und Wetter treiben,
der große Beau Brummell muß auf der Straße bleiben.

Der Winter hingegen war ihm freundlich gesonnen; denn, so bemerkt sein Biograph »sein alter Mantel deckte seine Lumpen zu, und seine Erscheinung war dann nicht mehr ganz so elend«.

Wer hätte an jenem Julitag, dreißig Jahre vor dieser Zeit, in dieser prächtigen Gestalt jenes unbeschreiblich elende Skelett zu erkennen vermocht?

Beau Brummell ist vorübergegangen, und schon kommt ein prachtvolles Gefährt »in Form einer Kammuschel«, dessen Außenseite »in der schönen satten Farbe eines Sees bemalt ist und das Wappentier des Besitzers trägt, einen lebensgroßen Hahn mit ausgebreiteten Flügeln, und darüber das Motto: »Solange ich lebe, will ich krähen.« Auch das Trittbrett dieses imposanten Wagens hat die Form eines Hahns. Die Räder sind außergewöhnlich groß und in allen Regenbogenfarben bemalt, und die Kalesche wird von zwei weißen Pferden gezogen, »makellos in Wuchs und Bewegung«. Nichts könnte die Kostbarkeit der Polster und der Bezüge dieses Gefährts übertreffen, und in seinen Kissen ruht, hingegossen in kreolischer Schwermut, halb sitzend, halb liegend, eine romantische und melancholische Gestalt. Diese ernsten Züge, das dunkle Haar und den dunklen Backenbart, welche die ein wenig fahle Tönung der Haut noch steigern . . . haben wir die nicht schon einmal gesehen? . . . Diese Gestalt, trotz des heißen und schwülen Wetters in einen überaus üppigen und kostbaren Pelz gehüllt, scheint umgeben von einem Glorienschein, in dem sich alle Regenbogenfarben sammeln wie im Mondlicht über Antigua; denn Diamanten und der Glanz von Diamanten sind Teil seines Wesens. Unter dem Pelz trägt er einen »blauen Überzieher, der hübsch mit geflochtenen Tressen besetzt ist, und einen hohen Hemdkragen, um den ein farbenprächtiges Halstuch geschlungen ist. Seine Beine stecken in zartgenarbten Schaftstiefeln, deren Spitzen mit großen Troddeln verziert sind.« Könnte das wohl der reiche und gefeierte Liebhaber des Dramas sein, bekannt auch als Romeo Coates, Diamanten-Coates und Kaleschen-Coates? Er ist's!

Aber nun erwacht Mr. Coates aus seiner romantischen Melancholie, denn eine dunkle Equipage kommt würdevoll und ernst herbeigefahren, und in ihr sitzt eine hohe, aufrechte und nobel wirkende Gestalt. Es ist Mr. Coates' bewunderter und verehrter Freund, Lord Petersham, später Earl of Harrington, der Gatte der Schauspielerin Maria Foote vom Covent Garden Theatre.

Lord Petershams Equipage bildet einen entschiedenen Kontrast zu der von Mr. Kaleschen-Coates, indem sie eine Art dunkler und wohltuender Wolke für die Sonne seines Freundes darstellt; denn die Pferde vor dem Wagen Seiner Lordschaft sind braun, das Geschirr ist in seiner Form überholt, seine Diener sind fest in lange braune Röcke gehüllt, die Hals und Fersen verbergen, und tragen glänzende Hüte, deren große Kokarden den Ernst des Federschmucks haben, der in früheren und ausdrucksfroheren Zeiten bei Leichenzügen getragen wurde. In seiner Jugend hatte Lord Petersham seine Anzüge selbst zugeschnitten und sich seine Schuhwichse eigenhändig hergestellt, später aber war er dann ein großer Beschützer der Schneider geworden, und aus Hochachtung vor ihm benannten diese einen ganz bestimmten Mantelschnitt nach ihm. Er war ein Kenner des Schnupftabaks, und ein ganzer Raum in Harrington House war von Borden mit chinesischen Töpfen von großer Schönheit ausgefüllt, in denen die verschiedenen Sorten von Schnupftabak aufbewahrt wurden. Er hatte auch eine Sammlung von Schnupftabakdosen, und es hieß, daß er an jedem Tag des Jahres eine andere benutzte. Captain Gronow berichtet, daß Lord Petersham einmal, als er eine schöne Sèvres-Dose zur Hand nahm und man diese bewunderte, erwidert habe, sie sei eine »nette Sommer-Dose, aber zur Winterkleidung paßt sie nicht«. Lord Petersham war auch ein großer Teekenner, und Mr. Timbs erzählt, daß im gleichen Raum, wo die Schnupftabaktöpfe standen, auch Kanister mit Congou, Pekoe, Souchong, Gunpowder, Russischem Tee und anderen Sorten untergebracht waren.

Nun war in der Tat seines Vaters Besitz, Harrington House, seit langem für das Tee-Trinken berühmt. Lord und Lady Harrington empfingen ihre Gäste bei solchen Gelegenheiten in der langen Galerie, und hier genoß George III. mit seiner Familie manche Tasse Tee. Der Tee-Enthusiasmus ging so weit, daß, als General Lincoln Stanhope nach mehrjähriger Abwesenheit aus Indien zurück-

*London
Verkehrsgewühl mit Prachtkaleschen*

kam, sein Vater ihn mit den Worten begrüßte: »Hallo, Linky, mein lieber Junge, schön dich zu sehen. Laß uns eine Tasse Tee trinken.«

Lord Petersham hatte noch nicht lange mit Mr. Coates gesprochen als er, nahezu geblendet vom Glanz einer herannahenden Equipage, seinem Kutscher das Zeichen gab, weiterzufahren.

Der schwarzweiße Wagen, geschmückt mit Dienern in superben Uniformen, der solche Bestürzung in Lord Petershams Brust hervorgerufen hatte, war einzig dazu erdacht, die Pracht der Gestalt, die darinnen saß, noch zu steigern, denn er bot Baron Ferdinand de Gerambs besonders eng geschnürte, goldbetreßte und üppig ausstaffierte Uniform, die riesigen Schnurrbartspitzen und den großartigen Backenbart, die den Neid des Prinzregenten erregten, überaus vorteilhaft dar. Die Uniform war das prächtige Original, dem die bescheideneren, weniger prächtigen Uniformen unserer Husaren nachgebildet sind. Das Gold auf dem Kostüm des Barons war reinstes Gold, und es glänzte an jeder nur denkbaren Stelle. Erschien er auf Bällen oder großen Abendgesellschaften – und es fehlte etwas, wenn er nicht dabei war – so waren seine Sporen gut zehn Zentimeter lang und gleichfalls aus purem Gold.

»Diese großartige Persönlichkeit war«, einem Bewunderer zufolge, »von französischer Geburt oder doch Abstammung und hatte in verschiedenen fremden Armeen gedient.« Am berühmtesten wurde sein Dienst in der österreichischen Armee, und schließlich stieg dieser verblüffende Glücksritter so hoch, daß er Kammerherr beim Kaiser von Österreich wurde. Er heiratete daraufhin die Witwe eines steinreichen ungarischen Adeligen, und böswillige Leute, die vermutlich eifersüchtig waren auf Schnurrbart und Uniform, Tressen und Sporen, ließen durchblicken, daß er nicht nur die Witwe, sondern auch den Titel des Verblichenen übernommen habe.

Ebenso beeindruckend wie seine Erscheinung war seine Tapferkeit; und des Barons Uniform, wenngleich sie eng war und schwer von Gold, scheint ihn nicht daran gehindert zu haben, seinem Mut Ausdruck zu geben, wie wir einer Notiz in der österreichischen ›Hof-Gazette‹ entnehmen können.

Preßburg, am 26. August 1806.

Am 21. dieses Monats fiel um sieben Uhr abends ein Arbeiter aus dieser Stadt in die Donau. Als man ihn fallen sah und seine Schreie hörte, versammelte sich sehr bald eine große Menschenmenge, aber niemand versuchte, ihn zu retten, und es war auch kein Boot zur Hand, um ihm zu helfen. Jeder andere Versuch aber war jedenfalls lebensgefährlich für den, der tapfer genug wäre, dem Mann zu Hilfe zu kommen, denn die Donau führte (infolge der starken Regenfälle) Hochwasser, was besonders an dieser Stelle die Strömung noch verstärkte. Zu diesem kritischen Zeitpunkt erschien Baron Ferdinand de Geramb – gegenwärtig Kammerherr im Dienste Seiner Majestät des Kaisers von Österreich, und berühmt für seine vielen begei-sternden Taten (so stellte er im letzten Kriege das Regiment Ihrer Majestät der Kaiserin auf und führte es gegen den Feind). Baron de Geramb also eilte beim Anblick des Unglücklichen ihm zur Hilfe, indem er sich, ohne sich zu entkleiden, in die Wogen stürzte. Das war die Sache eines Augenblicks, und nach einer kleinen Weile sah man den Baron mit dem Unglücklichen, den er gerettet hatte, wie er offensichtlich gegen die Gewalt des Wassers ankämpfte, bis er schließlich kraft seines unbezwingbaren Mutes und seiner Geschicklichkeit, den Mann sicher an Land brachte. Zusätzlich zu dieser beispielhaften Tat und nicht zufrieden damit, dem Mann das Leben gerettet zu haben, übergab er ihm noch ein schönes Geschenk.

Weiterhin machte er sich bei den anderen Offizieren und den Kameraden der österreichischen Armee beliebt, indem er ein Denkmal zu Ehren der österreichischen Generäle Palsy, Piazek und Holtz auf dem Schlachtfeld errichten ließ, auf dem sie so ruhmreich gefallen waren. Während er im Jahre 1807 in Palermo war, hatte er einen Ehrenhandel mit einem hochrangigen aktiven Offizier, dem eine höchst merkwürdige Übereinkunft mit folgender Absicht zugrunde lag: Die Begegnung sollte auf dem Gipfel des Ätna stattfinden, und wenn einer der Duellanten fiele, sollte der Krater des Vulkans sein Grab werden.

Der Gegner des Barons entkam diesem neuartigen Begräbnis, weil er beim zweiten Schußwechsel durch einen zerschossenen Arm kampfunfähig war, während seine Kugel den Hut des Barons durchschlagen hatte.

*In den Ballsälen von Almacks, 1815 ...
(zweiter von links: Mr. Brummell)*

Berühmt und bewundert wie er war, beschloß der Baron de Geramb, England zu erobern. Er machte daher »über unseren Gesandten auf dem Kontinent den Vorschlag, man möge ihm erlauben, 24.000 Kroaten für den Dienst in der englischen Armee zu verpflichten. Um diese Frage ausführlicher zu erörtern, bewilligten ihm Mr. Bathurst, General Oakes und Mr. H. Wellesley die nötigen Pässe, damit er seine Reise in dieses Land ausführen könne, mit dem Ziel, die Verantwortlichen im Kriegsministerium zu sprechen.« London wurde also bald darauf durch die blitzenden Goldtressen, die papageienbunte Uniform des Barons und die Livreen seiner zahlreichen Dienerschaft erhellt und im Sturm genommen. Der Prinzregent war so überwältigt von der Herrlichkeit des Backenbarts und der Uniform, daß der Baron, einem begeisterten Bewunderer zufolge, »einer der bevorzugtesten Gäste in Carlton House« wurde, »wo seine Meinung in Kleiderfragen – sowohl für private wie für militärische Zwecke – von dessen Bewohner begierig gehört wurde«. Die Folge war, daß der Baron, von der eleganten Welt derart hofiert, seine militärische Mission vergaß. Die vierundzwanzigtausend Kroaten verschwanden einfach aus seinem Gedächtnis, und sein Glanz erheiterte London zweiundzwanzig Monate lang. Während dieser Zeit hatte er Bande tiefster Freundschaft mit Mr. Romeo Coates geknüpft, denn ein tapferer Mann kann Ritterlichkeit im anderen auf den ersten Blick erkennen, und Mr. Coates war es gewohnt, Leib und Leben in seinen Bühnenauftritten aufs Spiel zu setzen, denn das Publikum konnte und wollte seine Interpretationen der Klassiker nicht ertragen. Aufruhr war die unvermeidliche Folge, Tod oder schwere Körperverletzung das immerhin mögliche Ergebnis dieser Versuche.

... und in den hinteren Separées

Aber nun hielt der kühne Mr. Coates, der sich noch am gleichen Abend diesen Schrecken würde stellen müssen, seinen Wagen an, um mit dem Baron zu plaudern, der es bei den Auftritten seines Freundes auf der Bühne gewohnt war, in der Proszeniumsloge zu sitzen und bei dem sehr ungleichen Duell zwischen Mr. Coates und dem Publikum als eine Art Sekundant zu fungieren. Der kreolische Grande und der Baron hatten sich auf der Nordseite des Parks getroffen, aber auch nicht der leiseste kühle Luftzug wühlte in den Blättern, um ihnen die Schlacht von Bayswater anzukündigen, die Ende März 1812 stattfinden sollte, als die Bewohner der Nachbarschaft vom Anblick eines gewaltigen Plakats angezogen wurden, das wie eine Fahne oben vom Hause des Barons herabwehte. Das Plakat trug die Aufschrift: »Mein Haus ist meine Burg. Ich stehe unter dem Schutz der britischen Justiz!« Unglückseligerweise aber war die britische Justiz – weit davon entfernt, ihn zu schützen – vielmehr darauf aus, ihn loszuwerden, denn das Ministerium hatte aufgrund des Fremdengesetzes einen Haftbefehl gegen ihn erlassen, und der Baron wiederum hatte sich geweigert, sich zu ergeben und hatte sich verbarrikadiert, allerdings erst, nachdem er die Flagge der Freiheit gehißt hatte. Die Beamten, die ausgesandt worden waren, den Baron zu verhaften, verzogen sich abgeschlagen in ihr Amt, um neue Befehle abzuwarten und kehrten dann mit zwei Herren namens Harrison und Craig zum Haus des Barons zurück. Diese unerschrockenen und unnachgiebigen Staatsdiener drangen in den Baron, sich zu ergeben; woraufhin dieser Gentleman nicht nur ablehnte, sondern in unmißverständlichen Ausdrücken mitteilte, daß er zweihundert Pfund Schießpulver im Keller habe und daß, »wenn sie fortführen in ihren Bemühungen, ihn zu vertreiben, er sie und sich selbst in die Luft sprengen werde«.

Angesichts dieser Drohung rissen die Beamten mit Beilen das Gartentor ein und boten dem Schießpulver die Stirn, woraufhin durchsickerte, der Baron habe sie für Gerichtsvollzieher gehalten und ihnen daher – bewegt von dunklen, aber schmerzlichen Erinnerungen an seine vor-barönlichen Tage – den Eintritt verweigert. Als er erfuhr, wer sie waren, ergab sich der Kammerherr des Kaisers von Österreich sofort und wurde, nachdem er eine Nacht im Bridewell Gefängnis bei Tothill Fields zugebracht hatte, in einer Postkutsche nach Dover und von dort auf ein Schiff Richtung Hamburg gebracht.

Tatsache war, daß die englische Regierung der Aktivitäten des Barons mehr als nur ein wenig überdrüssig war. Erstens waren sie seiner höchst sonderbaren Korrespondenz mit einigen gefährlichen Personen in Sizilien auf die Spur gekommen; zweitens waren seine Forderungen an die Regierung, seine Rechnungen für Auslagen, die ihm durch die nur in seiner Phantasie existierenden vierundzwanzigtausend Kroaten entstanden waren, nicht nur maßlos – sie waren geradezu phantastisch. Auch waren sie von Drohungen begleitet; und da die Forderungen immer häufiger und die Drohungen immer heftiger wurden, hielt man es für das Beste, den Baron nach Hamburg zu schicken, um dort Glanz zu verbreiten. Eine Rechnung, die er für geleistete Dienste an das Kriegsministerium schickte, lautete so:

Überfahrt von Cadiz nach London	*250 £*	
Aufenthalt in London		
22 Monate zu je 200 £	*4.400 £*	
Rückkehr nach Ungarn	*700 £*	
	Summe	*5.350 £*

Nachdem dieses großartige und hochdekorierte Wrack in Hamburg gelandet war, gab er sich genußvoll und sorglos, wie ich glaube, kleineren Dichtwerken hin, in denen er in Versen die Feste in Carlton House und die Anwesenheit einiger Mitglieder der früheren französischen Dynastie feierte, der er in kümmerlichen Reimen eine baldige Wiedereinsetzung wünschte. Dieses Gedicht fand ein breiteres Publikum, als der Baron zu hoffen gewagt hätte, denn Kaiser Napoleon bekam es zu Gesicht und befahl prompt, den Baron zu verhaften, obgleich er sich auf neutralem Boden aufhielt. Die Folge war, daß der Baron sich im Château de Vincennes wiederfand und täglich fürchtete, hingerichtet zu werden.

Da er nun Zeit zum Nachdenken hatte, so wird berichtet, legte dieser der italienischen Komödie entsprungene Abenteurer, Großtuer und Duellant in seinem begonienfarbenen, metallisch schimmernden äußeren Glanz ein Gelübde ab, daß er, sollte er je die Freiheit zurückerlangen, das Schwert niederlegen und in ein Kloster eintreten würde. Dieses Gelübde erfüllte sich, denn der merkwürdige Ehrenmann trat tatsächlich in das Kloster der Trappistenmönche in Reimingen im Elsaß ein und wurde hier in aller Stille Abt und Generalprokurator, schrieb etliche Werke über Doktrin und religiöses Leben und starb verehrungswürdig und verehrt im März 1848 im Alter von sechsundsiebzig Jahren.

Die Person, mit der sich der Baron an jenem Sommermorgen unterhielt – viele Jahre ehe sein Glanz zum grauen Kloster-Schatten verblich –, war ebenso exotisch, wie er selbst, wenn auch vielleicht nicht ganz so bemerkenswert. Will sagen, Mr. Coates, dieser Liebhaber der Mode, war nicht ganz so bemerkenswert in seiner Persönlichkeit wie in seinem Äußeren und durch die einzigartige Beharrlichkeit, mit der er vom Pech verfolgt wurde. Bedauerlicherweise weigerte sich das Unglück, in Mr. Coates Gesellschaft die tragische Maske zu tragen, sondern beharrte darauf, statt dessen in der ältesten aller antiken Launen zu erscheinen, indem es nämlich seinen Gefährten straucheln ließ und ihm unzählige Fallen stellte, so daß sein Leben zu einer Art griechischer Komödie wurde und das Ende eines jeden Abenteuers unausweichlich und sicher war.

In Antigua, seiner Heimatinsel, wo Mr. Coates im Jahr 1772 geboren wurde, war er ebenso berühmt wegen seiner dramatischen Begeisterung wie wegen der Lichtfontänen, welche die üppig dargebotenen Diamanten versprühten. Wäre nicht sein dramatisches Gebärdenspiel gewesen, ich bezweifle, ob man Mr. Coates' Melancholie inmitten all dieses Lichtgefunkels, das seine Person umgab, überhaupt wahrgenommen hätte. Aber gerade diese Gebärden wurden bewundert und geschätzt auf den Westindischen Inseln, wo Dramen auf der Bühne selten und schwer erreichbar waren, wenn es auch noch so viele im wirklichen Leben geben mochte. »Auf den Westindischen Inseln gab es zu der Zeit«, so werden wir belehrt, »keine Parks oder Spazierwege, keine Konzerte oder Ballräume. Im Jahr 1788 wurde von einigen Amateuren das erste Theater in Antigua gegründet, das in der Regel – mit Einwilligung des Colonel – die Regimentskapelle der Garnison als Orchester engagierte. Die Darsteller wurden häufig durch eine Theatertruppe ergänzt, welche die Westindischen Inseln bereiste.« Ermutigt durch das elefantenähnliche Trompeten der Militärkapelle, besänftigt durch den Applaus des Colonel und das milde Rauschen des Meeres, ließ Mr. Coates seine Diamanten blitzen: Nach dem Vorbild des Mondlichts von Antigua stieg sein Schwert mit seinem rechten Arm zum Himmel empor, um seine Ehre zu beteuern, sank herab und stieg aufs neue empor. Wie so ganz anders war dieses glückliche Dasein im Garten Eden als das gefährliche Leben, in das seine Kunst ihn hineinriß, sobald er in England war. Wie hoch flogen seine Hoffnungen – und wie rasch kamen sie zu Fall! Allerdings kaum schneller als der Vorhang fiel, sobald Mr. Coates die Bretter betrat. Und jedesmal wenn er auftrat, nahm dieser unerschrockene Mann sein Leben in beide Hände, und nicht nur sein eigenes, sondern das seiner Mit-Darsteller und -Darstellerinnen, wie wir noch sehen werden.

Der erste Bericht von einem Bühnenauftritt des Mr. Coates in England findet sich in Mr. Pryse Gordons Memoiren. »Im Jahre 1819 war ich in Bath«, teilt er uns mit, »und wohnte dort im York House, wo ich diesen Gentleman als Mitbewohner antraf, und wir begegneten uns im allgemeinen zum Frühstück im Kaffeezimmer. Er erregte kurz meine Aufmerksamkeit, weil er während seiner

Morgenmahlzeit Passagen aus Shakespeare in einem Tonfall und mit Gebärden hersagte, die Auge und Ohr frappierten; und obgleich wir uns fremd waren, konnte ich nicht umhin, ihm ein Kompliment zu seiner schönen Rezitation zu machen, auch wenn er sich nicht immer an den Text des Autors hielt. Bei einer Gelegenheit nahm ich mir die Freiheit, eine Passage aus ›Romeo und Julia‹ zu korrigieren. ›Schon recht‹, meinte er, ›das ist die übliche Lesart, ich weiß, denn ich kenne das Stück auswendig, aber ich denke, ich habe es verbessert.‹ Ich verneigte mich artig, um zu erkennen zu geben, daß ich kein profunder Kritiker sei. Das führte zu einer längeren Darlegung der Vorzüge dieser Tragödie. Als er mich dann wissen ließ, daß er die Rolle des Romeo häufig in Antigua gespielt habe – von welcher Insel er herstammte – und noch hinzufügte, daß er das Kostüm für diese Rolle immer unter seinen anderen Anzügen auf Reisen mit sich führe, beklagte ich, daß er bei den außerordentlichen Talenten, über die er offensichtlich verfügte, dem englischen Publikum noch keine Probe seines Könnens gegönnt habe … ›Ich bin bereit und willens dazu‹, erwiderte unser Roscius, ›den Romeo vor dem Publikum in Bath zu spielen, wenn der Theaterdirektor das Stück auf den Spielplan setzt und mir eine gute Julia gibt – mein Kostüm ist superb und mit Diamanten besetzt, aber ich habe nicht den Vorzug, den Direktor Dimonds zu kennen.‹

Nachdem ich sein gelungenes Wortspiel belacht hatte, wobei er herzhaft einstimmte, bemerkte ich, daß ich mit diesem Herrn bekannt sei und entweder selbst die nötigen Vereinbarungen treffen oder ihm eine Zeile zur Einführung mitgeben könne, ganz wie er es vorzöge.« Schließlich wurde eine Aufführung vorbereitet und fand am 9. Februar 1810 statt – ohne daß ein Toter zu beklagen gewesen wäre, weil bei dieser Gelegenheit mit nichts Gewichtigerem als Orangenschalen geworfen wurde. Auch der Vorhang fiel nicht vor dem fünften Akt, als Romeo sein Brecheisen ergriff, um in Julias Grab einzudringen. Da allerdings wurde die Haltung des Publikums so bedrohlich, daß, als nichts mehr zwischen Mr. Coates und der totalen Auflösung zu stehen schien als das Brecheisen, man es für klüger hielt, den Vorhang herabzulassen und das Stück für beendet zu erklären. Seine Biographen, die Herren John und Hunter Robinson, fragen nicht zu unrecht: »Was kümmerte es das Publikum, ob Mr. Coates als Romeo in einem mit Pailletten bestickten Rock aus himmelblauer Seide, knallroten Hosen und einem weißen federgeschmückten Hut auftrat (wobei er vermutlich der Vorliebe für leuchtende und auffallende Farben folgte, die alle Bewohner tropischer Klimate in größerem oder geringerem Maße besitzen), oder daß die Verzierung an seinem Hut von Diamanten blitzte, die auch an seinen Knie- und Schuhspangen zu sehen waren – was kümmerte es irgendeine neue Version des Textes?«

Aber Mr. Coates war nicht einzuschüchtern. Er wiederholte die Aufführung in Bath, die, wie eine Zeitung berichtete, »die Wasserfauna und -flora der Küste von Sussex in Erstaunen gesetzt hätte«, und dann trat er mit allergrößter Unerschrockenheit in der Rolle des Romeo in Cheltenham auf. Hier widerfuhr ihm kein ernsthaftes Unheil, denn das einzige widrige Vorkommnis war, daß Romeo, gerade als er die Zeile sprach: »O laß mich fort, die Eile treibt mich«, sich auf alle Viere niederließ und in dieser Stellung wieder und wieder im Kreis

– 77 –

*Mr. Robert ›Romeo‹ Coates,
genannt ›Kaleschen-Coates‹ (1772—1848)*

über die Bühne kroch. Vergebens rief ihm der Souffleur zu: »Abtreten, abtreten!« Mr. Coates hörte ihn erst nach einer Weile und erwiderte dann, daß er abtreten würde, sobald er den Diamanten von seiner Knieschnalle gefunden hätte! Das wieder gefiel dem Publikum, und so ließ man es zu – in der Hoffnung, daß Ähnliches sich noch einmal ereignen würde, daß das Stück sein eigentliches Ende erreichte.

Durch diese Unverletzbarkeit ermutigt, trat Mr. Coates am 4. September 1811 im Theatre Royal in Richmond auf, und wieder gab es keinen Anschlag auf sein Leben. Die einzigen, die tatsächlich in Lebensgefahr gerieten, waren gewisse gefühllose junge Herren, die in der Szene, da Romeo, der Held, sich vergiftet, von so unmäßigen Lachkrämpfen geschüttelt wurden, daß ein Arzt, der zugegen und wegen ihres Zustandes beunruhigt war, anordnete, sie an die frische Luft zu tragen, wo sie medizinisch versorgt wurden.

Dieser Zwischenfall ärgerte Mr. Coates so, daß er am Schluß der Aufführung auf die Rampe zuschritt und, indem er auf die Logen zeigte, von denen die Störung herrührte, seine berühmte Rezitation ›Lauter Gecken‹ vom Stapel ließ. Diese schwere Anklage gegen den Geschmack des Publikums enthielt folgende Zeilen:

*Ihr Gecken, die Ihr in den Logen tobt und schreit,
vor Trunkenheit nicht zuhört und vor Stolz nichts fühlt,
deren versteinert' Herz Verzweiflung nie durchwühlt
Ihr, die Ihr weder hier noch dort zuhause seid.*

Von einem Teil des Publikums, das ihn wegen seines Mutes bewunderte, erhielt Mr. Coates starken Applaus. Aber ach, nicht immer standen die Dinge so günstig für ihn. Am 9. Dezember 1811 trat er im Haymarket Theatre in der Rolle des Schwulen Lothario in Rowes Tragödie ›The Fair Penitent‹ auf, und in seiner Darbietung verlor die Tragödie alle Düsternis. Es war eine Wohltätigkeits-Aufführung zugunsten der Witwe Faibur, und eine riesige Menschenmenge belagerte die Theatereingänge, begierig darauf, den begabten Amateur, den Kaleschen-Eigentümer, den Diamanten-Besitzer zu sehen! Schließlich wurden mindestens tausend Personen allein vom Logen-Eingang abgewiesen, während Leute, die Geld aufwenden konnten, den Bühneneingang belagerten und bis zu fünf Pfund boten, nur um einen Blick hinter die Kulissen tun zu können. Kein einziger Platz blieb frei. Man liest, daß »unter den Personen von Rang und Eleganz, die anwesend waren, um Mr. Coates Darbietung in der Rolle des Lothario beizuwohnen, sich folgende befanden: der Duke of Brunswick, der Duke of Devonshire, der portugiesische Gesandte, der Earl of Kinnoull mit seiner Familie, Viscount Castlereagh, Baron de Geramb, Sir Godfrey Webster, Sir Charles Coote mit Familie etc«. Wir können uns vorstellen, welche Gefühle Mr. Coates bewegten, als er sich dem Gedränge vor dem Theatereingang näherte. Wie groß war doch die Liebe der Briten zur dramatischen Kunst! Wie überwältigend die freundliche Gesinnung des Adels! Wie glänzten die Blätter des Lorbeerkranzes, der auf ihn wartete, wie ohrenbetäubend war der Applaus des Publikums! Ach! Es war wieder nur eine Falle des Glücks – oder richtiger gesagt, des Unglücks dieses treuen und unermüdlichen Gefährten von Mr. Coates – denn kaum war der Baron de Geramb in seiner Loge erschienen, als ein großer Teil des Publikums, von Abneigung gegen ihn erfüllt, dies dadurch zum Ausdruck brachte, daß es ihn auszischte und mißtönende Schreie ausstieß, obgleich andere Theaterbesucher dies für schlechte Manieren gegenüber einem berühmten Fremden und einem Freund des Prinzregenten hielten und ihm so heftig applaudierten, daß zu guter Letzt seine Gegner ermatteten und sich dem Applaus anschlossen.

Als zuletzt schließlich der talentierte Amateur auftrat und sich besonders vor der Loge des Baron de Geramb – wie vor einem Schiedsrichter – verneigte, wurde der Lärm katastrophal. Es gab Buh-Rufe, es wurde anhaltend gepfiffen, Kikeriki-Rufe wurden laut; dieser Ausdruck der Verdammung bezog sich auf Mr. Coates berühmtes Gefährt und sein Wappen.

Ruhig und unerschrocken trat dieser Gentleman seinen Verleumdern in einem Kostüm von größter Kostbarkeit entgegen; es war aus »einer Seide gearbeitet, die so gewebt war, daß sie Wirkung ziselierten Silbers hatte; von seinen Schultern hing ein Überwurf aus rosa Seide, der mit einer Silberlitze eingefaßt war; um den Hals trug er ein reich mit Juwelen besetztes Halsband und an seiner Seite einen hübschen Degen mit goldenem Griff. Sein Kopfschmuck bestand aus einem spanischen Hut, den hohe weiße Federn überragten, seine Füße steckten in Schuhen aus dem gleichen Material wie sein Anzug, die mit Diamantenschnallen geschlossen wurden.«

Das Publikum, vom Glanz dieses Aufzugs keineswegs geblendet, ließ Mr. Coates nicht bis zur Schlußszene kommen – in der Regel das besondere Vergnügen der Zuschauer. Da nämlich bricht ein Augenzeuge, der das treffende Ende des Stücks beschreibt, in den Ruf aus: »Wer könnte die grotesken Todeskämpfe des argen Verführers beschreiben, wie das angeklebte Haar sich dem

Kamm entwand, der es zusammenhielt, wie der dunkle, haarige Perückenboden in seinen letzten Augenblicken ihm auf die Schultern klappte und die Schreie der Leute nach ärztlichem Beistand seinen endgültigen Abgang begleiteten? Wenn dann in letzter Qual ihm das Haupt herabsank, war es höchst wunderbar zu sehen, wie der Abgeschiedene wieder aufstand und – nachdem er ein sauberes Taschentuch auf dem Boden ausgebreitet hatte, seinen Kopfputz darauf niederlegte und so, von aller Unreinheit befreit, seinen Zustand als Toter philosophisch zusammenfaßte; aber das war kaum vorbei, als das anspüchliche Publikum – das sich nicht damit zufriedengab, daß, wenn ein Mann tot ist, die Sache ein Ende hat – auf einer Wiederholung der schrecklichen Szene bestand, welche die höchlich geschmeichelte Leiche drei Mal nacheinander ausführte – sehr zur Genugtuung des grausamen und auf Folterszenen versessenen Publikums.«

Bei dieser Gelegenheit nun brachten sich die Zuschauer in ihrem Wunsch, Ärgernis zu erregen, um diese großartige Sterbe-Szene, denn, nachdem sie sich heiser geschrien hatten, stellten sie fest, daß Mr. Coates mit ihnen nicht konkurrieren konnte, und der Vorhang fiel endgültig. Das Publikum verschwand nach und nach. Der Duke of Brunswick, der Duke of Devonshire, der portugiesische Gesante, der Earl of Kinnoull mit Familie, der Viscount Castlereagh, Sir Godfrey Webster und Sir Charles Coote mit Familie gingen mit den übrigen. Die Lichter erloschen eins nach dem andern. Ich weiß nicht, ob Lothario, nachdem er zu seinem einsamen, aber großartigen Wohnsitz zurückgekehrt war, ein einsames und großartiges Dinner aß, oder ob der Baron Ferdinand de Geramb es mit ihm teilte; aber ich weiß, daß das Verhalten der Kritiker das des übrigen Publikums noch bei weitem übertraf, und daß Mr. Coates sich gezwungen sah, einen Brief an den ›Morning Herald‹ zu schreiben, der folgende Zeilen enthielt: »In Anbetracht der zahllosen Attacken auf meine Person und meine Gesichtszüge in den Presseveröffentlichungen, habe ich nur anzumerken, daß, da ich von meinem Schöpfer, unabhängig von meinen Wünschen, so gestaltet wurde, ich nicht verantwortlich zu machen bin für das Ergebnis, das ich nicht beeinflussen konnte. Sollen jene Herren, die sich auf so *noble* Weise amüsiert haben, Vergnügen oder Gewinn daraus ziehen, daß sie ihren Neigungen nachgegeben haben – ich betrachte die Pressefreiheit als den Grundpfeiler, auf dem unsere ruhmreiche Konstitution ruht; und ich werde das Ausmaß dieser Freiheit nicht leichtfertig in Frage stellen, weil Neid, Torheit oder noch niedrigere Leidenschaften einen Dummkopf dazu verführen könnten, die Reinheit eines solchen Privilegs anzutasten.«

Bei einer weiteren Gelegenheit gelang es Mr. Coates, die letzte Szene von ›The Fair Penitent‹ sicher zu erreichen, unangreifbar wie er in diesem Fall war durch die Anwesenheit seiner Königlichen Hoheit des Duke of Clarence und seiner Suite und durch die von Lavendor, dem Polizeioffizier, dessen Dienste die begreiflicherweise nervöse Direktion in Anspruch genommen hatte.

Etwa zu dieser Zeit verliebten sich sowohl Mr. Coates als auch Baron de Geramb in aller Öffentlichkeit in Miss Tylney Long, eine Erbin von weitgerühmter Schönheit; diese Rivalität tat jedoch ihrer Freundschaft nicht den geringsten Abbruch. Aber, ach, sogar die Untreue gegenüber der Thespischen Muse erwies sich nur als eine weitere vom Unglück gestellte Falle; denn nicht nur, daß Miss Tylney Long den Honorable Wellesley Pole heiratete, Miss Euphemia Boswell, die Tochter des Biographen und Opfers von Dr. Johnson, die sich dafür rächen wollte, daß Mr. Coates ihren Bettelbriefen nicht erlegen war, schrieb die folgenden verhüllten, finsteren Drohungen:

»Ich wäre Ihnen zu Dank verpflichtet, wenn Sie mir eine Kopie der Verse zuschickten, die ich für Sie schrieb, damit Sie sie Miss Tylney Long schicken könnten. Ich bin gezwungen, sie zu veröffentlichen.«

Das fragliche Meisterwerk lautete wie folgt:

Hätte Tizian je dein himmlisches Antlitz erblickt
Deiner Schönheit Spur zu folgen hätt' ihn entzückt
Lucretias Reize waren groß, doch deine sind weit
größer als der Natur erstes Vorbild oder die klassische Maid
O berückend Schöne stoße, ach stoß' nicht hinab
den zu Tode Verliebten in sein zu frühes Grab
Ach, zauberstarke Lady, du, laß dich warnen
vor list'gen Männern, die dich gern umgarnen
die nicht nach deinem Wert, nur nach dem Mammon streben
reich mir die Hand – Geld magst du Käuflichen geben.

Um diese Liebe und die des Duke of Clarence für die gleiche Dame zu feiern, veröffentlichte ein Blatt, ›Scourge‹ (Die Geißel) mit Namen, eine farbige Illustration als Titelblatt der Dezember-Nummer von 1811; für diese Abbildung wurde ein Stich von George Cruikshank verwendet mit der Unterschrift: »Prinzliche Frömmigkeit oder der Anbeter in Wanstead«. Im Mittelpunkt sitzt Miss Tylney Long auf einem Thron unter einem in Rot und Gold drapierten Baldachin, zu dem fünf mit einem Teppich in den gleichen Farben belegte Stufen führen. Die erste Stufe trägt die Inschrift: »Kindheit, zehn«; die zweite: »Reifezeit, fünfzehn«; die dritte: »Fraulichkeit, zwanzig«; die vierte: »Diskretion, fünfundzwanzig« und die fünfte: »Altjüngferlichkeit, dreißig«. Seine Königliche Hoheit, der Duke of Clarence, steht auf der rechten Seite von Miss Tylney Long, und neben ihm befindet sich die empörte Miss Jordan, die über ihn die Schale ihres Zorns leert, aus der mehrere Personen in Marine- und Armee-Uniformen fallen; »Falscher, ungetreuer Clarence, schau deine Kinder an. Hm, hm, Shakespeare«. Der Herzog versucht inzwischen mit größter Entschiedenheit, den Baron de Geramb in den Hintergrund zu drängen. Der Baron kniet vor den Stufen des Throns, umgeben von Säcken voller Gold – das Ergebnis seiner Abenteuer in den verschiedenen Geheimdiensten und Armeen der Welt. Im Hintergrund zur Linken spielt ein Narr mit der Schellenkappe auf einer Geige, und zwei Puppen tanzen nach dieser Musik, während vor ihnen zwei Gestalten auf den Stufen des Throns knien. Die eine ist ein alter Beau, der Sir Lumley Skeffington sehr ähnlich sieht; er hebt sein Lorgnon hoch und hält eine Bittschrift in der Hand; während die andere Gestalt das romantische Äußere von Mr. Romeo Coates hat. Auf dem Kopf dieser Figur sitzt ein Hahn, der »Kikeriki« schreit. Romeos Federhut liegt neben ihm, er hält eine Hand aufs Herz gepreßt, die andere ist ausgestreckt. Es ist offenkundig, daß diese

Hand die Papiere, die auf den Stufen des Throns liegen und auf denen ›Oden‹ steht, verstreut hat.

Als Folge seines berühmten, wenn auch vereitelten Werbens um Miss Tylney Long, seiner ebenso berühmten Freundschaft mit Baron Ferdinand de Geramb, aufgrund seines Reichtums, seiner Diamanten, seiner Kalesche und seiner dramatischen Darbietungen, war Mr. Coates jetzt auf dem besten Weg, ein Salonlöwe zu werden. Kein Drama, das zu Wohltätigkeitszwecken aufgeführt wurde, konnte ohne ihn auskommen, auch wenn allein seine Anwesenheit bedeutete, daß es zu einem vorzeitigen Ende kam, in jedem Fall aber, daß sich Unheilvolles daraus ergab. Hingegen kam es zu einer oder zwei Aufführungen, die ohne ernsthaftes Blutvergießen ihr Ende erreichten, wie bedrohlich auch die Haltung des Publikums gewesen sein mochte. Unter diesen Aufführungen darf man eine im Haymarket Theatre am 11. Januar hervorheben, bei welcher der Aufruhr hauptsächlich lautstark und die dadurch denkwürdig war, daß zum Schluß Mr. Coates auf wiederholten Wunsch in einem scharlachfarbenen Uniformrock, einem Hut mit vorschriftsmäßigem Federschmuck, Kniehosen, seidenen Strümpfen und von Diamanten blitzenden Schuhen die Bühne betrat und eine Reihe von Versen rezitierte, die den Namen ›The Hobbies‹ hatten.

Und nun näherte sich Mr. Coates dem Gipfel seines Ehrgeizes, dem Traum, dem sein loyales und in unschuldiger Weise versnobtes Gemüt so lange angehangen hatte. Denn, nach seinen mannigfachen Versuchen, insgeheim ans Ziel zu kommen, die nicht weniger intensiv waren als sein völlig offenes und lautstarkes Werben um Aufmerksamkeit, wurde Mr. Coates am 11. Februar 1813 durch General Baker beim königlichen Lever dem Prinzregenten vorgestellt. Wie huldvoll war doch diese königliche Persönlichkeit und wie interessiert an der Person, dem Charakter, der Geschichte, den dramatischen Bestrebungen und den Diamanten des Mr. Coates! Wie voller Wunder war das Leben des Mr. Coates! Wie leicht ließen sich Unkenntnis und Neid vergeben. Wie rasch könnte der begabte Amateur sich zu gleicher Höhe wie sein Freund Baron Ferdinand de Gerambs erheben – als Vertrauter in Carlton House.

Mr. Coates war denn auch nicht im mindesten überrascht, als er am 4. Februar 1813 eine »gewichtige, mit dem königlichen Wappen gesiegelte Botschaft erhielt, die, wie seine Diener versicherten, von einem Herrn in rotem Rock hinterlassen worden war«! Mr. Coates erbrach das Siegel mit zitternder Hand und las den Inhalt des Briefes, der so lautete: Der Haushofmeister ist durch seine Königliche Hoheit, den Prinzregenten, beauftragt, Mr. Robert Coates zu einem Ball und Abendessen am Freitag-Abend in Carlton House einzuladen. Anzug aus Erzeugnissen des Landes erbeten. Zeit des Erscheinens: Zehn Uhr.

Mr. Coates, überwältigt von Stolz und Freude, sah in dieser Einladung nur eine natürliche Folge des huldvollen Interesses, das der Prinzregent bei Gelegenheit des Levers gezeigt hatte. Er befahl also, seine Diamanten aufzupolieren und ließ sich »einem so berühmten Gastgeber, dem Prinzen der wahren Kenner und des Königreichs zu Ehren« einen Anzug von unvergleichlicher Pracht anfertigen.

Am Abend des Balles konnte Mr. Coates, wie berichtet wird, sich kaum beherrschen, bis es Zeit zum Aufbruch war. Er verließ seine Wohnung in Craven Street, wie berichtet wird, als »ein einziger funkelnder Glanz; Diamanten allererster Qualität blitzten von seiner Brust und strahlten in gleichem Feuer am Heft seines Degens und an seinen Fingern. Nachdem er in dem für seinen Transport vorbereiteten Wagen Platz genommen hatte, eilte er, von Lakaien in den köstlichsten und kostbarsten Uniformen begleitet, seinem Ziel entgegen.«

Als er in Carlton House ankam und seine Einladung vorzeigte, ließ ihn Colonel Congreve, der Dienst hatte, mit allergrößter Höflichkeit wissen, daß sie eine Fälschung sei. So ging Mr. Diamant- oder Kaleschen-Coates wieder aus Carlton House hinaus und in die strahlend erleuchteten Straßen, wo sein Glanz und seine verzweifelte Verfassung die Aufmerksamkeit einer riesigen Menschenmenge erregten, die da wartete, um die Gäste anzugaffen. Und nachdem er schließlich eine Mietskutsche gefunden hatte (sein eigenes, großartiges Gefährt war längst dahin), suchte sich dieses arme, harmlose, gütige Geschöpf seinen Weg zurück zu seiner Wohnung. Dort lernte er das schlimmste Elend der Demütigung kennen, entsann sich des Grauens seiner Bühnenauftritte, des grausamen und ganz unnötigen Spotts, des Schmerzes, den ihm die Menge zugefügt hatte. Aber diese Demütigung sollte nicht andauern, denn der Prinzregent wurde, als er von den Umständen erfuhr, so zornig über die acht- und sinnlose Grausamkeit dieses Streichs, daß er am nächsten Tag seinen Sekretär zu Mr. Coates schickte, um sich bei ihm für die ihm angetane Enttäuschung zu entschuldigen, die, hätte Seine Königliche Hoheit von dem Vorfall Kenntnis gehabt, ihm nicht widerfahren wäre; und Mr. Coates wurde eingeladen, die Festdekorationen zu besichtigen, die noch ganz unbeschädigt waren.

Bei dieser Gelegenheit hatte Fortuna gezögert, aber bei anderen wurde ihr Verhalten immer unfreundlicher. So wie Mr. Coates' Ruhm zunahm, nahm auch der Schrecken derer zu, die mit dem begabten Amateur zusammen auf der gleichen Bühne auftraten. Das Publikum wußte das, genoß es und bediente sich der Massen-Hypnose, um die Schauspieler-Kollegen von Mr. Coates dazu zu treiben, die sonderbarsten Zugeständnisse zu machen. Einer der Herren, zum Beispiel, der aus Angst vor der drohenden Haltung des Publikums fast von Sinnen war, ersetzte die Worte: »Ich wollte, ich wäre ein Bettler und lebte von Resten!« durch den Satz: »Ich wollte, ich wäre ein Butler und lebte von Festen!« – ein Zugeständnis an das Publikum, das mit stürmischem Applaus und dem Fallen des Vorhangs begrüßt wurde. Und es kam noch zu einem anderen, ernsteren Vorfall ähnlicher Art. Das Theater war wie gewöhnlich gedrängt voll; Baron Ferdinand de Geramb war in vollem Glanz in seiner Proszeniums-Loge zu sehen. Es ging natürlich um eine Wohltätigkeitsvorstellung zugunsten von wem auch immer, das Stück war ›The Fair Penitent‹, das Gebrüll und die Wurfgeschosse waren die gleichen wie immer. Plötzlich aber ersetzte der unglückliche Mensch, der die Rolle des Horatio spielte, aus Schreck über das nicht enden wollende Geschrei in den Zeilen: »Wenn du in deinem Tross von Narren bist, sprecht über Kleider, Würfel, Pferde und Euch selbst; s' ist sicherer und Euerem Verständnis näher« - das Wort Pferde durch »Kaleschen«. Einige behaupten, der Schauspieler habe sogar die Zeilen eingefügt:

»Warum fährst du aufgeputzt in der Stadt herum? Mit zwei Pferden vor der Kalesche – und dem Hahn als Wappen?«

Mr. Coates' Ehre war mit Füßen getreten. Man konnte sehen, wie der Schnurr- und Backenbart des Barons de Geramb sich vor Wut sträubte. Ein Duell stand unmittelbar bevor. Das fatale Wort brachte alle Gefühle in Wallung und führte zu einem so lautstarken Durcheinander, daß von der Bühne her kein Wort mehr zu verstehen war. Mr. Coates trat, als er diese ganz unfreiwillige Anspielung hörte, von Empörung überwältigt, zunächst den Rückzug an, machte dann aber in offensichtlicher Erregung wieder ein paar Schritte auf den Vordergrund der Bühne zu und näherte sich Horatio so, als wollte er ihn fragen, was die Beleidigung zu bedeuten habe.

Der versteinerte Horatio kehrte daraufhin allmählich ins Leben zurück und versuchte zu sprechen, aber das Geschrei war immer noch so groß, daß seine Stimme nicht zu vernehmen war. Als das Publikum sich heiser geschrien hatte, hielt Mr. Coates mit vor Empörung erstickter Stimme folgende Rede: »Meine Damen und Herren! Ich bin dringend gebeten worden, für eine Dame zu spielen, die, wie ich erfahren habe, ein würdiger Gegenstand unserer Aufmerksamkeit ist (Applaus). Ich erlaube mir außerdem festzustellen, daß es hier einige Darsteller gibt, die zu unseren großen Theatern gehören; lassen Sie mich hinzufügen, daß einer von ihnen sich eine unverantwortliche Freiheit mit mir herausgenommen hat. Viele von Ihnen werden zweifellos das Drama ›The Fair Penitent‹ gelesen haben, und wenn nicht, so können Sie es morgen tun, jedenfalls werden Sie darin etwas über Pferde und Lustbarkeiten finden. Aber ein Darsteller hat nicht das Recht, den Versuch zu machen, meine Gefühle zu verletzen, indem er Anspielungen auf mich einfügt, die nicht in seiner Rolle enthalten sind. Soll über meine Equipage lachen, wer will. Mein Vater, der mir ein großes Vermögen hinterließ, das mir erlaubt, meinen Neigungen zu leben, brachte mir auch gute Manieren bei. Ich rühme mich nicht gern, aber wenn es mir gestattet ist, einige Worte zu meinem eigenen Verhalten zu sagen, so sage ich, daß ich mich für einen höchst nützlichen Menschen halte. Denn mag meine Kleidung auch extravagant sein – das ist's, was die arbeitende Klasse unterstützt. Hilft es nicht den Schneidern, Seidenhändlern und Wagenbauern? In dieser Hinsicht gebe ich, so scheint mir, ein lobenswertes Beispiel.«

Unter dem Applaus, Geschrei und Gekrähe des Publikums schritt nun Horatio nach vorn und bestritt auf sehr mannhafte und aufrichtige Weise, daß er auch nur die geringste Absicht gehabt habe, Mr. Coates zu beleidigen.

Man konnte bemerken, wie die Spannung in des Barons Gesicht nachließ; der Ehre war Genüge getan, der Zwischenfall war bereinigt, und nach kurzer Beratung mit dem Baron und einigen Freunden in der Proszeniums-Loge schüttelte Mr. Coates Horatio die Hand. Das Stück nahm seinen Fortgang und kam zu dem vom Autor vorgesehenen Schluß.

Aber es gab sehr bald eine neue Szene und dieses Mal eine von beispiellosem Pathos, als nämlich Mr. Coates im Haymarket Theatre in ›Romeo und Julia‹ auftrat – wieder bei Gelegenheit einer Wohltätigkeitsveranstaltung – diesmal für Miss Fitz Henry, die Tochter einer alten Dame, Lady Perrott mit Namen, die schon bei anderer Gelegenheit Mr. Coates um Hilfe angefleht hatte. Miss Fitz Henry als Julia erschrak dermaßen vor der Haltung des Publikums, daß sie sich kreischend und in höchster Erregung an die Kulissen und Säulen klammerte und nicht wegzubringen war. Als Nächstes wurde in der Duellszene, in der Romeo Tybalt tötet, alles durch den Auftritt eines kleinen Kampfhahns verdorben, der zu Romeos Füßen herumstolzierte, wohin ihn jemand geschleudert hatte. Das Theaterpublikum krümmte sich vor Lachen. Mr. Coates war verzweifelt, aber zum Glück ergriff im letzten und düstersten Augenblick der alte Capulet die Ursache der Aufregung und trug den krähenden und mit den Flügeln schlagenden Hahn von der Bühne fort.

»Was würden wir heute denken«, so fragen Mr. Coates Biographen, »wenn ein Amateur mit solidem eigenem Vermögen auftritt, der die Theater derart füllt, daß ihn sogar Garrick* beneidet hätte, einer, der einen Sinn fürs Dramatische mit dem Geschmack an glänzenden und ungewöhnlichen Equipagen verbindet – was würde die heutige Generation denken, wenn ein solcher Mensch mit verächtlichen Zurufen über sein – echtes oder auch erfundenes – Wappenschild und mit Bemerkungen über seine Kalesche und seine Diener empfangen würde?« Ja, was wohl?

Das Stück ging weiter, obgleich Romeo, nachdem er Tybalt getötet und die Bühne verlassen hatte, in den Kulissen stehenblieb und sein Schwert drohend gegen die Loge erhob, aus der vorhin der Hahn auf die Bühne geflogen war, mit dem Erfolg, daß die Logenbesucher gellend forderten, dafür müsse er sich entschuldigen. Mr. Coates weigerte sich natürlich, und die Unterbrechungen gingen so lange weiter, bis die Besucher im Parterre sich gegen die Störenfriede wandten und sie mit Orangenschalen bewarfen. Das Stück nahm danach – ohne weitere Unterbrechungen – seinen Fortgang – bis zu dem Augenblick, da Romeo Paris tötet. Da nämlich wurde der tot auf dem Boden Liegende »durch eine Orange, die ihn mit aller Wucht an der Nase traf«, ins Leben zurückgerufen. Der Leichnam sprang auf die Füße und verließ die Bühne, indem er mit würdevoller Gebärde auf die Ursache seiner Wiederbelebung wies. Mr. Coates wiederum wurde in der Grabszene durch den Zuruf, »Warum stirbst du nicht?« erheblich verärgert.

Zwischen solchen Szenen von unvergleichlicher Gräßlichkeit warb Mr. Coates weiter um die thespische Muse, aber nicht mehr sehr lange, denn seine Liebe blieb unerwidert, und er begann zu ermatten. Außerdem wurde die Situation immer gefährlicher, bis er schließlich beschloß, nicht länger Leib und Leben in diesem hoffnungslosen Werben zu riskieren, sondern seinen bedürftigen Mit-Darstellern seine Börse anstelle seiner Person zur Verfügung zu stellen. Nur noch selten sah man ihn, wie wir hören, »während des Jahres 1815 auf den tragischen Brettern einer Zeit, die damit beschäftigt war, Napoleons Sturz zu feiern«.

Mr. Coates sah inzwischen etwas älter, noch etwas fahler und ein wenig trauriger aus. Der Glanz der Equipage und ja, auch der Diamanten war trübe geworden, denn der Wert von Mr. Coates' Besitzungen in Antigua war durch den Sklavenaufstand von Barbados gesunken, und Mr. Coates empfand, daß ihm etwas in seinem Leben fehlte. Vielleicht fehlte ihm sein Freund Baron de Geramb, obgleich er viele andere Freunde hatte, darunter Lord Petersham, mit

---

* David Garrick (1771–1779), berühmter englischer Schauspieler und Theatererneuerer

– 85 –

Beau Brummell, gealtert

dem wir ihn im Park plaudern sahen, und Sir Lumley Skeffington, über den der ›Monthly Mirror‹ in ekstatischer Bewunderung folgende Lobeshymne schrieb: »Jene, die ihn am besten kennen, versichern, daß, was seinen Charakter angeht, sich ihm andere zwar vergleichen, ihn aber nicht übertreffen könnten. Und was seine Manieren betrifft, so haben ihn die brillantesten und höflichsten Kreise des Königreichs durch Abstimmung als einen der wohlerzogensten Männer der Gegenwart ausgezeichnet; er verbinde die ›Vieille Cour‹ mit der unbekümmerten Eleganz heutiger Schule. Es scheint so, als tue er alles ganz beiläufig, aber es ist eine Beiläufigkeit, die sich nicht lernen läßt. Kurzum, wenn er scherzt, so geschieht es auf elegante Weise, und wann immer eine Situation Willenskraft erfordert, so zeigt er sich voller Wärme, beherzt und temperamentvoll.«

Aber sogar die Beherztheit und das Temperament Sir Lumley Skeffingtons konnten Mr. Coates nicht mit seinem verblassenden Glanz noch mit seinem unverblaßten aber unrealisierbaren Ehrgeiz aussöhnen. Er fand, ist zu hoffen, einigen Trost in der Heirat mit Miss Emma Anne Robinson, der Tocher des Leutnants William McDowell Robinson, Marineoffizier seiner Majestät, die am 6. September 1823 in St. George am Hannover Square stattfand. Mrs. Coates Porträt zeigt ein hübsches Gesicht mit dunklen, fast zu bedeutungsvollen Augen – obgleich es schwerfällt zu erraten, was für eine Bedeutung das wohl sein mag –, eine zierliche Nase, einen törichten Kaninchen-Mund und eine wohlgeordnete theatralische Fülle dunkler Locken und Bänder.

Im Laufe der 1830er Jahre sanken Mr. Coates Einnahmen infolge der Unruhen in der Karibik, so daß er, seinen Biographen zufolge, genötigt war, »sich nach Boulogne zurückzuziehen«. Sie fügen mit gewohntem Zartgefühl hinzu, daß er »zweifellos dieser Notwendigkeit hätte zuvorkommen können, wenn er sich auf die Klage eingelassen hätte oder zu einem Arrangement über verschiedene Maßnahmen, die gegen ihn anhingen, bereit gewesen wäre. Da weder Vorsicht noch Weitblick in dieser Sache entschieden hatten, war er gezwungen, als Preis für dieses Versäumnis ins Exil zu gehen«.

Zu guter Letzt wurde die Sache beigelegt, und man hätte noch ein weiteres Mal beobachten können, wie die Wogen des eleganten Lebens Mr. Coates auf- und abtanzen ließen.

Aber die spaßigen Einfälle des Schicksals auf seine Kosten waren noch nicht erschöpft. Am 15. Februar 1848 raste ein ziemlich billig aussehendes Gefährt, von einem schmutzigen grauen Pferd gezogen, die Russell Street entlang, gerade als ein soigniert gekleideter alter Herr von dunkler Hautfarbe sich anschickte, mit einem sonderbaren hühnerhaften Geflatter aus einem Theater über die Straße zu eilen. Ein Schrei kam aus der Menge, dem ein furchtbares, dumpfes Schweigen folgte und dann, wie in Todesangst, ein hoher unnatürlicher Laut wie das Krähen eines tobenden, wild um sich schlagenden Hahns.

Mr. Romeo Diamanten- oder Kaleschen-Coates war von einer billigen Imitation seines eigenen berühmten Gefährts überfahren worden und starb am darauffolgenden Sonntag im Alter von fünfundsiebzig Jahren. Mrs. Coates war ihm nicht treuer als seine Muse, denn sie heiratete am 23. Dezember des gleichen Jahres einen alten Freund und Geschäftspartner ihres Mannes, Mark Boyd Esq., und verschwindet mit dieser Heirat aus unserer Geschichte. So also verblich ein übergroßer Schatten, der auf elegante Plätze fiel.

Acht Jahre zuvor wurde in einem kleinen Hinterzimmer einer Pension in Caen der Whist-Tisch aufgestellt, Kerzen wurden angezündet, und der Pensionsdiener öffnete die Tür und kündigte die Namen derer an, die seit gut fünfunddreißig Jahren oder länger tot waren oder Beau Brummell in den Tagen seiner Armut verlassen hatten. Dann versuchte der gelähmte alte Mann im Sessel neben dem schwachen Feuer die Tür zu erreichen, um seine Gäste zu begrüßen. »Seine Königliche Hoheit der Prinzregent«, kündigte der Diener an, und ein kalter kleiner Luftzug drang aus dem dunklen Korridor herein. »Die Duchess of Devonshire«, der »Duke of Beaufort«, »Lady Jersey«, »Madame de Mangrattan«. »Ach, meine liebe Herzogin«, stieß eine keuchende Stimme hervor, die nur mit Mühe durch den gelähmten Kiefer drang, »wie erfreut bin ich, Sie zu sehen ... und so liebenswürdig von Ihnen – trotz der kurzfristigen Nachricht. Ich bitte Sie, kuscheln Sie sich in den Lehnsessel; wissen Sie, er ist ein Geschenk der Duchess of York, einer sehr guten Freundin von mir; aber die Arme ist jetzt tot.« Und seine leeren Augen füllten sich mit Tränen. Da saß er nun und unterhielt sich in seiner schaurigen Stimme mit diesen Gespenstern, bis um zehn Uhr der Diener kam, die Wagen ankündigte und der alte Mann wieder allein war.

Sein Zustand wurde immer furchtbarer, immer bedrückender. Schließlich waren seine Eingeweide gelähmt, und er hatte seine körperlichen Funktionen nicht mehr unter Kontrolle. Es war unmöglich, ihn sauber zu halten, und sein Elend wurde noch dadurch vergrößert, daß Wärme jetzt sein einziger Trost, sein einziges Behagen war und seine monatliche Pension nicht für genügend Heizmaterial reichte.

Schließlich wurde – ohne sein Wissen – beschlossen, daß die guten und mildtätigen Nonnen des ›Bon Sauveur‹ ihn in ihre Obhut nehmen sollten: Dort erwartete ihn jede Bequemlichkeit und ein Sessel vor einem lodernden Feuer. Aber als sein Freund, Mr. Armstrong, der Diener und der Hauswirt in sein Zimmer kamen, um ihn zum Wagen zu führen, vermochte nichts ihn dazu zu bringen, mitzugehen. Er fuhr sich immer wieder über seine Perücke und brach immer aufs neue in die Worte aus: »Laissez-moi tranquille.« Schließlich gelang es den drei Männern, ein endgültig zusammengebrochenes und gelähmtes Skelett durch das enge Treppenhaus zu tragen, während das Haus von den schrecklichen grellen Schreien einer Stimme widerhallte, die nichts mehr war als eine in das Grab dieser nutzlosen Kiefer eingeschlossene Erinnerung. »Ihr bringt mich ins Gefängnis. Laßt mich los, ihr Schufte, ich schulde niemand etwas.« Die Tür öffnete sich und schloß sich wieder und ein letztes zerbrochenes Kreischen drang hinaus: »Ich schulde niemand etwas!«

Ein Beobachter der Menschennatur

Captain Philip Thick-nesse, mein alter Freund (und Vetter eines meiner Vorfahren), saß in seinem Arbeitszim-mer in der Eremitage in Bath – einem Besitz, der dadurch etwas Heimeli-ges bekam, daß eine sei-ner Töchter von seiner ersten Frau dort begra-ben lag – und schrieb am dritten Band seiner Me-moiren. Seine gesellschaftliche Stellung als Soldat und als ein Mann von Zorn und Ehre, lag im Streit mit der Rolle des Schmuck-Eremiten, zu der er sich bekannte; denn erst kürzlich hatte er erklärt, daß »sowohl die Doppelnatur der Menschheit wie der Überdruß an Vergnü-gungen darauf hinwei-sen, daß sogar die glanz-volle Szenerie, welche die Paläste der Reichen und Großen umgibt, nie-mals als vollkommen gel-ten kann, wenn sie nicht durch eine schattige Höhle und die Wohnung eines, wenn auch nur in der Vorstellung vorhandenen, Anachoreten ausgezeichnet ist ... Ich habe mir erworben, wonach jeder strebt, aber was nur wenige erreichen: Einsamkeit und Abgeschiedenheit.« Und indem solche Empfindungen seine mannhaften Gesichtszüge milderten, rückte Captain Thicknesse seine Perücke zurecht und schrieb das hier folgende ›Gebet eines Eremiten‹ nieder:

»*Gott meines Lebens, der du meine Tage zählst, lehre mich, dem Guten wie dem Bösen, das der Zeitenfluß mir zuträgt, mit Dankbarkeit oder Geduld zu begegnen. Niemals aber, o Gott, ich flehe dich demütig darum an, entziehe mir die mir angeborene Geisteskraft, die befeuernde Begleiterin meines Daseins, die selbst mein Unglück vergoldet hat.*

Gewähre mir auch fürderhin, o Herr des Lebens, jene Kräfte, so daß ich hingerissen im unerschöpflichen Buche der Natur lesen kann, das Du vor meinen Augen aufgeschlagen hast und in dem ich auf jeglicher Seite die Spur Deiner Allmächtigen Hand lese.«

Captain Thicknesse machte eine Pause, seufzte und fügte dann langsam hinzu:

Aus unaussprechlicher Sorge sehe ich mich gezwungen, der obigen Beschreibung meiner paradiesischen Behausung die folgende Anzeige hinzuzufügen, aber ich erlebe es nun, daß zwei Ereignisse nicht mehr fern sind, und wenn auch nur eines davon in meinem Leben eintritt, wird es meinen Wohnsitz hier bei meinem geringen Einkommen unbehaglich machen.

Anzeige

Am 15. Juni 1789 wird die St. Katherinen Eremitage bei Bath in einer Auktion zum Verkauf stehen. Einzelheiten sind bei Mr. Fores, Buchhändler, Picadilly, oder bei Mr. Plura, Auktionator in Bath zu erfragen.

Dieser Umschwung war die Folge davon, daß »Esquire Hooper mir mitteilte, er werde das Land, das mein Haus umgibt, einem Haufen von Bettlern überlassen, um mich in Ungelegenheiten zu bringen«.

Aus diesem Grunde war der Captain gezwungen, seine Position als Schmuck-Eremit und sein Retiro aufzugeben, das nach seiner Beschreibung am »Hang von Landsdown Hill liegt« und von wo aus er »die Schiffe auf dem Avon« beobachten konnte, »die für mich Boten waren, die ich ausgesandt hatte, um mir Tee aus Asien, Zucker aus Amerika, Wein aus Frankreich und Früchte aus Portugal zu bringen«.

Nachdem Captain Thicknesse eine Weile über die Ungerechtigkeit des Schicksals meditiert hatte, nahm er die Niederschrift seiner Memoiren wieder auf und teilte darin der interessierten, wenngleich ein wenig feindseligen Welt mit, daß »ich jederzeit zehn bis zwölf Schurken und Narren zusammenbringen kann, die mir meine Tasche mit einigen hundert Pfund füllen, nur weil ich sie der öffentlichen Geringschätzung aussetze. Wollen wir doch mal sehen: Ich soll sie vorzeigen? Ich werde meine Streitkräfte aufstellen und, wie alle Gelehrten es tun, mit meinem A B C beginnen. Da wäre ein gefährlicher Herzog aus Wiltshire, der gern brandschatzt, zehn Lords, ein bleichgesichtiger Wander-Pfarrer, drei Doctores der Physik, ein heruntergekommener, tauber und lahmer Seebär, zehntausendfünfhundert männliche Hebammen und etwa die gleiche Anzahl ihrer törichten Kundinnen, ein bulgarischer Bade-Maler, zweihundert Falschspieler und ein tanzender Zeremonienmeister.«

Captain Thicknesse zeigte keine Furcht angesichts dieses gemischten Heeres von Feinden.

Sein Charakter war Mißdeutungen ausgesetzt, denn er gehörte zu den unglücklichen Menschen, die auch nicht einen Schritt im Leben tun können, ohne daß der eine ihn kränkt, der andere ihn beleidigt, so daß er sich zwangsweise dauernd in Händel verwickelt sah, um seine Würde zu wahren. So sehr wurde er verkannt, daß ein junger Mann, der seine Bekanntschaft gemacht hatte, seinem Vater berichtete, er habe sich unter Captain Thicknesse einen hageren, grämlichen, verärgert dreinblickenden Menschen vorgestellt; statt dessen fand er ihn »wohlbeleibt und so sehr zum Lachen aufgelegt wie jeder andere«. Und Captain Thicknesse fügte hinzu: »Sein Vater belehrte seinen

– 90 –

Sohn gern darüber, er halte die letzte Beschreibung für meine natürliche Anlage, mir sei aber immerfort eine solche Vielzahl von Unglücksfällen zugestoßen, daß nun wohl die erste Beschreibung eher auf mich passe.«

Dieser tugendhafte und streitbare alte Gentleman, der sich auf der Titelseite seiner Memoiren als »Leutnant a.D., Gouverneur des Landguard Forts und unglücklicherweise Vater von George Touchet, Baron Audley« bezeichnet, setzte einen hochbefriedigenden Streit mit einem anderen alten Gentleman in Szene, nämlich mit James Makittrick, dem er seine Memoiren in einem höchst beleidigenden Vorwort widmete. Mr. Makittrick Adair hatte, wie es scheint, »ein empfindsames Gemüt und einen unschuldigen Mann tiefer verletzt, als dies mit Blei oder Eisen geschehen könnte«. Kurz, er hatte Captain Thicknesse – einen Offizier und Gentleman – nicht nur beschuldigt, »ein Feigling« zu sein und sich »persönlicher Gefahr zu entziehen, indem er seine Fahne im Stich ließ«, sondern rühmte sich auch noch seiner eigenen Tapferkeit genau in dem Augenblick, als Captain Thicknesses siegreicher Feldwebel, von dessen Seite jener geflohen war, »von Gefangenen umgeben und mit den Lorbeeren auf seiner Stirn zurückkehrte, die der Captain so schimpflich hatte verdorren lassen«.

Der labyrinthisch verschlungene Ablauf dieses Streits läßt sich ebenso schwer verfolgen wie die übrigen kriegerischen Unternehmungen, die das Entzücken von Captain Thicknesse waren; aber das Interesse, das die Memoiren erregten, war so groß, daß die Namen der Subskribenten allein acht Seiten füllten, Seiten, die schwarz sind von blutdürstigen Geistlichen; und während der Honorable Horace Walpole sich mit einem Exemplar begnügte, war der Herzog von Northumberland so unersättlich, daß er gleich zehn bestellte. Unter den Subskribenten finde ich den Namen Francis Sitwell, Esquire of Renishaw Hall, Derbyshire, obgleich dieser Gentleman in der Regel friedfertig war und lieber Gluck auf der Flöte spielte als zu streiten.

Captain Thicknesse erteilte dem irregeleiteten Mr. Adair in der Widmung eine gründliche Abfuhr und stellte – unter anderen Beschuldigungen – fest, daß »dieser Mann die ärztliche Approbation, deren er sich rühmte, durch eine schwarz-weiße Praxis unter den Negern von Antigua erworben hatte, wo er nur unter dem Namen James Makittrick bekannt war; da dies aber ein recht peinlicher Name war, um unter Weißen damit zu leben, hat er eine Reise nach Spa gemacht, wo er einen sehr reputierlichen Arzt mit dem Namen Adair fand, mit dessen Familiennamen er sich schmückte; in seinem medizinischen Machwerk bemüht er sich, uns wissen zu lassen, daß er das Schlafzimmer der Königin von Frankreich kenne; aber so, als sei das dürre Eiland, auf dessen Boden er seine ›Approbation‹ errang, von einem Erdbeben verschlungen worden, vermeidet er, uns wissen zu lassen, daß die Sprache und die Manieren der Neger die einzige lebende Sprache ist, von der er auch nur ein Wort sprechen kann, denn vom Französischen versteht er nicht mehr als das letzte dressierte Schwein.«

Captain Thicknesse (»unglücklicherweise Vater von George Touchet, Baron Audley«) war tief betroffen über Mr. Makittrick Adairs Verhalten, der nicht anstand, seine eigene Tochter der Schande auszusetzen. Er war so betroffen, daß er es nur rechtens fand, die Geschichte in folgenden Worten wiederzugeben: »Ich fordere Sie also auf, James Makittrick alias Adair, dem Publikum mitzuteilen, welche Strafe sie als angemessen für einen Mann ansehen würden, der, wie Sie es getan haben, in fünfhundert Flugblättern schreibt, druckt und privat verbreiten läßt, daß seine Tochter, die, soweit ich weiß, einen makellosen Ruf genießt und so keusch ist wie sie schön sein mag, in Antigua von einem Negersklaven vergewaltigt worden ist, und von einem Mulattenkind entbunden wurde!« An diesem Punkt häufen sich die Satzzeichen bei Captain Thicknesse – als Zeichen der Empörung – derart, daß es unmöglich ist, der Geschichte weiter zu folgen. Denn der Captain war ein ritterlicher Gentleman, wie wir aus den Umständen seiner ersten Heirat, der späteren Episode mit der Witwe Concanen und seiner Geschichte mit den jungen Damen und dem Hund noch erfahren werden.

Zur Raserei gebracht durch des Captains Andeutungen, Hiebe, Spitzen und halbe Wahrheiten, durch die kriegerischen Ausfälle, Finten und Angriffe aus dem Hinterhalt, verfaßte Mr. Adair schließlich in einem Flugblatt eine Erwiderung: »Dieser Dummkopf hat über fünfzig Jahre abgedroschenster Schreiberei hinter sich. Dennoch zeigt sein Brief an A. auf jeder Seite eine so grobe Unkenntnis der Grammatik, daß ein Lakai oder ein Küchenmädchen sich dessen schämen würden.« Er kündigte des weiteren an, daß, wenn Captain Thicknesse nicht die volle Wahrheit und nichts als die Wahrheit sagte, man ganz gewiß seine Brüder aus der Grub Street* anheuern werde, um eine billige Ausgabe seines Lebenslaufs herauszubringen, und zwar noch ergänzt durch wahre Anekdoten und erläuternde Anmerkungen.

Auf diese abscheuliche Drohung hin antwortete Captain Thicknesse in folgender ungewöhnlich milden Weise: »Der Autor steht in seinem siebzigsten Lebensjahr und hat nie vorgegeben, ein sorgfältiger Schreiber zu sein.«

Wenn Captain Thicknesse ärgerlich war (und das war er für gewöhnlich) oder wenn er es schwierig fand, einen Umstand zu seinen Gunsten auszulegen, verströmte er wie ein Tintenfisch Unmengen an Tinte, um Tatsachen nach Belieben zu verdunkeln und sein Publikum zu fesseln. Soweit ich den Erzählungen seiner anderen, weniger feurigen Bewunderer entnehmen kann, ging es bei seiner ersten Heirat und der Episode mit der Witwe Concanen – die zu seiner zweiten Ehe führte – tatsächlich wie folgt zu (die Geschichte von den jungen Damen und dem Hund kommt später):

Die erste Mrs. Philip Thicknesse war eine reiche junge Dame, deren Mädchenname Lanove lautete; und Captain Thicknesse begegnete ihr, als er zweiundzwanzig Jahre alt war und das Fort Landguard befehligte. Der Captain, der für sein Alter recht weltklug und sich durchaus im klaren war, daß ihre Familie nie zulassen würde, daß er sie heiratete (und damit in den Besitz ihres Geldes käme), wenn er sie nicht vorher in einen Skandal verwickelte, ging eine Scheinehe mit ihr ein, so daß ihre Eltern nur zu froh waren, eiligst eine richtige Heirat zu veranlassen, koste es, was es wolle. Diese Dame gebar ihm drei Töch-

---

* Grub Street (heute Milton Street) in London war im 18. Jahrhundert das Quartier erfolgloser Literaten

ter und starb dann zusammen mit zwei von ihnen an einer Krankheit, die als Pelhamsche Halsentzündung bekannt wurde, eine abscheuliche Epidemie jener Zeit, die so plötzlich auftrat und so schrecklich – wenn auch nicht in gleicher Verbreitung – wütete wie die Spanische Grippe von 1918. Dieser merkwürdige, reizbare alte Halunke, Captain Thicknesse, besaß trotz seinem heftigen Temperament (das vielleicht auch darauf zurückzuführen war, daß er Gallensteine hatte und größere Mengen Opium zu sich nahm, um die Schmerzen zu mildern) ein echtes, wenn auch sonderbar beschaffenes Herz, und die Beschreibung, wie er litt, als seine Frau und seine beiden Töchter starben, ist bewegend – vielleicht gerade, weil sie so kunstlos ist, denn Captain Thicknesse war kein Schriftsteller. Auch seine Beschreibung vom Tod und Begräbnis der dritten Tochter (auf dem Gelände der Eremitage) hat etwas Rührendes. »Die lange qualvolle und hoffnungslose Krankheit meiner Tochter hatte sie«, so schreibt er, »dem Tode so nahegebracht und ihre Eltern in solch tiefen Kummer gestürzt, daß der Gedanke daran, ihre Überreste in den Hügel zu versenken, uns um einiges weniger schmerzhaft erschien, als es der endgültige Schritt vom Leben zum Tode gewesen war; und weil sie tugendhaft und pflichttreu und nicht ganz ohne Talent war, haben wir ihren Körper hier zur Ruhe gebettet, neben dem einzigen Gedenkstein, der in Britannien für den größten Genius unter der Sonne errichtet wurde, den die Briten oder irgendeine andere Nation je hervorgebracht haben.«

Der fragliche Genius war Thomas Chatterton, und obgleich sein dichterisches Talent, wie ich meine, stark – wenn auch begreiflicherweise – übertrieben worden ist, gilt das nicht für die bittere Tragödie seines Todes. Und so habe ich ein Gefühl der Zuneigung für meinen entfernten Verwandten, weil er einen Gedenkstein in seinem Garten mit der folgenden holprigen Inschrift errichten ließ:

Dem Andenken von Thomas Chatterton geweiht
Des unglücklichen Knaben.
Kurz und schlimm waren deine Erden-Tage
Aber die Kraft deines Genius wird dich unsterblich machen.

Unglücklicher Knabe
Kümmerlich warst du versorgt
Während deines kurzen Aufenthalts unter uns,
Unbeachtet lebtest du
Aber dein Ruhm wird nie vergehen.

Trotz der Herzenswärme, die sich in diesen Äußerungen zeigt, hatte Captain Thicknesse keine rechte Achtung vor Menschen, und er ließ es auch nicht zu, daß irgendwelche seltsamen inneren Regungen des Gewissens sich ins Geschäft mischten.

Bald nach dem Tode seiner ersten Frau, traf der Captain in Bath eine reiche Witwe, Concanen mit Namen, deren Gatte, Matthew Concanen, in einem Blatt, ›Speculatist‹, unverschämt gegen Pope geworden war und von diesem in einigen entsprechenden Gedichtzeilen verewigt wurde. Mrs. Concanens Teint war so dunkel, wie ihre Brillanten hell erstrahlten, und aus einer bösen Passage

– 93 –

*Der Freitod des Thomas Chatterton (1752—1770)
Gemälde von Henry Wallis*

in des Captains Memoiren erfahren wir, daß sie eine »kreolische Art« an sich hatte, aber der Ton, in dem diese Passage geschrieben ist, hinterläßt den Eindruck, daß der Captain sich durchaus deutlicher ausdrücken und Übleres hätte mitteilen können, wäre er nicht zu sehr ein Gentleman gewesen.

Mrs. Concanen war sehr reich, aber Captain Thicknesse fiel zunächst nichts ein, wodurch er sie veranlassen konnte, diesen Reichtum mit ihm zu teilen. Schließlich jedoch wies ihn einer der königlichen Richter – voller Eifer, die Sache der Tugend zu befördern – darauf hin, daß, wenn er sich in das Haus der Witwe, das in der South Parade lag, einschleichen und mit der Nachtmütze auf dem Kopf aus dem Schlafzimmer der Witwe herausschauen würde, wenn die Promenaden gerade voller Menschen waren, die Witwe ohne Zweifel nur zu bereit sein würde, seinen Heiratsantrag anzunehmen.

Wie der Captain behauptet, befolgte er nicht wirklich den Rat des Richters, aber ich sehe mich außerstande, das zu glauben, da er sich ja immerhin dazu überwindet, die Geschichte zu erzählen. Seinen Kritikern zufolge verlor Captain Thicknesse keine Zeit, dem richterlichen Hinweis zu folgen, der auch sicherlich zum erwünschten Ergebnis geführt hätte, wenn nicht der Captain unmittelbar danach den Entschluß gefaßt hätte, stattdessen Lady Elizabeth Touchet, Schwester des Earl of Castlehaven und Baron Audley, und Erbin dieses Titels, zu heiraten. Aber er fand doch, die Geschichte mit der Witwe sei ein zu guter Witz, der nicht verlorengehen dürfe, und so nahm er jede Gelegenheit wahr, sie zu erzählen: »Also überließ ich die Witwe ihrer zweiten Trauerzeit«, erklärte er mit dem ihm eigenen Feingefühl, »und war bald danach mit Lady Elizabeth Touchet verheiratet.« Kein Wunder, daß der tugendhafte Captain Thicknesse, schockiert durch den Zynismus der Welt, in der er lebte, schrieb (in ›The New Prose Guide‹): »... Gerade die Handlungen, zu denen Jugend und Unschuld die anständigen, arglosen, ja oft gerade besonders gutherzigen Frauen instinktiv führen, werden als Laster aller schlimmster Art ausgelegt. Die bösartigsten Unterstellungen werden unter dem trügerischen Anschein der Freundschaft ausgestreut, und wenn der Gegenstand hinreichend bereit ist, den Krankheitskeim aufzunehmen, wird dieser gleich in solchen Strömen ausgestreut, daß die Ansteckung sich überall verbreitet, das häusliche Glück ganzer Familien zerstört wird, Haus und Vermögen den teuflischen Spielern anheimfallen, die in einem infernalischen Handstreich alle Bande des Glaubens, der Ehre und der Anständigkeit sprengen.«

Lady Elizabeth Touchet schenkte ihrem Mann drei Söhne (George und Philip wurden – sobald sie alt genug waren, sich miteinander zu zanken, oder sich mit ihnen zanken ließ – eine Quelle steten Interesses für ihren Vater) und drei Töchter, von denen zwei nach Frankreich in Nonnenklöster geschickt wurden.

Sobald Philip das siebzehnte Lebensjahr erreicht hatte, inszenierte Captain Thicknesse einen hochbefriedigenden Streit zwischen den beiden Brüdern und schleppte den jüngeren – aus reinem Interesse an der Tugend – vor die Gerichte, wo dieser schwören mußte, daß sein älterer Bruder ihn auf ein durchgehendes Pferd gesetzt habe, um ihn umzubringen und sein Vermögen zu erben – ein böse Geschichte, die ganz ohne Zweifel ihren Ursprung in Captain Thicknesses Kopf hatte und die sich später als Lüge herausstellte. Nach einer Weile aber freundeten sich die Brüder – sehr zu des Captains Mißvergnügen – miteinander an, und von da an konnte ihr empörter Vater an nichts anderes mehr denken, als beiden so viel Übles wie möglich nachzusagen. Ihn bekümmerte noch dazu, daß er sich nicht in den Besitz ihres Vermögens bringen konnte. Jahrelang wurde ein Guerillakrieg geführt. Schließlich landete Captain Thicknesse einen strategischen Meister-Coup. Er lebte inzwischen in der Eremitage. Als sein jüngster Sohn hörte, daß sein Vater im Ausland leben wollte, bot er ihm an, den Besitz für hundert Pfund zu kaufen; da er aber erst achtzehn Jahre alt war, konnte er noch nicht über sein Vermögen verfügen und gab seinem Vater also einen Wechsel über diese Summe. Kurze Zeit danach, als er zu seinem Geld gekommen war, zahlte er dem Captain die hundert Pfund und schenkte ihm noch hundert Pfund dazu. Er muß daher ein wenig überrascht gewesen sein, als einige Jaher später – nachdem er große Summen Geldes auf das Haus gewandt und seinem Vater angeboten hatte, dieser könne das Haus gegen Zahlung der hundert Pfund zurückkaufen – der tugendhafte alte Gentleman triumphierend den Originalwechsel vorwies und abstritt, jemals Geld bekommen zu haben.

Aber so interessant diese nur wenig aufgeputzten Geschichten für die Leser von Captain Thicknesses Memoiren auch sein mochten – noch interessanter waren die Histörchen von seinen Begegnungen mit den Großen der Welt und sein herabsetzendes Resümee von diesen Herrschaften.

Im Laufe seines langen und umherschweifenden Lebens (es war fast so umschweifig wie seine Geschichten) hatte Captain Thicknesse in Georgia John Wesley getroffen, unmittelbar nachdem ihm das Schauspiel von zwanzig Alligatoren, die sich am sumpfigen Strand sonnten, vor Augen geführt worden war. Verständlicherweise hatte der Captain nach dieser allegorischen Warnung die Gesellschaft des Predigers nicht gerade gesucht. Und Captain Thicknesse hatte weise gehandelt, sich auf keinerlei Vertraulichkeiten einzulassen, denn Mr. Charles Wesley, der Bruder des zurückgewiesenen Apostels, hatte eine Reihe von Briefen an eine junge Dame geschrieben, in denen er sich das Heil ihrer Seele – wie auch ihres Leibes – sehr angelegen sein ließ. Miss Thicknesse aber, die Schwester des Captains, die eine Vertraute der jungen Dame war, und die »vielleicht über mehr Welt- und Menschenkenntnis verfügte als Miss Hutton (diese war, obgleich von recht gutem Verstand, sehr schwerhörig), konnte die geistige Korrespondenz zwischen Mr. Charles Wesley und seiner Freundin nicht gutheißen«.

Übrigens scheinen beide Brüder diese unselige Wirkung auf das schöne Geschlecht gehabt zu haben; denn als Mr. John Wesley, dessen Bekanntschaft Captain Thicknesse mied, auf Einladung einer »moralisch hinfälligen Dame, die er gerügt hatte«, dieser einen Besuch abstattete, spielte sich im Augenblick, da er ihre Wohnung betrat, eine bemerkenswerte Szene ab. Die Dame, deren Körperkräfte ihrer moralischen Hinfälligkeit zu entsprechen schienen, »legte gewaltsam Hand an ihn, warf ihn« – so Captain Thicknesse – »auf das Bett und drohte ihm, er würde sofort das Leben lassen oder das einbüßen, was manchen Männern so teuer sein mag wie das Leben, und entließ ihn nicht eher, als bis sie ihn aller Adonis-Locken beraubt hatte, die zu dieser Zeit eine Seite seines Nackens und seines ansehnlichen Gesichts zierten. Jedoch war seine Demut so groß, daß er am folgenden Sonntag mit einem teilweise bis zu den Ohren geschorenen Kopf in der Kirche erschien.«

Ich weiß nicht, ob dieser abscheuliche Skandal Lady Huntingdon zu Ohren kam. Immerhin beendet Captain Thicknesse die peinliche Geschichte mit dem markigen Satz: »Es sei daran erinnert, daß ein solches Verlangen nach rein geistigem Umgang mit dem weiblichen Geschlecht, wie es bei beiden Brüdern auftrat, größter Reinheit und tugendhaften Absichten entstammen kann; *ihre Briefe hingegen lassen sich so auslegen, daß der Verdacht auf finstere Absichten aufkommen kann.*« (Kursiv-Satz von mir, E.S.)

Jedoch war dies nicht die einzige Gelegenheit, wo der Captain einem Grossen unter merkwürdigen und sehr persönlichen Umständen begegnete.

»So um das Jahr 1749«, berichtet er, »betrat Mr. Quin (ein berühmter Schauspieler) um die Mittagszeit den Vorraum meines Hauses in Bath. Quin war, was man im Falle eines anderen Mannes einen müden Sack nennen würde. In diesem Augenblick unterhielt ich mich gerade mit einem Esquire. Quin ging, so ruhig er konnte, auf ihn zu, setzte seine Absätze auf die Füße des Esquire, daß es krachte, und ging wieder hinaus. Ob nun Schmerz, Überraschung oder Ängstlichkeit den Gehirnkasten des Esquire befallen hatte, kann ich nicht sagen; aber sobald er sprechen konnte, fragte er mich, ob ich Quins Benehmen bemerkt hätte und ob ich es für ein Versehen hielte oder er es in voller Absicht getan habe, um ihn zu beleidigen … Quin erwiderte (später): ›Der Kerl hat mich in sein Haus nach Wiltshire eingeladen, mich in feuchte Laken eingehüllt und meinen Diener verführt. Dann gab er mir rotes Kalbfleisch und weißen Schinken, rohen Hammel und Bullen-Fleisch zu essen! Und‹, fügte er hinzu, ›was die Getränke angeht, so waren alle sauer bis auf den Essig, und zudem hatte diese Null die Unverschämtheit, alles auf schmutzigen Tellern zu servieren.‹«

Mit einer plötzlichen Kehrtwendung, die zu seinen Gewohnheiten, zur ausgeklügelten Methode seines Terrors gehörte, fügte der Captain hinzu: »Ich glaube, Quins Druck auf die Zehen jenes Gentleman ist bis zum heutigen Tage sichtbar in dessen Gesicht – wenn man es denn ein Gesicht nennen kann; dennoch würde ich – nach so langer Zeit – nicht mitgeteilt haben, in welcher Weise dieser Mr. W. seine Gäste im Jahre 1749 bewirtete, hätte er nicht im Jahre 1778 seine junge (ein Meter neunzig) große Frau veranlaßt, einen sehr ungewöhnlichen Brief an einen gewissen rotgesichtigen Captain zu schreiben.«

Captain Thicknesses Abenteuer unter *eingestandenermaßen* wilden Völkerstämmen scheinen ihm mehr Vergnügen bereitet zu haben als seine Abenteuer unter den Wilden des Salons. Die Indianer, zum Beispiel, bei denen er eine Zeitlang lebte, waren allem Anschein nach – von zwei Fälschern und ein paar Bankrotteuren abgesehen – die einzigen Menschen, mit denen er sich nicht zu zanken vermochte. Er unterhielt freundliche Beziehungen zu Tomo Chachi, dem König der Creek-Indianer, und hielt ihn nicht nur für einen sehr menschlichen, sondern auch für einen sehr wohlerzogenen Mann.

Nachdem er sich eine Blockhütte auf dem Lagerplatz der Indianer gebaut hatte, lebte Captain Thicknesse von Eichhörnchen und gekochtem Reis, und er war dort derart entzückt von diesem Waldleben, daß er fast schon beschlossen hatte, eine der Ehrenjungfrauen der Königin Cenauke zu heiraten, und sie mit einem Paar Indianer-Schuhen, etwas Farbe, einem Spiegel, einem Kamm und einer Schere beschenkt hatte. Aber dieser Heiratsplan führte zu nichts, weil der Captain, während er auf der Flöte spielte, in einer »liebevollen und warmen Stimmung«, das Bild seiner Mutter heraufbeschwor. Die sehr naheliegende Folge war, daß Captain Thicknesse stracks nach England zurückkehrte (allerdings nicht, ohne zuvor in eine höchst gefährliche Auseinandersetzung mit zwei Klapperschlangen verwickelt worden zu sein) und daß Königin Cenaukes Ehrenjungfrau untröstlich zurückblieb.

Captain Thicknesse blieb jedoch nicht lange in England, denn sehr bald darauf wurde er mit seinem Regiment nach Jamaica geschickt, wo er im Norden der Insel Quartier nahm.

Dieser seltsame, zornmütige, ungerechte und dennoch menschliche Mann berichtet, daß er während seines Aufenthalts auf der Insel »häufig mit vier- oder fünfundzwanzig Soldaten ausgeschickt wurde, um wilde Neger zu suchen; die Ratsversammlung der Insel hatte siebzig Pfund ausgesetzt für ein Paar Ohren von wilden Negern, so wie sie den zahmen Negern eine Flasche Rum für ein Dutzend Ratttenschwänze versprach. Ich aber danke Gott, daß ich bei diesem Geschäft das Glück hatte, niemals auch nur ein einziges Paar einzusammeln. Und ich danke Gott auch für die Einsicht, daß, für wie ehrenhaft es auch gelten mag, über ein Volk in fremden Landstrichen herzufallen, zu erobern, zu stören und zu morden, dieses doch meiner Idee von Gerechtigkeit nicht entspricht. Gegen Männer, die von weither kämen, um mich am Genuß des Landes zu hindern, wo ich geboren bin und das meine natürliche Bleibe ist, würde ich kämpfen und entweder untergehen oder sie besiegen. Aber ich fühle keine Neigung, die abzuschlachten, die wie Tomo Chachi sich mit dem begnügen, was sie haben.«

An diesem Punkt ist der Bericht von Captain Thicknesse wieder von Empörung umwölkt, denn nun ist der Augenblick gekommen, um von jenem Kriegszug zu berichten, gegen den Mr. Makittrick Zweifel erhoben hatte. »Ich will jenen doppeltbenamsten Doktor nicht ein Vieh, ein Reptil, einen Mörder oder einen Anstifter zum Mord heißen, aber der Leser wird es mir, da bin ich sicher, nachsehen, wenn ich sage, daß er ein niederträchtiger Verleumder ist, ein Lügner und bösartiger Rufmörder, und daß er keinerlei Anspruch darauf hat, ein Gentleman zu sein.«

Captain Thicknesse gibt auf sehr verzwickte Weise Auskunft über die Großtaten gegen jene furchterregenden Banden wilder Neger in den Wäldern. Diese Banden hatten keinerlei Verbindung untereinander, die westliche Bande stand unter dem Kommando eines Captain Cuodje, die östliche unter Captain Quoha. Alles was sich bei der Weitschweifigkeit des alten Herrn aus dieser Geschichte ableiten läßt, ist die Tatsache, daß, nachdem er die Berge hinauf- und hinuntergeklettert war und nachdem ihn die Neger teilweise verfolgt hatten, teils vor ihm davongelaufen waren und sie »lange Zeit bis zu den Hüften im Wasser gestanden hatten, während die Sonne senkrecht auf unsere Köpfe brannte« – um nun wieder Captain Thicknesse selbst zu zitieren – »ich mich neben meinen Kameraden auf den Rücken legte, die Zunge aus dem Mund hängen ließ und Gott anflehte, jenen Tau fallen zu lassen, der, wie man annimmt, schädlich ist für alle, die sich ihm aussetzen. Am nächsten Morgen fanden wir durch eine glückliche Fügung einen ungeheuer großen Baumwoll-Baum, dessen Blätter so phantastisch gewachsen waren, daß sie Behälter für Regenwasser bildeten. Es war so schwarz wie Kaffee, aber es war uns willkommener als ein Goldschatz. Am Abend dieses Tages kamen wir bis zur Küste und zu einigen Bewohnern, deren Gastfreundschaft und Menschlichkeit nichts zu wünschen übrig ließ, ungeachtet des heutigen Getues und Geschreis über Sklaverei, Grausamkeit usw.«

Schließlich einigte sich Captain Thicknesse irgendwie mit den wilden Negern und nahm Wohnung in der Residenz des Captain Quoha, aber als er einmal dort war, widerfuhr ihm »die Demütigung, den Unterkiefer des armen Laird of Laharet als Ornament auf den Hörnern eines ihrer Reiter zu entdecken, und wir fanden heraus, daß die oberen Zähne unserer Leute, die am Spanish River erschlagen worden waren, durchbohrt als Arm- oder Knöchelreifen von ihren Obea-Frauen und einigen Damen in der Stadt als letzte Mode getragen wurden«.

Nach diesem sich lange hinziehenden Guerilla-Krieg, segelte der Captain nach England; aber an Bord des Schiffes »bekam ich mein Teil ab von den zwei größten Schlägen, die das Schicksal für den Seemann bereithält – Feuer und

Wasser. Denn bei der Überfahrt vor dem Winde, bei schönem Wetter und glatter See, ließ der Küfer ein brennendes Licht in ein großes Faß fallen«. In dem daraus entstehenden Brand vollbrachte der Captain natürlich wahre Wunderdinge an Tapferkeit. Aber kaum war das Feuer bezwungen, als auf der Höhe der Bermudas ein wütendes Unwetter tobte. Captain Thicknesse kämpfte sich aus seiner Hängematte frei, die der rücksichtslose Sturm in die Offiziersmesse geschleudert hatte, und erklomm, nur mit einem Hemd bekleidet, das Deck. »Aber, guter Gott!«, rief er aus, »was für einen Anblick bot dieses! Da lag der arme alte Commodore Brown; da lagen weiße und schwarze Damen nackt zwischen zerbrochenen Möbeln, Bettzeug, Laken und Decken; alles holterdiepolter durcheinander, ohne irgendeine Zudecke, außer ihren nassen Hemden und ihrer Unterwäsche, und der arme Captain Wyndham, ein Krüppel durch seine Gicht, hielt sich an der Großschot fest, um nicht über Bord geweht zu werden.«

Wie gewohnt, nahte auch hier Captain Thicknesse als Retter; allerdings nicht, ohne daß ein Topf mit Ingwer, der ihn sieben Pfund Sterling gekostet hatte, bei dieser Begegnung mit den Elementen in die Brüche ging.

Kurze Zeit nachdem der Captain wieder in Europa war und sich auf dem Weg von England zum Kontinent befand – vermutlich, weil er, wie gewöhnlich bei seinen Freunden so unerwünscht war, wie er von den Gerichtsvollziehern gesucht wurde –, wurde er von zwei jungen Damen und einem Hund in Schwierigkeiten gebracht, als deren Folge die Damen in ein Kloster eingeschlossen wurden, wo die jüngere der beiden für den Rest ihres Lebens blieb.

Der Vater dieser beiden jungen Damen oder eigentlich Kinder war ein Gentleman aus Captain Thicknesses eigener Sippe; und da sich dieser mit seiner Frau zerstritten hatte, fragte er den Captain, ob die beiden jungen Mädchen den Sommer bei Mrs. Thicknesse in Calais verbringen dürften.

Der Captain stimmte zu, und der Zug setzte sich in Bewegung, wobei Jacko, der Affe, wie ein Jockey auf dem Pferd saß, das den Wagen zog, und hin und wieder in die Landschaft hinaus gestikulierte. Ein weiteres Mitglied der Gesellschaft war Mrs. Thicknesses Sittich, der seiner Herrin derart ergeben war, daß er zuvor von Marseille nach Calais ganz frei in einer offenen Kutsche gereist war, wobei er die meiste Zeit auf Mrs. Thicknesses Schulter oder Busen saß; wenn er sich nicht an einem dieser beiden Ruheplätze befand, so hing er mit seinem Schnabel an ihrer Pellerine und »machte ihr schöne Augen«, wie ihr Gatte notiert, »und dies mit solchem Ausdruck des Entzückens, daß man sich genötigt sah, an die Seelenwanderung zu glauben.«

Die kleinen Damen, deren ältere vierzehn Jahre alt war, die jüngere zwischen elf und zwölf, waren durch und durch unartige und unruhige kleine Mädchen; und abgesehen von ihrer Zappelei mußten Captain und Mrs. Thicknesse sich noch mit der Unrast eines aufgeregten, sich unaufhörlich kratzenden kleinen Hundes abfinden, den die jüngere der beiden mitgebracht hatte. Als der Captain mit seinem Gefolge in Canterbury Station machte, »benagte« dieser lästige Familienzuwachs »die in Form von Tierklauen geschnitzten Füße eines Mahagony-Sessels und richtete auch sonst allerlei Unheil an«. Aber in Calais, zwei Tage später, war das Unheil noch ärger, denn als er aus unerfindlichen

Gründen in den gleichen Schrank gesperrt wurde, der dem Sittich gewöhnlich als Schlafplatz diente, verspeiste er diesen in aller Eile.

Mrs. Thicknesse brach in Tränenströme aus – kein Wunder. Der Captain war über sein natürliches Maß hinaus wütend. Aber »das verwöhnte kleine Mädchen steckte sich eine Feder ins Haar und summte Lady Coventrys Menuett vor sich hin«. Captain Thicknesses Zorn wurde durch diese Herzlosigkeit zum Überkochen gebracht (und dieses eine Mal teile ich seinen Zorn), so daß er drohte, dem Hund die Kehle durchzuschneiden – eine Drohung, die nicht ausgeführt wurde. Aber am nächsten Tag wurden die beiden jungen Fräulein in ein Kloster gebracht und in die Obhut der Mutter Oberin gegeben. Von diesem Augenblick an führten sie – da ihr Vater nur zu glücklich war, sie los zu sein – drei Jahre lang ein frommes Leben, das ihnen sehr gegen den Strich ging, und eines der kleinen Mädchen starb an den Folgen seiner Leichtlebigkeit. Für den Captain war dies alles ein großartiger Spaß, und er schrieb bei dieser Gelegenheit zum Thema pflichtvergessener Eltern, er könne zwar »ein solches Verhalten nicht mißbilligen, die Bestrafung freilich, die auf mich zurückgeht, kann ich nur beklagen«.

In der Zwischenzeit lag der Captain beständig im Streit mit seinen beiden Söhnen und verkündete, sein Bruder, der Direktor der St.-Pauls-Schule war und diese beiden irregeleiteten jungen Leute Jahre zuvor in seiner Obhut gehabt hatte, mißbillige den ältesten so entschieden, daß er entschlossen sei, seinen Namen zu ändern, wenn sein Neffe es nicht täte. Dieser Gentleman war höchst verständig und ein bewundernswerter Erzieher der Jugend, denn, so meinte der Captain: »Mein Bruder war immer bestrebt, die Anlagen aller ihm untergebenen begabten Menschen zu dämpfen, sobald sie eine Neigung zur Poesie verrieten. Ich erinnere mich, ihn sagen gehört zu haben, daß er die Bekanntschaft Dr. Johnsons ablehnte, weil er ihn damals nur für einen Dichter hielt.« Dieser harten Kritik fügte Captain Thicknesse, der so streng wie gerecht war, eine Fußnote hinzu: »Seitdem ist er (Johnson) jedoch zu einem großen Moralisten geworden.«

Aber Captain Thicknesse wurde älter, und seine Söhne beachteten seine Versuche, Streit mit ihnen anzufangen, so gut wie gar nicht. Mrs. Catherine Macaulay, die er in einer anderen Arbeit attackiert hatte, war aus Bath fortgezogen, und das Haus des Captain wurde von der Menge angegriffen, weil dieser seinen Diener einer Presspatrouille überlassen hatte – als Strafe dafür, daß der ein Dienstmädchen verführt hatte. Auch seine Gläubiger belagerten sein Haus. Der Captain wurde älter, und er wurde sogar des dauernden Streits müde. Zwar schimmerten die Rüschen an seiner Hemdbrust wie von je her gleich Fischschuppen, seine Perücke und sein Profil wirkten martialisch wie immer, aber irgendwie war die Freude aus seinem Leben entwichen. So kündigte der Captain an, daß er beabsichtige, »nach Paris überzusiedeln; das Gerangel dort zu betrachten, ist weitaus besser, als hier zu bleiben und sich mit einem ausgedienten Helden und einem verrückten Doktor herumzuschlagen«.

Dr. Samuel Johnson
(1752—1784)

Begleitet von der langmütigen Mrs. Thicknesse und dem betagten Jacko, der immer noch wie ein Postillon auf dem Kutschpferd ritt, Grimassen schnitt und mit seltsamen Bewegungen seinem Ärger und Abscheu vor dem andrängenden Staub Ausdruck gab, machte sich der Captain nach Frankreich auf, wo er den Rest seines Lebens zubrachte. Im Jahre 1792, gerade als er zu einer Reise nach Italien aufbrechen wollte, starb dieser bemerkenswerte alte Gentleman und hinterließ ein Testament, das folgendermaßen begann:

»Ich hinterlasse meine rechte Hand, die nach meinem Tode abgetrennt werden soll, meinem ältesten Sohn Lord Audley; ich wünsche, daß sie ihm zugesandt wird, und hoffe, daß ein solcher Anblick ihn an seine Pflicht Gott gegenüber erinnert, nachdem er seinem Vater gegenüber, der ihn einst so innig geliebt hat, seine Pflichten so lange vernachlässigt hat.«

Porträt einer gebildeten Dame

Hätten wir an einem Oktober 1846 durch ein Fenster in das Eßzimmer eines bestimmten Hauses in Chelsea gespäht – das stets vom Geruch handgewebter Stoffe nach zottigen Hochland-Schafen und schottischem Tabakdunst erfüllt war – wir hätten eine gelungene Essensrunde in vollem Gange erblicken können. Der Gastgeber war Thomas Carlyle, der Ehrengast eine amerikanische Dame von sechsunddreißig, Miss Margaret Fuller, die Autorin von ›Women in the Nineteenth Century‹ und die erste Herausgeberin des ›Dial‹. Diese keusche, leidenschaftliche und von hohen Grundsätzen erfüllte Frau war das unmittelbare – zugleich großartige und lächerliche – Produkt der Frauenemanzipation, einer Bewegung, in der gebildete, behoste und muntere Damen wie George Sand sich mit der gleichen Häufigkeit, Wahllosigkeit und zu so niederem Preis wegschenkten, wie andere Damen Weihnachtskarten verschickten. Das führte dazu, daß sie mit großem Eifer von Sex-Snobs gesammelt wurden, die, im Unterschied zu anderen Snobs oder Sammlern, das Leichtzufindende dem Seltenen vorziehen.

Miss Margaret Fuller

Miss Fullers Grundsätze, nicht aber ihr Verhalten, entsprachen solchen Damen, und ihr Freund, Mr. Emerson, teilt uns mit, Margaret sei »immer eine sehr ernste, hingebungsvolle Kämpferin für die Befreiung der Frauen aus ihrem früheren und gegenwärtigen Zustand der Minderwertigkeit hin zur Unabhängigkeit von Männern gewesen. Sie forderte für sie: vollste Anerkennung der sozialen und politischen Gleichberechtigung mit dem rauheren Geschlecht und freiesten Zugang zu allen Posten, Berufen, Beschäftigungen, die den Männern offenstehen. Dieser Forderung stimme ich aufrichtig zu. Es schien mir jedoch, als ob ihre klare Erkenntnis des abstrakten Rechts in der Praxis oft durch den Einfluß von Erziehung und Gewohnheit zurückgedrängt würde; daß sie zwar die absolute Gleichberechtigung für Frauen forderte, zugleich aber von den Männern eine Rücksichtnahme und Höflichkeit gegenüber Frauen als Frauen verlangte, die sich mit jener Forderung nicht vereinbaren ließ.

Solange eine Dame glaubt, den Arm eines Herrn nötig zu haben, der sie, wie es sich gehört, aus einem Speisezimmer oder einem Ballsaal hinausführt, solange sie es für gefährlich oder ungehörig hält, abends einen knappen Kilometer allein zu gehen, kann ich nicht begreifen, wie die Frauenrechts-Theorie je mehr sein soll als eine logisch vertretbare Abstraktion ... Wann immer sie (Margaret) etwas sagte oder tat, was die üblichen Ansprüche von Frauen an die Höflichkeit und den Schutz der Männerwelt in sich schloß, war ich geneigt, ihr, ehe ich ihrem Wunsch nachkam, ins Gesicht zu sehen und – mit großem Nachdruck – aus ihrem Buch ›Women in the Nineteenth Century‹ zu zitieren: ›Laßt sie Kapitäne zur See werden, wenn sie es denn wollen!‹«

Sie war jedoch, nach Mr. Emersons Brief zu urteilen, der sie bei Mr. Carlyle einführte, »eine kluge, aufrichtige und kultivierte, und noch dazu eine sehr unterhaltsame, eine sehr noble Frau«, obgleich ihr Äußeres, wie der gleiche Herr in seinen Erinnerungen anmerkt, die er nach ihrem Tode veröffentlichte, »nichts Einnehmendes hatte. Ihre völlige Reizlosigkeit«, fuhr er fort, »der Tick, unausgesetzt den Mund auf- und zuzumachen, der nasale Tonfall ihrer Stimme, all das stieß ab. Man muß leider sagen, daß Margaret einen unangenehmen ersten Eindruck bei den meisten Menschen hinterließ, zu denen auch die gehörten, die später ihre besten Freunde wurden; und das ging so weit, daß viele nicht mit ihr im gleichen Zimmer bleiben mochten. Diese Wirkung beruhte zum Teil auf ihrem Benehmen, das Überheblichkeit und wenig Achtung für andere ausdrückte.«

Mr. Emerson hingegen bewunderte Miss Fullers »Ernst und Wahrhaftigkeit«, denn »... ich habe gesehen, wie sie gleich dem Engel der Vergeltung die Saat des Bösen niedermähte, und konnte ihren Mut gar nicht genug bewundern. Meine Freunde berichteten mir von einem über Mr. ... in Paris verhängten Verdikt, das, wie sie sagten, ganz ungeheuerlich war. Sie saßen atemlos da; Mr. ... hatte es die Sprache verschlagen; seine Augen waren verwundert und verwirrt und zugleich mit einer Aufmerksamkeit auf sie gerichtet, die wie Faszination wirkte. Als sie fertig war, sah er sie immer noch an, um zu wissen, ob sie noch etwas zu sagen habe, und als er feststellte, daß sie wirklich zu Ende gekommen war, stand er auf, nahm seinen Hut, sagte mit schwacher Stimme ›Ich danke Ihnen‹ und verließ den Raum.« Miss Fuller kannte nicht den leisesten Zweifel, was ihre eigenen geistigen Fähigkeiten anging, und Mr. Emerson berichtet, daß »sie in aller nur vorstellbaren Unschuld eine Bemerkung fallen ließ, die ein monumentales Selbstgefühl verriet, sehr zur Verblüffung derer, die ihren klaren Verstand kannten«.

Mr. Emerson hingegen war dankbar. Denn er hatte, als Folge von Jahren angestrengtester geistiger Arbeit, fast die »Fähigkeit zu lachen« verlernt, und Mrs. Emerson hatte, in der Erkenntnis, daß er ein neues und gründliches Studium dieser nützlichen Fertigkeit unter der sorgsamen Anleitung von Miss Fuller beginnen müsse, diese Dame für vierzehn Tage zu sich eingeladen und darauf bestanden, daß die beiden Weisen jeden Tag gemeinsam einen Spaziergang machten; mit dem Ergebnis, daß diese Lektionen nach einer Weile von beträchtlichem Erfolg gekrönt waren. Ich kann mir das glückliche Geplauder vorstellen, die fröhliche ›badinage‹ über Metempsychose und Goethe, Locke, die englischen Metaphysiker, Racine, Körner, die Wahrheit, die Freiheit der Frau, über Carlyle und die Freiheit des Mannes, über die christliche Religion,

Plato, Sokrates, Bigelows Elemente und Jacobs Briefe an Fichte, woraus diese Lektionen des Lachens bestanden. Ich kann mir auch den Zauber der Gewöhnlichkeit vorstellen, der sich während dieser kurzen Pause von der Weisheit über dem Emersonschen Haushalt ausbreitete.

Zuerst fand Mr. Emerson die Lektionen nicht leicht, denn er teilt uns mit, daß »ich mich zu dieser Zeit eifrig mit Moralphilosophie befaßte und die Süße der Einsamkeit und des Stoizismus gekostet hatte, und ich empfand diese Stunden amüsanten Tratsches, in den sie mich hineinzog, als etwas Profanes«. Hohle Töne, wie die einer Eule aus einer metaphysischen Stechpalme, einer in Goethes Mausoleum gefangenen Eule, waren, über die Waldungen hinschwebend, zu hören. Dann wurden die Töne heller, ja, nahmen eine schrillere, fledermausähnliche Klangfarbe an. Schließlich jedoch, wenn auch langsam und mühevoll, ward Mr. Emerson die Fähigkeit, von der ich sprach, durch die Belehrung Margarets zurückgegeben, und eben nun hatte er seine Lehrerin an seinen Freund Carlyle weitergegeben, in der Hoffnung, daß dieser vielleicht einen ähnlichen Nutzen aus ihr ziehen könnte.

Carlyle hingegen ließ es nicht zu, daß man ihm irgendeine Belehrung erteilte, und Miss Fuller berichtet, daß »es das übliche, wenn auch glücklicherweise nicht unveränderliche oder unvermeidliche Unglück solcher hervorragender Männer ist, daß sie anderen Geistern keinen Raum geben können zum Atmen und sich in ihrer eigenen Atmosphäre zu zeigen, und daher der Erfrischung und Belehrung verlustig gehen, welche aus der Erfahrung der Bescheidensten zu ziehen auch den Größten ein immerwährendes Bedürfnis ist. Carlyle gibt niemand eine Chance, sondern ringt jeden Widerspruch nieder, nicht nur durch seinen Verstand und seine Wort-Attacken, gegen die, wie gegen Bajonette, kein Widerstand möglich ist, sondern durch tatsächliche physische Überlegenheit, indem er nämlich seine Stimme erhebt und sich mit großer Lautstärke seinem Widersacher entgegenwirft. Das rührt nicht im mindesten aus mangelnder Bereitschaft her, andern Gedankenfreiheit zu gewähren. Im Gegenteil, kein anderer würde sich über einen mannhaften Widerstand gegen seine Gedankengänge gleichermaßen freuen.« Immerhin ließ Mr. Carlyle Miss Fuller nicht zu Worte kommen, und Miss Fuller war gewöhnt, ununterbrochen zu reden und andere zu unterbrechen. »Das Schlimmste ist, wenn man Carlyle zuhört«, so versichert sie einer Briefempfängerin, »daß man ihn nicht unterbrechen kann. Ich nehme an, daß die Gewohnheit, flammende Reden zu halten, bei ihm stark zugenommen hat, so daß man ihm ganz ausgeliefert ist, wenn er sich erst einmal des andern bemächtigt hat. Ihn zu unterbrechen, ist eine physische Unmöglichkeit. Wenn man einmal für einen Augenblick die Chance hat, etwas vorzubringen, erhebt er die Stimme und übertönt einen. Sicherlich, er tut einem nicht unrecht und erkennt mit seinem bewundernswerten Scharfsinn schon den Widerspruch im Geist des andern, so daß man moralisch nicht straffällig wird; aber es macht kein Vergnügen, ihn nicht äußern zu können.«

Ein anderer Gast in dieser Tischrunde war »ein geistreicher, etwas schnippischer Franzose, Autor von ›A History of Philosophy‹, der jetzt an einem ›Leben Goethes‹ schreibt, ein Werk, für das er bei seiner Irreligiosität und seiner

Mr. Ralph Waldo Emerson   *Mr. William Wordsworth*
(1803—1882)   *(1770—1850)*

brillanten Oberflächlichkeit vollkommen ungeeignet sein muß. Aber er konnte wunderbar Geschichten erzählen und durfte Carlyle manchmal kurz unterbrechen.« Seine unreligiöse, brillante Oberflächlichkeit veranlaßte diesen schnippischen, geistreichen Mann, dessen Name George Henry Lewes war, sich mit George Eliot, diesem Monument der Leichtfertigkeit, in einer ménage zusammenzutun.

Die Unfähigkeit zu unterbrechen, scheint in literarischen Kreisen des Jahres 1846 ein großes Problem gewesen zu sein, denn Miss Martineau machte Miss Fuller unmittelbar vor deren Begegnung mit Wordsworth – etwa einen Monat, ehe es ihr nicht gelang, Carlyle zu unterbrechen – darauf aufmerksam, daß »er (Wordsworth) die ganze Zeit spricht und nie den Namen der Person weiß, an die er sich wendet. Er spricht meistens über seine Gedichte, und es ist ziemlich sicher, daß er dem Besucher die Terrasse zeigt, auf der er so viele gedichtet hat.« Allerdings, Miss Martineau war nicht ganz mit ihren Nachbarn einverstanden. Sie war imstande, Margaret noch weitere und gleichermaßen bedeutende Informationen über den Autor der ›Ode on the Imitations of Immortality‹ zu geben, und sie tat es auch. Im Winter trug er einen langen Mantel, ein schottisches Mützchen und eine große Schutzbrille. Gewöhnlich lief eine Schar Kinder hinter ihm her und beschwatzte ihn, Peitschen aus der Hecke für sie zu schneiden. Er sei schon eine merkwürdige Verbindung von Geiz und Großzügigkeit. Wenn man zufällig zum Tee vorbeikäme, so könne man sicher sein, daß die Sahne nicht reiche, und gleichzeitig gebe Wordsworth die ganze Milch, die im Haushalt nicht verbraucht werde, an Feriengäste, die durchaus imstande seien, sie sich selbst zu kaufen. Wenn man zu irgendeiner Mahlzeit vorbeikäme,

Miss Harriet Martineau
(1802—1876)

Mr. Samuel Coleridge
(1772—1834)

werde man begrüßt: »Sie können gern eine Tasse Tee haben, aber wenn Sie Fleisch wollen, müssen Sie dafür zahlen«.

Andere Nachbarn von Miss Martineau waren kaum gesellschaftsfähig, aber als wohlwollende christliche Frau sagte Miss Martineau nur das über sie, was ihren gesellschaftlichen Ruf vernichten und ihren eigenen stärken konnte. Nehmen wir zum Beispiel die Coleridges. Der Sohn des Dichters, Hartley, war an Trunksucht zugrunde gegangen. De Quincey befand sich nicht nur am Rande des Verhungerns, sondern trank – seiner tugendhaften Nachbarin zufolge – »wenn er in Keswick lebte, fünf oder sechs Weingläser Laudanum an einem Abend. Natürlich traf der Vorwurf Coleridge, denn de Quincey begegnete ihm, kurz, nachdem er aus Oxford gekommen war, und Coleridge trank damals jeden Tag einen Becher voll davon.«

Nach diesen Enthüllungen können wir nicht einen Augenblick im Zweifel darüber sein, daß Miss Martineau, mit ihren verblüffenden Tugenden, eine weitaus würdigere Bewohnerin der Welt war als die Autoren der ›Ode on the Intimations of Immortality‹, des ›Ancient Mariner‹, des ›Kubla Khan‹ und der ›Confessions of an Opium Eater‹.

Miss Fuller hingegen war nicht so kritisch gegenüber diesen unbedarften Geschöpfen wie Miss Martineau, und sie war glücklich, in Europa zu sein, denn ihr Leben in Boston mußte sie immer wieder an jenes fleischgewordene Phantasiewesen erinnern, das sie verloren hatte.

Zwei Jahre vor ihrer Reise nach Europa nämlich, hatte sie sich leidenschaftlich in einen jungen Herrn namens James Nathan verliebt, der aus Hamburg kam. Mr. Nathan war jünger als Miss Fuller, bleich, hatte langes, dunkles Haar, spielte Gitarre, verbrachte seine Tage in der City und sprach über die Seele. Er wurde immer wieder und auf eine für ihn nützliche Weise mißverstanden, wie wir noch sehen werden. »Er hatte keinen plebejischen Geist«, belehrt uns Miss Bell in einem Buch über Margaret Fuller. »Das nützliche Dasein, in dem Muße als vergeudete Zeit galt und anmutiges Nichtstun als Zeitvertreib von Narren und Frauen, war nichts für ihn. Er fühlte sich etwas fehl am Platze am Unteren Broadway.«

Der arbeitsscheue und hochgesinnte Mr. Nathan verbrachte einen guten Teil seiner Zeit damit, mit Margarets Hilfe melancholisch zu sein. Zwischen ihnen entwickelte sich eine dieser unschuldig-inzestuösen Bruder-Schwester-Beziehungen, die so angenehm und so bequem für die Herren und so nerven- und würdezerrüttend für die Damen sind.

Mr. Nathans Verhalten hatte es Margaret zunächst nicht nahegelegt, daß sie seine Schwester war. Werfen etwa Herren ihren Schwestern Brombeerblüten in den Schoß? fragte sie sich, nachdem die Art ihrer Beziehung überdeutlich geworden war. Sie meinte, nein. Brombeerblüten enthalten, so zart sie sind, das Versprechen einer, wenn auch kalten, späten und harten Frucht. Jedoch Mr. Nathan machte ihr klar, daß sie irrte; denn nach einiger Zeit entdeckte er, daß sie kein Geld hatte, und diese Tatsache machte die Art ihrer Beziehung für ihn klarer denn je. Sie hätten, sagte er, eine geistige Affinität zueinander. Sie sollten erkennen, schlug er vor, daß ihre Beziehung aus dem *Innern* kam, obgleich ich mir vorstelle, daß dieses hohe geistige Leben auch dann noch durchsetzt war von Zwischenspielen einer quälenden Zärtlichkeit.

Schließlich begann Miss Fullers Gesicht - teils infolge von Überarbeitung, teils durch Fehlschläge und Verdruß und das allgemeine Hin und Her dieses verhinderten Inzests - vermehrt Anzeichen ihres wahren Alters aufzuweisen, und diese Anzeichen wurden von Mr. Nathan mit Kummer und tiefem Abscheu vor dem Mißverständnis, das sie hervorgebracht hatte, notiert. Er hatte inzwischen einen guten Teil seiner Zeit auf die Betrachtung seiner selbst verwandt, auf seine Chancen etc..., und das Ergebnis war, daß - in den Augen von Miss Fuller - sein Antlitz von »des Gedankens Blässe angekränkelt« wurde, wiewohl ein voreingenommener Beobachter eher vermutet hätte, daß er an einer vergrößerten Leber litt. Auch seine Locken waren nicht mehr so üppig wie früher. Aber all diese Merkmale geistiger Anstrengung veranlaßten die Frau, die ihn liebte nur, ihm - mit einer noch tieferen, närrischeren, phönixhaften Liebe - noch näherzukommen.

Der ernüchterte Mr. Nathan suchte Streit mit Miss Fuller anzufangen, aber sie erwiderte nur: »Du sollst mich zu den Sternen emportadeln, und ich bin sicher, daß du mich nicht unzulänglich finden wirst.« Das verärgerte Mr. Nathan derart, daß er mehr und mehr Mängel an ihr fand.

Schließlich schrieb er ihr, daß er im Begriff sei, Amerika zu verlassen und nach Europa zurückzukehren, und das trieb Margaret zur Verzweiflung, denn sie wußte nicht, was das bedeuten sollte und ob er je wiederkommen würde. Dann aber, als sie seinen langen und ungemein edlen Brief las, fand sie zuletzt ganz an seinem Ende das Herz, das ihm diese Epistel eingegeben hatte. Mr. Nathan brauchte Geld, weil er den Orient zu erforschen wünschte und als

— *108* —

Erster das Tote Meer befahren wollte. Auch nach Jerusalem wollte er. Margaret, meinte er, könnte doch ihre wohlhabenden und einflußreichen Freunde um Geld bitten, um dieses Bestreben zu verwirklichen. Er wäre auch glücklich, wenn sie sich seines jungen Neufundländers Josey und seiner unwiderstehlichen Gitarre annehmen würde.

Das Geld kam natürlich zusammen. Darum kümmerte sich Margaret. Und eine Zeitlang war Mr. Nathan einfach zu beschäftigt mit Packen und Vorbereitungen für die Forschungsreise, um sie zu besuchen. Aber zuletzt, eine Woche, bevor sein Schiff abging, fand er doch die Zeit dazu, wobei er ihr Josey und die Gitarre brachte und ihr mitteilte, daß er ihre Briefe auf allen seinen Wegen, wo immer er hinginge, mit sich tragen werde.

Als er fort war, schrieb Margaret in ihrer Verlassenheit und Traurigkeit: »Ich habe meinen lieben Gefährten verloren, den einzigen, den ich je hatte, der jede gute Seite des Lebens und die Schönheit so tief empfand wie ich selbst.«

Mr. Nathan jedoch beschäftigten andere Seiten des Lebens und der Schönheit, und obgleich Margaret oft schrieb, vergingen zwei Monate, ehe ein Antwortbrief sie erreichte. Aber wie edel war dieser Brief und wie lang! »Lieber will ich mich niederlegen und sterben«, rief Mr. Nathan darin aus, »als daß mein Dasein der Lüge Vorschub leisten soll.« Erst am Ende dieses langen Briefes fragte der so unpraktische und weltfremde Mr. Nathan bei der Empfängerin an, ob sie ihm nicht einen Einführungsbrief an Mr. George Bancroft, den Marineminister, besorgen und seine Reiseartikel in der Redaktion von Mr. Greeley unterbringen könnte.

Die Monate gingen dahin, und Mr. Nathans Briefe wurden immer seltener. In ihrem Herzen wußte Margaret, daß sich der Ton der Briefe gewandelt hatte. Vielleicht hätte sie den Bann, unter dem sie stand, brechen können. Aber obwohl Mr. Nathan selbst sich frei wie die Luft fühlte, hätte es seine hohen Ideale verletzt, irgendwelche Anzeichen von Schwäche an einer Frau zu erkennen, deren legendäre Treue ihr Geburtsrecht und ihr vom Himmel verliehen ist. Welche Inspiration bedeutet diese Treue für den Mann, da sie doch seinen Glauben an die menschliche Natur bei den vielen Gelegenheiten stützt, wenn ihn bei Betrachtung seiner eigenen Untreue die Enttäuschung niederdrückt! Außerdem würde der geringste Schatten, der auf Mr. Nathans Glauben an die Frau gefallen wäre, gerade in diesem Augenblick besonders tragisch gewesen sein, da er – was Margaret nicht wußte – im Begriff stand, eine andere und jüngere Frau zu heiraten. Margaret schrieb ihm: »Du wirst mich so sehr, so lange und so behutsam lieben, wie du nur kannst – nicht wahr?«

Die Monate schleppten sich hin, und erst vierzehn Tage, ehe Margaret sich selbst nach Europa einschiffte, erhielt sie die Antwort auf diesen Brief. Er war in Hamburg angekommen, wo er im Mittelpunkt der Aufmerksamkeit stand und Ehrengast bei großen Abendessen war ... aber seine Mittel waren erschöpft. Wo könnte er wohl ein Buch veröffentlichen? Ob Margaret sich wohl darum kümmern würde, daß Mr. Greeley es tat?... Dann kommt jene feine Bemerkung, die so charakteristisch ist für Mr. Nathans kindhafte und schöne Gabe, anderer Leute Brot ins Wasser zu werfen: »Was Josey (den jungen Neufundländer) angeht: Sollte er zu viel Mühe verursachen und Mr. March ihn nicht halten können und du keinen anderen Menschen kennen, der es tun könnte, laß ihn auf einer Auktion versteigern oder laß ihn einfach laufen und tun, was er will – eine gütige Vorsehung wird schon für ihn sorgen.«

Als Margaret in Edinburgh war, erhielt sie einen weiteren Brief von diesem kindlich Gläubigen: Auch sie könne nun einfach davonlaufen oder tun, was sie wolle, und die gütige Vorsehung werde schon für sie sorgen, denn er, Mr. Nathan, werde nun bald die jüngere Dame heiraten.

Aber die Briefe, welche die berühmte ältere Dame ihm geschrieben hatte, wollte Mr. Nathan keineswegs der Vorsehung anvertrauen. Sie könnten, dachte er, sich noch als wertvoll herausstellen. Auf ihre Bitte, ihr dieses Unterpfand ihrer Zuneigung zurückzugeben, schrieb er: »Meine liebevolle Hochachtung ist und war zu aufrichtig und ernst und heilig, als daß sie sich durch irgendwelche neuen Bindungen oder äußeren Ereignisse wandeln könnte … und mir erlauben würde, mich von so teuren Dingen so plötzlich zu trennen. Ich bitte dich inständigst, die geistigen Nachkommen unserer Freundschaft in dem Heim zu lassen, in das sie hineingeboren und für das sie gedacht waren, bis wir bei unserer Rückkehr nach New York die Sache ausführlicher und angemessener besprechen können. Inzwischen, laß es mich dir versichern, genießen sie dessen Heiligkeit und Verborgenheit ungestört und unberührt von einer anderen Verbindung oder Beziehung, und bei unserer nächsten Begegnung werde ich nur tun, was recht, männlich und ehrenwert ist.« Eifrig bemüht noch etwas hinzuzufügen, was sie verrückt machen würde, tönte er, er »fühle eine tiefe Bewunderung für deinen großen, überlegenen, wohlausgestatteten Verstand, eine gleichermaßen aufrichtige Hochachtung für die Integrität, Tiefe und Tugendhaftigkeit deines Charakters und für die vielen fraulichen Gefühle und Tugenden deines großen Herzens und wahre Liebe für die Reinheit deiner Seele, aus welcher edlen Quelle ich meine Inspirationen bezogen habe«.

Es kann durchaus sein, daß der Gedanke an diese Briefe, die sie an den weltfremden Mr. Nathan geschrieben hatte, an Miss Fullers Seele nagte, als sie den Donnerworten Carlyles lauschte und etwa einmal in der Stunde Gelegenheit fand zu sprechen, »gerade genug, um durchzuatmen und meine Stellung zu ändern, so daß ich nicht müde wurde«. Vielleicht dachte sie auch an den Unterschied zwischen ihrer bedrückten Kindheit und der Freiheit, die ihr aus ihrer Freundschaft mit Menschen wie den Emersons oder Horace Greeley und seiner Frau erwachsen war. Sie war in mancher Hinsicht eine bemerkenswerte Frau, und wir finden uns einig mit Emersons Urteil, »daß, auch wenn Margaret sich oft in Sentimentalitäten verlor, sie doch einen so schöpferischen, von neuen Farben funkelnden und schillernden Geist besaß, daß er die Neugier anstachelte und das Denken stimulierte und jedem, der mit ihr in Verbindung kam, geistige Anregung vermittelte, obgleich ihr Erkenntnisvermögen nicht mit ihrer Phantasie zu vergleichen war und ihr zahlreiche Fehler unterliefen. Ihre Integrität war vollkommen, die Liebe führte sie und folgte ihr, und sie war wirklich auf Wahrheit aus, jedoch zu nachsichtig gegenüber den jähen Einfällen ihrer Einbildungskraft.«

Marquesa Margaret d'Ossoli

Tatsächlich war ihr Leben erfüllt von edlen Idealen, backfischhaftem Unsinn und Mondschein, von törichten und peinlichen, übergefühligen Freundschaften und verdrängten Lieben (wobei Freundschaft sich oft als Liebe gab und Liebe als Freundschaft), von einem geistigen und moralischen Mut und einer großartigen Treue gegenüber ihren Idealen, ihren Freunden und Lieben.

Miss Fullers Leben war ein einziger Symbolismus; sogar noch der prächtige und tragische Schiffsuntergang, mit dem ihr Leben, das ihres jungen italienischen Ehemanns und ihres kleinen Sohnes endete, war symbolisch. Man kann sich eines Gefühls verlegener Sympathie und freundlicher Zuneigung für sie nicht erwehren, denn ihr ganzer Lebenslauf hinterläßt den Eindruck eines noblen und aufrechten Charakters, verunklärt nur durch eine überhitzte, nervöse-Sensibilität, die sich als Imagination ausgibt. Sie verfügte über einen gewissen nicht-kreativen Intellekt und eine beachtliche Rechtschaffenheit, aber diese Qualitäten wurden nahezu aufgewogen durch ihre schier unglaubliche Torheit. Wie nahezu über alle bemerkenswerten Frauen waren die Meinungen über sie streng geteilt. Ein bösartiger Biograph empörte sich, ihre Schriftstellerei wäre eine »frappante Illustration für den Hang willensstarker Damen zu monströsen Nichtigkeiten«. Miss Fuller nahm unermüdlich Anteil an allem und allen – einschließlich ihrer selbst –, und sie hielt sich, wie sie notierte, für »eine großzügige, reichangelegte oder ungeklärte Natur ... Meine Geschichte bietet viel an oberflächlicher Zeittragödie. Die Frau in mir kniet nieder und weint in zärtlicher Hingerissenheit, der Mann in mir stürmt voran, aber nur, um enttäuscht zu werden.«

Ach ja, das war nur zu wahr, und wenn Miss Fuller sich und andere fragte: »Wer könnte mich verstehen?«, so war die Antwort »Niemand.«

Diese sich dessen nicht bewußte Kandidatin für die Aufmerksamkeit des – damals noch ungeborenen – Professors Sigmund Freud, war ihrer Biographin, Miss Margaret Bell, zufolge, »hungrig nach Seelenergüssen der Liebe – so hungrig, daß sie leidenschaftlich Blumen an ihre Lippen und an ihren Busen preßte und sich einzubilden versuchte, sie gäben ihr alles, was sie brauchte«.

Ihre Kindheit und ihre frühe Mädchenzeit waren keineswegs arm an Ereignissen und Erregungen gewesen; unter anderen bemerkenswerten Erscheinungen war sie »einem alten Mann mit einem breitkrempigen Hut begegnet, der ein kreisrundes Dach über seinem Kopf trug. Das war Dr. Popkin, der den ersten Regenschirm in Cambridge einführte. Es dauerte nicht lange, da hatte der Steuereinnehmer auch einen, dann sah man Professor Hedge einen solchen von und zu seinen Vorlesungen tragen.« Trotz dieser aufregenden Vorkommnisse sehnte sich Miss Fuller nach Erfahrungen einer romantischeren, spirituelleren Art, in denen alle Symbole zu einem recht schweren Pudding zusammengemischt werden sollten. Zum Beispiel teilte sie ihren Bewunderern mit, daß, »als ich zuerst auf den Namen Leila stieß, ich wußte, daß es der meine war. Ich wußte, daß es Nacht bedeutet – Nacht, welche die Wahrheit an den Tag bringt.« Sie fand auch, daß es viel zu dem Symbolismus von Edelsteinen zu sagen gäbe, und sie glaubte mit der Zeit fest an Talismane und Omen. Es scheint, daß sie selbst ein Stein männlichen Geschlechts war, ein lebender Karfunkel – denn Karfunkel hatten zwei Geschlechter; der weibliche sendet Licht aus, der männliche leuchtet von innen. Meine Art ist der männliche. So trug Miss Fuller, wenn sie einem hochgeschätzten Freund einen Brief schrieb, einen männlichen Karfunkel am Finger, wenn sie aber einem flüchtigen Bekannten schrieb, so war es – entsprechend dem vorherrschenden Grad der Freundschaft – ein Onyx oder ein Amethyst.

Dieser ganze Blödsinn mag die Folge einer Schulmädchen-Freundschaft mit einer übelkeiterregend dummen englischen Frau gewesen sein. »Ich las gerade ›Guy Mannering‹«, teilt uns Miss Fuller mit, »und meine Augen waren feucht und trübe von Tränen, die das Geschick des kleinen Harry Bertram mir entpreßt hatte, als eine wunderschöne englische Dame, die gerade kurz in diesem Teil Amerikas zu Besuch war und mich beobachtet hatte, sich mir näherte und mich ansprach. Sie fragte mich nichts, sondern richtete Blicke schönster Liebe auf mich. Sie sprach nicht viel, ihre bloße Gegenwart war für mich die Pforte zum Paradies. Ich lehnte meinen Kopf an ihre Schulter und weinte, weil ich fühlte, daß ich sie und alle, die mir von gleichen Dingen sprächen, verlieren müßte –, daß die kalten Wogen über mich hinstürmen würden. Sie wartete, bis ich alle Tränen vergossen hatte, und nahm dann, indem sie aufstand, aus einer Schachtel einen Bund goldener getrockneter Blumen. Sie dufteten stark. ›Ich habe sie aus Madeira bekommen‹, sagte sie. Die Abreise der Dame stürzte mich in tiefe Melancholie, aus der ich mich nur mit Mühe erhob. Ich bewahrte die

Trockenblumen siebzehn Jahre lang auf. Madeira blieb lange, lange für mich eine Insel der Seligen. Und wenn Schiffe an der Küste entlangsegelten und ihre weißen Schwingen im Sonnenlicht leuchteten, dann stellte ich mir vor, sie könnten das vom Glück begünstigte Madeira zum Ziel haben.«

Junge Männer fühlten sich zunächst weniger freundschaftlich zu Miss Fuller hingezogen als Frauen. Es stimmt zwar, daß ein junger Mann, Mr. Henry Hedge, mit ihr über Philosophie sprechen wollte und auch sprach, während andere mit angestrengtem Gesichtsausdruck ihren Monologen über griechische Mythologie, Edelsteine, Maria Edgeworth, Goethe und Madame de Staël lauschten. Aber es war eine junge Dame, Anna Barker mit Namen, die zur Empfängerin ihrer vertraulichen Mitteilungen wurde, wie etwa dieser: »Ich sehe mich manchmal in einem großen Saal, es ist die Zeit des Feudalismus; eine bezaubernde Gesellschaft ist versammelt, und ein Minnesänger spielt auf einer Harfe. Fackeln flackern, und hin und wieder hört man das Klirren einer Rüstung, wenn die Wachen an den Portalen sich ablösen... Die Nacht nimmt ihren Fortgang; Diener bringen Erfrischungen, goldene Becher blinken und goldene Münzen klingen, wenn sie dem Minnesänger zu Füßen fallen.«

Aus dieser Passage und aus Miss Fullers unglückseligen Liebespassagen mit Mr. Nathan und einem vorangegangenen Freund, Mr. Samuel Ward, können wir erkennen, daß europäische Kultur, die Romantik des Mittelalters und das Frauenrecht, das ihr von Lehrerinnen wie Mary Wollstonecraft und der behosten und unbeständigen Mme George Sand eingeprägt worden war, eine zweifache Verwüstung in ihrem Leben angerichtet hatten. Vermutlich war es eine Folge der Lehren dieser Damen, daß sie die unglückselige Gewohnheit annahm, Mr. Samuel Ward täglich einen Blumenstrauß zu schicken. Und es war wiederum keine ganz unnatürliche Wirkung dieser Gewohnheit, daß Miss Fuller zum Dank das Geräusch hastig sich entfernender Schritte vernahm.

Nachdem Miss Fuller einige Monate auf ein kleines Zeichen von Mr. Ward gewartet hatte, schrieb sie ihm folgenden Brief: »Du willst nicht mit mir zusammen sein. Warum es vor dir selbst, vor mir verbergen? Du hast keinerlei Interesse an irgendetwas, das mich interessiert; meine Freunde, meine Bestrebungen sind nicht die deinen... die mitfühlende Betrachtung des Schönen in der Natur, in der Kunst ist für uns vorüber – alles das also, um dessentwillen ich dich zu allererst liebte und was diese Liebe zu einem Schrein machte, vor dem ich auf meiner mühevollen Pilgerfahrt ausruhen konnte. Du kehrst nach Hause zurück, um gleich wieder abzureisen und machst mir einen flüchtigen Besuch in meinem Wohnzimmer... Du schreibst mir, um mitzuteilen, daß du nicht eher schreiben konntest. Mein Herz müßte sich beträchtlich täuschen, wenn das Liebe ist.«

Mr. Ward antwortete, stelle ich mir vor, mit einem Brief, in dem er all diese Empfindungen bestätigte, denn Margaret erwiderte darauf mit dem folgenden Brief, den ihr die angeborene Noblesse von Herz und Seele eingab. Sie konnte, wenn diese Seele und dieses Herz tief genug bewegt waren, auch nicht durch Sentimentalität verwischt und verdorben werden, die immer der einzige Grund ihrer Torheiten war:

Mein liebster Samuel,

obgleich ich mich nicht imstande fühle, dir auf deinen Brief in vollem Umfange zu antworten, will ich mir nicht das Unrecht antun, vollkommenes Schweigen zu bewahren. Die Aufrichtigkeit deines Tons war alles, worum ich gebeten hatte. Wie ich dir sagte, würde ich nie aufgrund eines vergangenen vertrauten Umgangs einen Anspruch auf das Herz eines Menschen stellen... aber auf den Geist derer, die mich kennen, habe ich immer Anspruch. Meine eigene vollkommene Aufrichtigkeit in jeder Phase meines Lebens gibt mir ein Recht zu erwarten, daß ich mich niemals durch bedeutungslose Phrasen oder Aufmerksamkeiten anderer leiten lasse.

Im übrigen, glaube mir, verstehe ich alles durchaus; und auch wenn es mich bekümmern könnte, wenn du mich in deiner höchsten Stunde von dir ausschließen solltest und es unmöglich fändest, mir dort zu begegnen, wo du mich lehrtest, es zu erwarten, würde ich doch nicht darüber klagen, daß die Vergangenheit uns beide an die Gegenwart bindet.

Ich hatte gedacht, daß, wenn unser vertrauter Umgang aufhört, wir auch aufhören würden, Freunde zu sein – ich denke so nicht mehr. Meine Zuneigung zu dir war nie tiefer als jetzt; sie ist ganz unbefleckt von Stolz und Leidenschaft; sie ist selbstlos genug, damit ich ihrer sicher sein kann; Zeit, Entfernung und verschiedenartige Bestrebungen mögen dich mir undeutlich machen, dennoch werde ich nie versäumen, deine Freundin zu sein und dein Leben jeden Tag mit einem guten Wunsch zu segnen.

Zwing dich nicht, an mich zu denken. Aber sollte einmal – und ganz allmählich – eine Stunde kommen, wo du mich brauchst, so wirst du mich an meinem Platz finden und finden, daß ich dir treu bin.

Jetzt aber, nicht mehr überschattet von Dr. Popkins und des Steuereinnehmers Regenschirmen oder vielleicht auch von Erinnerungen an das seltsame Verhalten von Mr. Ward und Mr. Nathan, lauschte diese seelengroße, noble, aber hochdramatische Dame den Sturzbächen von Mr. Carlyles Konversation. Bei ihrer ersten Begegnung hatte Mr. Carlyle seinen amerikanischen Gast ganz sanft abfahren lassen, und sie hatte das Treffen in einem Brief an Mr. Emerson so beschrieben: »Ich bewunderte sein Schottisch, seine Art, seine großen, vollen Sätze zu singen, so daß jeder wie eine Stanze in einer Ballade klang. An diesem Abend sprach er über den gegenwärtigen Stand der Dinge in England, entwarf leichte, geistreiche Skizzen von den Tagesgrößen, den Fanatikern und den andern, und erzählte ein paar liebe, heimelige Geschichten, die er von schottischen Bauern kannte. Von ihnen sprach er mit herzlicher Güte; und er erzählte mit schönem Gefühl eine Geschichte von einem armen Bauern oder Handwerker auf dem Lande, der sonntags die Sorgen und das Gerede der schmutzigen englischen Welt von sich tut, sich hinsetzt, liest und aufs Meer hinausschaut.«

Wie typisch für die viktorianische Zeit war ihre Unterhaltung! Sie schmeckt regelrecht nach der Epoche, und in ihrer Gefühligkeit erinnert die Geschichte von dem »armen Bauern oder Handwerker« ungemein an Ruskins Rhapsodie auf ein Bild von Mr. Landseer – einen Schäfer; eine Rhapsodie, die von Mary Barton und Sir Osbert Sitwell ausgegraben und in den von ihnen gesammelten ›Victorians‹ aufbewahrt worden ist. »Nehmen Sie«, sagte Mr. Ruskin, »eines

Miss Mary Wollstonecraft
(1759 — 1797)

Mr. Thomas Carlyle
(1795 — 1881)

der vollkommensten Gedichte oder Gemälde (ich verwende die Wörter als Synonyme), die man in der Moderne zu sehen bekommt: ›The Old Shepherd's Chief Mourner‹. Hier spricht die ausgezeichnete Ausführung des krausen und glänzenden Hundehaars, der helle, scharfe Strich des grünen Zweiges daneben, die klare Malweise des Sargholzes und der Deckenfalten eine reine und höchst ausdrucksstarke Sprache. Aber wie die Brust des Hundes sich dicht an das Holz drängt, die Pfoten, welche die Decke vom Schragen gezerrt haben, sich krampfhaft festklammern, wie der Kopf, völlig entkräftet, bewegungslos auf den Falten liegt, das Auge in seiner Hoffnungslosigkeit starr und tränenvoll blickt; die starre Ruhe, die deutlich macht, daß sich hier nichts bewegt noch verändert hat in der Trance des Todeskampfes, seit der letzte Schlag den Sargdeckel traf; die Stille und Düsternis des Zimmers; die Brille, die den Platz bezeichnet, wo die Bibel zuletzt geschlossen wurde und anzeigt, wie einsam dieses Leben war und wie unbemerkt der dahingegangen ist, der nun so allein in seinem Schlafe liegt – dies alles sind Gedanken; Gedanken, durch die das Bild sich sogleich von hunderten anderer gleichen Wertes – was die Malerei angeht – unterscheidet; Gedanken, durch die es sich als ein Werk hoher Kunst und seinen Urheber nicht nur als einen sorgfältigen Nachahmer der Oberflächenstruktur, sondern als einen Mann von Geist kennzeichnet.«

Ein Landseer-ähnlicher Geruch nach Handgewebtem, Hochlandvieh, zottigen, einsamen Schäfern, nach Freiheit des Menschen und Bergesgipfeln muß die Unterhaltung durchdrungen haben, und wir dürfen sicher sein, daß Margaret es genoß. Aber es gab auch funkelnden Witz und Spaß von der Sorte, wie sie in jenem Zeitalter geschätzt wurde, und Margaret konnte nicht umhin, ihrem früheren Schüler in der schwierigen Fertigkeit des Lachens in diesem Zusammenhang eine leichte Rüge zu erteilen: »Carlyle ist Ihnen tausendmal überlegen, weil er sich nämlich nicht schämt zu lachen, wenn ihn etwas amüsiert, sondern es in herzlicher, menschlicher Weise tut.«

In den Jahren, die Margaret Fuller noch verblieben, Jahre, die ihr die Freundschaft Mazzinis eintrugen, einen jungen italienischen Ehemann – Graf Ossoli – einen kleinen Sohn und jenes merkwürdige, dramatische und ungeheuerliche Schiffsunglück, in dem sie, ihr Mann und ihr Kind das Leben verloren –, erinnerte sie sich noch oft ihrer Unterhaltung mit Carlyle: wie der große Mann, über die Poesie herziehend, »immer wieder auf einen Refrain zurückkam – wie in der Französischen Revolution der vom See-Grün«. In seinem Falle waren es Petrarca und Laura, wobei der zweite Name mit einer unbeschreiblichen sarkastischen Dehnung ausgesprochen wurde. Obgleich er dies »mehr als fünfzig Mal wiederholte, mußte ich immer lachen, sobald *Laura* drankam, wobei Carlyle, wenn er den Namen aussprach, sein Kinn vorstreckte und seine Augen glühten, bis sie den Augen und dem Schnabel eines Raubvogels glichen ...«

Bei anderer Gelegenheit verbrachte Carlyle Stunden damit, Mazzini und Miss Fuller wegen ihrer »blumigen Torheiten« zu rügen.

Gelehrte haben, wie es scheint, diese Eigenschaft immer verachtet; aber sie sind bekanntermaßen schwer zufrieden zu stellen; Torheit und Oberflächlichkeit bei Frauen, aber auch Bildung, mögen sich zu verschiedenen Zeiten als gleichermaßen ungenießbare Vergehen herausstellen; wiewohl das letztgenannte meistens das unverzeihlichste ist – zum großen Teil deswegen, denke ich mir, weil manchmal bereitwillig angenommen wird, daß der Himmel geistige Anmut als eine hinreichende Begabung erachtet und daher keine weitere verleiht. Jedenfalls habe ich den Verdacht, daß die Gefühle, die sowohl Mr. Emerson wie Mr. Carlyle gegenüber der gebildeten Miss Fuller hegten, sehr dem natürlichen männlichen Empfinden ähnelten, das Mr. Fatigay in dem Werk meines Freundes John Collier ›His Monkey Wife‹ zum Ausdruck bringt, als er erfährt, daß seine Lieblingsäffin sich selbst beigebracht hat, zu sagen: »Komm, komm, Emily, wenn du schon so klug bist, mußt du verkauft werden und in den Hallen auftreten.«

Von einigen gelehrten Herren

Nach der Lektüre des vorigen Kapitels, könnte man geneigt sein, denen zuzustimmen, die meinen, daß Grazien und Musen nur selten miteinander auf gutem Fuße stehen. Professor Porson, der eine Generation älter war als Miss Fuller, Dr. Parr, der Dr. Johnson zu widersprechen wagte, und George Fordyce sind weitere Beispiele dieses Bruchs zwischen den Schwestern. Mr. Timbs, der Chronist dieser beiden Gentlemen, wird ganz besonders verdrießlich, wenn er auf Professor Porson zu sprechen kommt; und er teilt uns mit, es sei ja »hinreichend bekannt, daß Porson seinem Äußeren keinerlei besondere Aufmerksamkeit schenkte«. Mir scheint im Gegenteil, daß sein Äußeres höchst bemerkenswert war; und ein Autor des ›Monthly Magazine‹ war ganz verblüfft von dieser Erscheinung »mit dem braunen Papierfetzen auf der Nase und dem abgetragenen Mantel voller Spinnweben«; während ein anderer Freund, der ihn im Jahre 1807 traf, »ganz betroffen von seinem feurigen, ja vulkanischen Antlitz war, und von seiner Nase, die immer mit einem Ausschlag bedeckt und voller schwarzer Flecken war; sein Anzug war schäbig, sein Hemd schmutzig.«

Prof. Richard Porson

Hingegen in seinen früheren Jahren – gab es jemand Stattlicheres als den Professor, jemand, der aufmerksamer gegenüber dem schönen Geschlecht war? Es geht das Gerücht, daß er einmal eine junge Dame mit den Zähnen ergriffen und durch das Zimmer getragen habe. Aber das war vor dem Dinner, und danach gab sich der Professor zwar gleichermaßen mannhaft, aber doch weniger weltmännisch. Mr. Timbs berichtet, daß, während er in Cambridge war, »seine Leidenschaft für das Rauchen, die damals in der jüngeren Generation gerade nachließ, seine gewaltige und wahllose Trinkerei und der gelegentliche Gebrauch des Schürhakens gegen einen besonders hartnäckigen Gesprächspartner dazu geführt hätten, daß alle seine Gesellschaft mieden, bis auf die wenigen, die seinen Witz und seine Gelehrsamkeit unwiderstehlich fanden«. Offensichtlich erschienen die fraglichen Talente den anderen Mitgliedern des College nicht immer unwiderstehlich, denn wenn der Gebrauch des Schürhakens unmittelbar bevorstand, schlichen sie sich aus dem Zimmer und ließen den

Cambridge um 1800

Professor, der außer einer Rauchwolke, die unausgesetzt aus ihm hervorquoll, kein Lebenszeichen von sich gab, am Tisch sitzend allein zurück. Die Diener waren es gewohnt, ihn am Morgen in der gleichen Stellung vorzufinden – ohne den geringsten Anschein, daß er sich auch nur ein einziges Mal während seiner Nachtwache bewegt hatte.

Diese Nachtwachen wurden zu einer Quelle der Besorgnis in den Häusern, die der Professor häufig aufsuchte, und es wurde aus Rücksicht auf die körperliche und geistige Gesundheit der Gastgeber schließlich notwendig, dem Professor einzuschärfen, er dürfe niemals länger als bis elf Uhr bleiben. Er zeigte sich nicht gekränkt über diese Auflage, hielt sich vielmehr ehrlich und auf die Minute genau an die Vereinbarung. Aber, »obgleich er niemals den Versuch machte, die so begrenzte Zeit zu überschreiten, rührte er sich auch niemals vorher«, und wehe dem Gastgeber, der einen solchen Bruch des Abkommens vorschlug. Aber diese Sachlage galt nicht für jedes Haus oder jeden Gastgeber, und es gab Häuser, in denen der Professor sich aufführte wie ein gereizter Löwe.

Der unglückselige Mr. Horne Tooke, zum Beispiel, gehörte zu den weniger begünstigten Gastgebern von Professor Porson, denn er war töricht genug, den Professor nach drei Abenden zum Essen einzuladen, an denen der Professor sich allen dringenden Bitten der Gastgeber, er möge doch nach Hause und ins Bett gehen, widersetzt hatte. Mr. Tooke nahm daher an, Professor Porson würde bei dieser Gelegenheit nachgeben. Aber der Abend zog sich hin, und Mr. Tooke war erschöpft, denn der Professor wurde immer angeregter und wechselte von einem gelehrten Thema zum andern. Ein Schürhaken war weder in Sicht noch kam er in Frage, aber Gefühllosigkeit um jeden Preis wäre vielleicht besser gewesen. Der Morgen dämmerte herauf, die Vögel sangen, der Milchmann rief seine Ware aus, und der Professor setzte seinen Monolog fort. Schließlich, es war schon heller Vormittag, gab der erschöpfte Mr. Tooke bekannt, er habe eine Verabredung mit einem Freund zum Frühstück in einem Café am Leicester Square. Der Professor war entzückt und verkündete, daß er mitkäme. Aber zu guter Letzt kam dann die Vorsehung Mr. Tooke zu Hilfe: kaum hatten sie sich im Café niedergelassen, wurde die Aufmerksamkeit des Professors einen Augenblick abgelenkt, und Mr. Tooke ergriff die Gelegenheit und floh so schnell ihn seine Beine trugen, und er machte auch nicht halt, um Atem zu schöpfen, bis er in Richmond Buildings angekommen war. Nachdem er seinen rettenden Hafen erreicht hatte, verbarrikadierte er sich und wies seinen Diener an, den Professor nicht einzulassen, auch wenn er versuchen sollte, die Tür einzuschlagen. »Denn«, so bemerkte Mr. Tooke, »ein Mann, der vier Nächte hintereinander aufrecht verbringen konnte, war imstande, auch vierzig durchzuhalten.«

Bei anderer Gelegenheit errang Mr. Tooke einen Sieg über den Professor, als dieser gedroht hatte, »Mr. Tooke einen Fußtritt zu geben und zu verprügeln«, wobei der Schürhaken den Schiedsrichter spielen sollte. Mr. Tooke meinte, das Duell müßte nicht mit Schürhaken ausgefochten werden, sondern mit Brandy, und zwar viertelliterweise. Als der zweite Viertelliter getrunken war, sank der Professor bewußtlos unter den Tisch, und der triumphierende Mr. Tooke trank, was ich für schiere Prahlerei halte, noch ein weiteres Glas auf die Gesundheit des Besiegten; und nachdem er den Bediensteten aufgetragen hatte, sich »sorgsamst um den Professor zu kümmern«, verfügte er sich ohne besondere Schwierigkeiten im Zick-Zack-Kurs zu den Damen ins Wohnzimmer, wo gerade der Tee serviert werden sollte.

Trotz seinem Sieg jedoch und seiner gelungenen Flucht, fürchtete Mr. Tooke den Professor, wenn es um Streitfragen ging, denn immer, nachdem er endlos geschwiegen hatte, »fiel er mit seinem schrecklichen Gedächtnis über ihn her«. Nein, wirklich, die Rolle eines Gastgebers des berühmten Graecisten war keine bequeme Aufgabe, und sein Rivale Dr. Parr ließ Dr. Burney – der den Professor in einer Frage, die klassischen Texte betreffend, um Hilfe hatte bitten wollen – wissen, daß »Porson es machen soll, und er wird es machen. Ich kenne seine Bedingungen, wenn er mit mir handelt: zwei Flaschen statt einer, sechs Pfeifen statt zweier, Burgunder anstelle von einfachem Rotwein, volle Freiheit, bis fünf Uhr morgens sitzenzubleiben, statt sich um eins ins Bett zu schleichen – das sind seine Bedingungen.«

Auch war es einer Gastgeberin unmöglich, zu erraten, was der Professor gerne essen würde; denn zum Frühstück verlangte er häufig Brot und Käse und nahm dann sein Porter-Bier in solchen Mengen zu sich, wie Dr. Johnson seinen Tee. Durch solche Methoden fesselte er einmal die Frau von Dr. Goodall in Eton während eines ganzen Sonntagvormittags an den Frühstückstisch, und der Doktor kam gerade rechtzeitig aus der Kirche, um zu sehen, wie der sechste Krug Bier ins Haus getragen wurde. Es stimmt, daß der Professor Portwein dem Bier vorzog, aber er konnte alles trinken, sogar Wasser, und tat es auch. Er verschmähte selbst Weingeist oder Einreibemittel nicht. Es gab aber auch Augenblicke, wo er diese Gewohnheiten aufgab, und einmal, als er im Jahre 1804 seine Schwestern besuchte, begnügte er sich elf Wochen lang mit zwei Glas Wein am Tag.

Wenn er aber in weniger keuscher Gesellschaft war, wurde er stets melancholisch oder gar streitsüchtig, und während er in Cambridge war, fing er einmal, nachdem er zwei Stunden bei mehreren Flaschen Sherry zugebracht hatte, an, »sein korrektes Englisch zu verstümmeln, am Ende eines Satzes wie ein Kind zu weinen und auch in anderer Hinsicht Symptome fortgeschrittener Debilität zu zeigen«. Es ist immerhin erfreulich, daß der Professor sich soweit erholte, daß er – allerdings ohne irgend jemand unter den Anwesenden zu erkennen – den Weg hinunter auf die Straße und in die Außenbezirke von Cambridge fand. Nach einer Weile folgt ein besorgter Bewunderer seiner Spur und entdeckte ihn, wie er, auf einen Kahnführer gestützt, diesen »mit höchst humorvollen und zum Lachen reizenden Anekdoten unterhielt«. Aber es muß gesagt werden, daß der Gelehrte eine gebildete Gesellschaft der von Kahnführern vorzog und daß er zum Lobe seiner akademischen Besuche in Deutschland das folgende Gedicht verfaßte:

Ich fuhr nach Frankfurt und hatt' manchen Trunk
mit dem hochgelehrten Professor Brunck
Ich fuhr nach Würzburg und war ganz betrunken
mit dem hochgelehrten Professor Bruncken

Trotz der physischen Gefahr, in die sich jene begaben, die ein Gespräch oder zumindest einen Wortwechsel mit Professor Porson anfingen, konnte er durchaus ein unterhaltender Gesellschafter sein, denn sein Witz entsprach seiner großen Gelehrsamkeit. Er hatte die glückliche Gabe, gut zu formulieren; so verglich er zum Beispiel eine bestimmte Aussicht auf eine Landschaft mit einer Universitätslaufbahn; sie bestand nämlich aus einem langen und langweiligen Weg, an dessen Ende eine Kirche stand. Für einen Mann mit weniger scharfem Verstand war es riskant, sich in seiner Gegenwart eine Unverschämtheit herauszunehmen, obgleich merkwürdigerweise der Schürhaken bei solchen Gelegenheiten nie in Aktion trat, weil der Professor sich ganz auf die Wirkung des Wortes verließ. Als zum Beispiel bei einem Dinner ein Unberatener versucht hatte, mit dem Professor zu streiten und schließlich sagte: »Dr. Porson, ich habe eine sehr verächtliche Meinung von Ihnen«, antwortete der Professor: »Sir, ich kenne keine Meinung von Ihnen, die nicht verächtlich wäre.« Dr. Parr und Mr. Dodd waren weitere Opfer seines raschen Witzes; der erste von beiden zog das Unheil auf sich herab, indem er den Professor vor einem großen und interessierten Publikum fragte, »was er über die Einführung der Moral und das Physisch-Böse in der Welt dächte«. »Nun Doktor«, war die Antwort, »ich

Dr. Johnson und sein Biograph, Mr. James Boswell, auf
einer Reise durch Schottland, 1779

glaube, wir wären sehr gut ohne beides ausgekommen«. Was Mr. Dodd anging, so weigerte sich der Professor, sich mit ihm auseinanderzusetzen, und sagte, ganz gleich wie betrunken er war: »Jemmy Dodd, ich habe Sie immer verachtet, wenn ich nüchtern war, und der Teufel soll mich holen, wenn ich jetzt, in betrunkenem Zustand, mit Ihnen streite.«

Auf solche Weise behandelte der Professor den harmlosen Mr. Dodd und den großen Dr. Parr, der Dr. Johnson gegenüber mit dem Fuß aufgestampft hatte. Dr. Johnson, der von der männlichen Festigkeit des Geistlichen sehr beeindruckt war, machte folgende Bemerkung: »Ich kann mich nicht entsinnen, wann ich je Gelegenheit zu einer so freimütigen Auseinandersetzung gehabt hätte. Es ist doch bemerkenswert, wieviel von einem Menschenleben vergehen muß, ohne daß man Gelegenheit zu einer derart offenen Diskussion findet.« Dr. Parr seinerseits berichtete so über das Vorkommnis: »Ich erinnere mich genau an das Gespräch. Ich gab ihm kein Pardon. Der Gegenstand unseres Streitgesprächs war die Freiheit der Presse. Dr. Johnson war einfach großartig; während er seine Argumente vorbrachte, beobachtete ich, daß er mit dem Fuß aufstampfte, woraufhin ich das gleiche tat. Darauf Dr. Johnson: ›Warum stampfen Sie mit dem Fuß auf, Dr. Parr?‹ Ich erwiderte: ›Sir, weil Sie es getan haben; und ich war entschlossen, Ihnen nicht den Vorteil einzuräumen, dadurch der Auseinandersetzung einen Stempel aufzudrücken!‹« Es gab wahrlich noch ›Riesen in jenen Tagen‹!

Eine Unterhaltung in Gegenwart von Professor Porson war, wenn es sich um gelehrte Gegenstände handelte, besonders gefährlich, wie man nach dem, was Dr. Parr und Mr. Dodd zugestoßen ist, leicht verstehen wird. Hierher gehört auch das unglückliche Abenteuer jenes jungen Gentleman, der, frisch aus Oxford kommend, es wagte, in einer Mietsdroschke etwas aus dem Griechischen zu zitieren, in der Hoffnung, die Damen zu beeindrucken. Der Professor, den er nicht kannte, schien zu schlafen, wurde aber sofort wachgerüttelt durch diese Kühnheit und sagte, indem er sich vorbeugte: »Ich denke, junger Mann, Sie haben uns gerade ein Zitat von Sophokles zukommen lassen; ich kann mich nicht erinnern, es dort gelesen zu haben.« »Ach Sir«, erwiderte der unbedachte junge Gentleman, »das Zitat lautet Wort für Wort so, wie ich es gesagt habe, und es ist auch von Sophokles; aber mir scheint, Sir, es ist schon eine Weile her, daß Sie im College waren.« Nach längerem Wühlen in seinem Mantel zog der Professor eine kleine Taschenausgabe von Sophokles hervor und forderte den jungen Mann auf, das Zitat zu suchen. Nachdem der einige Augenblicke darin geblättert hat, mußte er bekennen, daß er es nicht finden konnte, erinnerte sich aber nach einigem Überlegen, daß »die Passage sich bei Euripides findet«. Der Professor, dessen Stirn sich umwölkte, reichte dem jungen Mann auch die Werke dieses Autors, damit er die Stelle nachprüfen könne und sagte: »Dann werden Sie so gütig sein, Sir, sie für mich in diesem kleinen Buch zu finden.« Der junge Mann, der inzwischen völlig verschreckt war, aber vor den Damen nicht klein beigeben mochte, sprudelte hervor: »Mein Gott, wie dumm ich bin; jetzt fällt mir ein, ja, ich entsinne mich – die Passage ist aus Aischylos.« Wieder zog der Professor ein Buch aus der Tasche. Aber der junge Gentleman, der genug von Gelehrsamkeit hatte, schrie: »Halten Sie die Kut-

Dr. George Fordyce
(1736—1802)

sche an! Lassen Sie mich raus! Lassen Sie mich raus! Hier ist ein Mensch, der hat die ganze Bodleian Library in seiner Tasche; lassen Sie mich bitte raus, er muß entweder der Teufel oder Porson persönlich sein!« So war das, wenn der Professor »mit seinem schrecklichen Gedächtnis über andere herfiel«.

Aber es gab auch Augenblicke, da ihn sein Gedächtnis im Stich ließ und er sogar vergaß, zu Abend zu essen (ein Zitat allerdings vergaß er niemals). Als ihn Rogers einmal zum Essen einlud, antwortete er geistesabwesend: »Vielen Dank, nein, ich habe gestern schon gegessen.«

In seiner Jugend war er jämmerlich arm gewesen, und in seinem späteren Leben erzählte er: »Ich war damals fast mittellos und hatte nicht mehr als vierzig Pfund für meinen Unterhalt und keinen Beruf; denn ich konnte mich nicht dazu überwinden, die Glaubensartikel zu unterschreiben. Ich lag oft die ganze Nacht wach und wünschte mir eine große Perle.«

Dr. George Fordyce, der große Anatom und Chemiker, ähnelte Professor Porson, was die Stärke und die Fluten an Alkoholika angeht, die er zu sich nahm; auch war er kaum weniger bemerkenswert im Hinblick auf die Essensmengen, die er verschlingen konnte. Er war ein großer Bewunderer des Löwen, und seine vergleichenden anatomischen Studien hatten ihn zu dem Schluß geführt, daß dieses kluge Tier ein ungemein verständiger Esser sei; denn er frißt nur einmal am Tag, und dann so viel wie die Natur zuläßt. Zwanzig Jahre lang befolgte Dr. Fordyce die gleiche Diät wie der Gegenstand seiner Bewunderung, obgleich er sich, wie wir noch sehen werden, nicht damit begnügte, Wasser zu trinken. Jeden Tag um vier Uhr nachmittags betrat er Dolly's Chop House, ein Restaurant in Queen's Head Passage, in der Paternoster Row, und unmittelbar, nachdem er das Lokal betreten hatte, legte der Koch ein Rumpsteak von anderthalb Pfund auf den Bratrost, während der Kellner dem Professor einige Hors d'œuvres brachte, etwa in Gestalt eines gebratenen Hühnchens oder einer großen Fischplatte, dazu einen silbernen Humpen mit Ale, eine Flasche Portwein und ein großes Glas Brandy. Alles dies verschwand im Handumdrehen, denn der Doktor zierte sich so wenig wie der Löwe beim Essen und Trinken – er aß und trank so eilig, als hätte er eine Wette abgeschlossen. Wenn er sein Mahl beendet hatte, ging er zum Chapter Coffee House in der Paternoster Row hinüber, wo er ein Glas Wasser mit Brandy nahm; ein weiteres Glas stand im London Coffee House und ein drittes im Oxford bereit, wonach der Professor, merklich erfrischt, nach Hause in die Essex Street zurückkehrte und seine Vorlesungen über Chemie herausdonnerte. Und er aß nichts mehr, bis er um vier Uhr am nächsten Tag in Dolly's Chop House zurückkehrte.

Diese Gewohnheit jedoch führte gelegentlich zu befremdlichen Ergebnissen. Bei einer solchen Gelegenheit, zum Beispiel, als Mr. Fordyce sich um eine Dame kümmerte, die von einer plötzlichen und geheimnisvollen Krankheit befallen war, stellte er fest, daß er nicht imstande war, ihren Puls zu fühlen. Dieser nämlich schien das Geheimnis einer andauernd wie wahnsinnig immer in einer Richtung laufenden Bewegung entdeckt zu haben, während Dr. Fordyces Verstand darauf beharrte, sich gleichermaßen wahnsinnig im entgegengesetzten Sinne zu bewegen. Irritiert von diesem Phänomen, das er aber auf die richtige Quelle in Dolly's Chop House zurückführte, entfuhr es ihm: »Beim Himmel – betrunken!« Sehr zur Überraschung des Doktors, fing die Dame leise zu weinen an, und nachdem er irgendein Rezept ausgestellt hatte, verließ er das Zimmer korrekt und voller Würde. Am nächsten Tag erhielt er eine Nachricht, worin er um ein sofortiges Gespräch gebeten wurde, und als er bei der Dame ankam, brach sie in Tränen aus und bekannte, daß er ihre Krankheit nur zu richtig diagnostiziert hätte. Der Professor erteilte ihr einen äußerst strengen Tadel, und die Dame versprach, daß es keinen Rückfall in diese Krankheit geben sollte.

Mr. Herbert Spencer war von ganz anderem Charakter als der eben beschriebene Gentleman. Wenngleich ebenso überraschend in seinen Gewohnheiten, war er doch weltmännisch und väterlich und pflegte einen ganz besonderen Sinn für Humor. Wenn ich seine Wortspiele und Bonmots genauer betrachte, bin ich überzeugt davon, daß er die Seele und der Lebensquell der Londoner Pension gewesen ist, in der er sechsundzwanzig Jahre lang gelebt hat.

Zwei Damen, mit denen er sich nach den besagten sechsundzwanzig Jahren als eine Art zahlender Gast häuslich einrichtete, haben uns – unter dem Pseudonym ›Two‹ – in einem Buch mit dem Titel ›Home Life with Herbert Spencer‹ ein treffendes Bild von Mr. Spencers häuslichem Leben, ebenso wie ein reizendes Abbild ihrer selbst hinterlassen.

Das Haus, das Mr. Spencer für dieses Arrangement nahm, nämlich in der Avenue Road Nr. 64 am Regent's Park, war, den Damen zufolge, »mit seinen hellen Räumen, hohen Decken und großen Fenstern im wesentlichen ein Haus

London um 1800

nach dem Sinn eines Mannes«, und durch das ganze Buch hindurch gewinnt man den Eindruck, daß es etwas sehr Seltsames und Ungewöhnliches, aber doch auch höchst Angenehmes ist, ein Mann zu sein. »Das Haus«, fahren sie fort, »enthielt keine Ecken und Winkel mit ihren unendlichen Möglichkeiten, den Zimmern etwas Heimeliges, Behagliches, Bequemes zu geben, wie es lauschige Ecken und niedrige Fensterbänke getan hätten«. Kurzum, es war ein Ort, wo man nicht auf Spinnenjagd gehen konnte, dieses betörende Spiel, das Männern so unerklärlich ist – so eingehüllt in ein Geheimnis, das, in der Vorstellung einer Frau, einen Teil ihres Charmes ausmacht. Schließlich söhnten sich die Damen mit dem Haus aus, und das Familienleben, auf das der große Philosoph herzhaft einging, lief weiter, begleitet von mandolinenähnlichem Geklirr der Teelöffel, glücklichem Mädchengekicher und vom dröhnenden Bass der philosophischen Scherze. Die Bezüge von Mr. Spencers Stühlen hingegen blieben eine Quelle der Betrübnis für die Damen, denn er hatte eine ganz besondere Vorliebe für eine Farbe, die er als »schmutziges Purpurrot« bezeichnete, und er bestand so hartnäckig auf dieser Farbe im neuen Heim, daß es wiederum zu den Dauerscherzen der Damen gehörte, dieser gütige alte Gentleman müsse in seiner Jugend eine Dame mit einem »schmutzigpurpurroten Teint« geliebt haben.

Am Ende wurden die Stühle mit dunkelgrünem Samt bezogen, aber mit einer Borte in dem geliebten Farbton eingefaßt, um die Wirkung etwas aufzuhellen.

Ein anderer Lieblingsscherz, Mr. Spencer betreffend, hatte mit George Eliot zu tun, und man muß dazusagen, daß Mr. Spencer in früheren Jahren sich lange

Zeit gefragt hatte, ob es nicht seine Pflicht sei, diese Dame zu heiraten. Schließlich hatte er entschieden, daß dies nicht der Fall war; hauptsächlich, wie ich glaube, weil ihre Nase zu lang war, und irgend jemand Mr. Spencer gesagt hatte, daß eine lange Nase unvereinbar sei mit weiblichem Charme – eine Behauptung, der er mangels Erfahrung Glauben schenken mußte. Ich kann für die Wahrheit dieser Geschichte nicht einstehen, aber ich weiß, daß sein Respekt für diese strenggesonnene Frau niemals nachließ und seine sie betreffenden Scherze lediglich eine fröhliche ›badinage‹ zwischen zwei großen Persönlichkeiten war.

George Elliot
(Miss Marian Evans, 1819—1880)

Gelegentlich allerdings wurden all diese Heiterkeit, dieser fröhliche Witz und das glückliche Geplauder überschattet von Mr. Spencers Wunsch, sich den Puls zu fühlen, zu einer anderen Zeit wieder war er einer Unterhaltung abgeneigt, und bei diesen Gelegenheiten pflegte er seine Ohrenpfropfen in die Ohren zu stopfen und stumm dazusitzen. Diese »Ohrenpfropfen«, erfahren wir, bestanden »aus einem nahezu halbkreisförmigen Band mit einem samt überzogenen Knopf an jeder Seite und wurden durch die Feder im Band, die auf die Ohrläppchen drückte, über das ganze Ohr gezogen«. Er begleitete das Entstehen des Instruments mit dem Befehl: »Müßt jetzt nicht reden!«, und schon hörte das sprudelnde Mädchengeplauder auf.

Mr. Herbert Spencer
(1820—1903)

Das Pulsfühlen war eine der großen Zeremonien des Tages, und oft, wenn er in seinem Victoria ausfuhr, hörte der Kutscher den Schrei »Halt!«, und wo immer die Equipage sich dann befand, ob inmitten des lebhaftesten Verkehrs am Picadilly oder in der Regent Street, sie hielt auf der Stelle an und brachte den besagten Verkehr durcheinander; für ein paar Minuten herrschte dann Schweigen, während Mr. Spencer seine Pulsschläge zu Rate zog. War das Orakel günstig, ging die Fahrt weiter, wenn nicht, wurde Mr. Spencer wieder nach Hause gefahren.

Wie alle großen Männer war Mr. Spencer ein Bewunderer weiblicher Reize, und wie sich aus der (vermutlich apokryphen) Anekdote über George Eliots Nase ableiten läßt, schätzte er Unansehnlichkeit bei Frauen nicht. Eine unglückliche Dame, Mrs. O., »von äußerst häßlichen Gesichtszügen«, brachte ihn mit ihrer Unansehnlichkeit derart auf, daß er bei einer Gelegenheit, als er hörte, daß sie zum Lunch zu seinen jungen Freundinnen kam, »sich weigerte hereinzukommen, und es vorzog, ein einsames Mahl im Wohnzimmer einzunehmen, statt jemand gegenüberzusitzen, der ›so häßlich‹ war. »Es gibt keinen größeren Unsinn«, sagte er gern, »als die absurde Behauptung, daß ›Schönheit nur bis unter die Haut reicht‹. Das ist eben ein flacher Ausspruch, denn die Schönheit der Gesichtszüge ist meistens von der Schönheit des Wesens begleitet, so daß Schönheit sehr viel mehr bedeutet, als was auf der Oberfläche erscheint.« Eine Miss E. jedoch fand Gnade in seinen Augen, und Mr. Spencer schlug ihr vor, er werde sie besuchen. »Hätte ich sie vierzig Jahre zuvor getroffen...« aber zuletzt verlief sich diese späte Romanze im Sande, denn Mr. Spencer bekam die Dame im Profil zu sehen und fand es zu »nußknackerisch«.

Kein Wunder, daß ihm – trotz seiner Liebe zu Beethoven (ganz gleich, ob gut oder schlecht gespielt) – in einem Falle die lebhafte und bedeutungsvolle Melodie von ›Mit einem frechen kleinen Augenzwinkern ...‹ nicht mehr aus dem Kopf ging, eine betagte Unbändigkeit, die zur Folge hatte, daß eine hübsche junge Dame ausrief: »Der Schatz, ich könnte ihn küssen!«

Schicksalhafte Worte. Das Klirren der Teelöffel wurde nun von Zeit zu Zeit unterbrochen durch die fröhlichen Drohungen der Damen, in deren Obhut Mr. Spencer war, sie würden ihren Schützling vor derartigen Absichten warnen. Allem Anschein nach haben sie es getan, denn eines Tages, nach längerer Neckerei, sagte der große Philosoph strahlend: »Sie wissen, daß ich weiß, was sie gesagt hat. Wenn Sie sie sehen, bestellen Sie ihr, sie darf, wenn sie möchte.«

Und sie tat es. Die Gelegenheit ergab sich, als das Lied ›Drei alte Mädchen aus Lee‹ im Wohnzimmer vorgetragen werden sollte. Auf ihrem Hinterkopf trug die hübsche junge Dame »die abstoßende Maske einer alten Frau, in die sie sich verwandelte, wenn sie sich beim letzten Vers des Liedes mit einem Schwung herumdrehte«. Mr. Spencer genoß diese lächerliche Situation genau so wie alle anderen, und er war besonders entzückt, als die junge Schönheit auf ihn zulief, »ihm kleine Küsse mit der abstoßenden Maske« gab und ausrief. »Sie haben gesagt, ich dürfte, wenn ich möchte.«

Die bezauberten Zuschauerinnen berichten, daß »er versuchte, sie festzuhalten, aber sie entschlüpfte ihm; und obgleich tief in einen sehr niedrigen Sessel versunken, rappelte er sich rasch auf, war blitzschnell hinter ihr her, fing sie, als sie die Tür erreicht hatte, drehte sie zu sich herum und gab ihr einen schallenden Kuß auf die Lippen, und unter einem Schwall von Gelächter verschwand er schnell aus dem Zimmer«.

»Natürlich«, fährt die Erzählerin fort, »folgte nach der ungewohnten Aufregung eine sehr schlechte Nacht für den Philosophen, und da er uns seine ›Bewahrerinnen‹ nannte, teilten wir ihm mit, daß wir in Zukunft Küsse von jungen Mädchen mit einer Sperre belegen müßten. Er hingegen erklärte, daß nicht der Kuß es gewesen sei, der ihn so erregt habe, sondern das Gelächter so spät am Abend, wenn er vollkommene Ruhe gebraucht hätte.«

So groß diese Aufregungen auch waren, auf einer Eisenbahnfahrt den Cicerone bei Mr. Spencer zu spielen, war weit aufregender. Die Vorbereitungen glichen denen für einen römischen Heereszug samt Elefanten. Da gab es unter anderem einen »Tragstuhl, eine Hängematte, seine Teppiche, Luftkissen und unendliche persönliche Kleinigkeiten«, einschließlich eines Manuskripts, das er mit einer dicken Schnur, die etwa zwei bis drei Meter lang herabhing, um seine Taille befestigt hatte. Das lose Ende, das wie ein Schwanz in seinem Rücken unter dem Mantel heraushing, war mit einem Paket verbunden, worin sich das Manuskript befand, das er in der Hand hielt.«

Diese eindrucksvollen Vorbereitungen erregten große Erwartungen in den Köpfen der Eisenbahnbeamten, die sich insgesamt kaum einmal für zwei Minuten entfernten, die aber die Gewohnheit hatten, sich in der Haltung von Krokodilen zu nähern und zu fragen: »Wünscht Mr. Herbert Spencer dies, möchte Mr. Herbert Spencer das?«

Die Schlußszene aber war von allen die eindrucksvollste. Denn Mr. Spencer war »durch Erfahrung belehrt worden, daß, wenn er auf einer langen Reise eine Hängematte benutzte, er die üblen Folgen vermeiden konnte, die das Rütteln des Zuges für gewöhnlich mit sich brachte«.

Das Aufhängen der Hängematte im Salonwagen, den Mr. Spencer hatte reservieren lassen, war keine leichte Sache; und sie erregte das Interesse aller am Bahnhof Anwesenden. Als Mr. Spencer dieses Interesse bemerkte, rief er mit Stentorstimme: »Laßt die Rouleaus herunter!« Die vier Beamten, die sich zeitweilig in seiner Leibeigenschaft befanden, taten es sofort, so daß für die Menge der Spaß vorbei war. Mr. Spencer beaufsichtigte die weitere Befestigung der Hängematte, und als der Zug dann abfahrbereit war, richtete er warme Lobesworte an seine Gefährtin, indem er sich aus der Hängematte herunterbeugte. »Sie haben alles sehr gut gemacht. Auf Wiedersehn!«; und: »Ich wünschte, ich könnte Sie mit zurücknehmen.«

»Während sie noch verweilte, um dem Zug bis zuletzt nachzublicken«, so hören wir, »fragte sie sich, ob all die Aufmerksamkeit, die man ihm entgegenbrachte, dem Respekt vor dem ›größten Geist der Epoche‹ zuzuschreiben war...« Gerade als ihr dieser Gedanke durch den Kopf schoß, kam ein Gepäckträger und sprach sie mit einer Kopfbewegung zum Zug hin an:

»'tschuldigung, Miss, war das Earl Spencer?«

Dies also ist ein vergängliches Bouquet, das in mancher Weise dem Lebenswerk einer gewissen Mrs. Dards ähnelt, deren Persönlichkeit im übrigen in Geheimnis gehüllt bleibt.

»Niemand«, sagte die erfinderische Mrs. Dards zu Mr. Rainy Day Smith, »der die ganz allein von mir aus Fischgräten hergestellte ungeheure Sammlung künstlicher Blumen sieht, die unermüdliche Arbeit vieler Jahre, kann sich vorstellen, wie schwierig es war, die Gräten für dieses Sträußchen Maiglöckchen zu finden. Jede Blüte besteht aus Gräten, die das Hirn des Steinbutts enthalten, und ich hätte, bei der Schwierigkeit, die passenden Größen zu finden, meine Aufgabe nie vollenden können, ohne die Güte der Inhaber der London, Freemason's und Crown and Anchor Tavernen, die von ihren Kellnern verlangten, daß sie die Gräten für mich aufhoben.«

Charles Waterton,
der südamerikanische Wanderer

An sonnigen Tagen des Jahres 1862 konnte man einen Achtzigjährigen von lebhafter und geradezu beunruhigender Behendigkeit beobachten, wie er »gleich einem jugendlichen Gorilla«, so bemerkt Mr. Norman Douglas sehr richtig, in die obersten Äste einer Eiche im Park von Walton Hall kletterte, um die Gewohnheiten einiger unauffälliger Vögel zu beobachten.

Unter dem Baum vergnügte sich Mrs. Bennet gackernd und quakend. Dr. Hobson, Squire Watertons Freund, beobachtete die Zweige des Baums angstvoll, und in der Grotte jenseits des Sees war alles Freude und unschuldige Heiterkeit, und gelegentlich wurden einzelne Laute von Gesang und Tanz und fröhlichem Gelächter von der Brise herübergetragen, denn die Insassen des örtlichen Irrenhauses veranstalteten auf Einladung des guten Squire eine Dinner-Party mit Unterhaltungen in der Grotte. Jedoch der von Sorgen verzehrte Dr. Hobson schenkte den Geräuschen dieser geselligen Vergnügungen keinerlei Aufmerksamkeit, sondern wartete mit nach oben gerichtetem Blick darauf, daß sein betagter Freund aus den Zweigen hinabstürzen würde. Der große Naturforscher und Wanderer durch Südamerika tat nichts dergleichen, sondern kletterte immer höher und höher. Mr. Waterton sah nichts Außergewöhnliches in solchen gymnastischen Übungen, denn, wie man aus der Biographie von Pater J. Wood erfährt, die den ›Wanderings in South America‹ vorangestellt ist, »hatte er keinerlei Vorstellung davon, daß er etwas tat, was außerhalb des allgemein Üblichen lag, wenn er einen Besucher aufforderte, ihn in die Spitze eines hochgewachsenen Baumes zu begleiten, um sich ein Falkennest anzusehen, oder wenn er seine Ställe so baute, daß die Pferde sich miteinander unterhalten konnten, oder seinen Zwinger so anlegte, daß seine Hunde zu sehen vermochten, was vor sich ging«.

– 131 –

Dr. Hobsons Erfahrungen mit Mr. Watertons Behendigkeit waren, um das mindeste zu sagen, beunruhigend. »Die bemerkenswerte Geschmeidigkeit seiner Glieder«, so hören wir, »und die Elastizität seiner Muskeln habe ich in seinem einundachtzigsten Jahr häufig höchst wunderbar und verblüffend in den verschiedensten körperlichen Verrenkungen dargeboten bekommen. Ich war Zeuge, wie Mr. Waterton in seinem siebenundsiebzigsten Lebensjahr sich seinen Hinterkopf mit der großen Zehe des rechten Fußes kratzte. Er kannte keine Furcht.« Und weiter: »Oft habe ich in qualvoller Spannung und ganz gegen meine eigene Neigung beobachtet, wie der Squire, schon weit über siebzig, auf einem Bein am Rand der Felsplatte, welche die oberste Terrasse der Grotte bildete, entlanghüpfte, während das andere Bein über dem Abgrund baumelte; und wenn er rasch genug gehüpft war, kehrte er um und hüpfte auf dem anderen Bein zurück. Wenn ich versuchte, ihn zur Vorsicht zu mahnen, erwiderte er: ›Non de ponte cadit, qui cum sapientia vadit‹ (›Der fällt nicht von der Brücke, der sich mit Vorsicht bewegt‹).«

Auf dem Gut wurde eine Ente ausgebrütet, deren Kopf – vielleicht als Folge davon, daß ihre Mutter den Squire bei diesen sportlichen Übungen beobachtet hatte – umgedreht war, so daß der Schnabel unmittelbar über »den eleganten Federn ihres Schwanzes« in die verkehrte Richtung zeigte. Wenn ihr Futter hingestellt wurde, mußte sie einen Purzelbaum schlagen, um heranzukommen. Dieser bemerkenswerte Vogel hatte keine Schwimmhäute zwischen den Zehen, aber kraft seiner Intelligenz schwamm er ebenso gut, ja besser als der Rest der Brut. Die Ente erregte lebhafte Gefühle der Bewunderung im Herzen des Squire.

Wenn man so über Mr. Watertons Gewohnheiten und Geschmack nachsinnt, findet man es etwas schwierig zu verstehen, warum er die Bitte von M. Blondin, seine Künste auf dem Hochseil über dem See zeigen zu dürfen, ablehnte.

Mr. Watertons kuriose Einfälle waren ebenso unerwartet wie zahllos. »Um die spielerische Leichtigkeit meines achtzigjährigen Freundes zu zeigen«, berichtet Dr. Hobson, »darf ich einen Vorfall sehr überraschender Natur erwähnen, der sich ohne jegliche Vorankündigung ereignete. In der Nordostecke der Eingangshalle im Herrenhaus stand ein mit einer großen, bis zum Boden reichenden Decke verhüllter Tisch, um Hüte, Mäntel, Handschuhe usw. der ankommenden Besucher aufzunehmen. Wenn der Squire mich zur Brücke vor dem Haus heranfahren sah, ist er mehr als ein Mal auf allen Vierenwie ein Hund heimlich unter den Tisch gekrochen, darauf wartend, daß ich meinen Mantel auf denselben legen würde. Und während ich ahnungslos damit beschäftigt war, fing er in seinem Versteck hinter dem Tuch wie ein böser Hund zu knurren an und packte meine Beine in einer so ganz und gar hündischen Art, daß ich nicht anders glaubte, als daß ein wütender Hund meine untersten Extremitäten angriffe.«

Nachdem seine Beine die Erfahrung mit den scharfen Zähnen des betagten Mr. Waterton verschiedentlich gemacht hatten, hielt Dr. Hobson es schließlich doch für geraten, »einen Hinweis auf die darin beschlossene zufällige Gefahr fallen zu lassen und zu bemerken, daß man aus zweifelsfreier Quelle von vielen

Beispielen wisse, wo sogar eine dauernde geistige Verwirrung die Folge eines solchen plötzlichen und unerwarteten Nervenschocks gewesen sei«. Von Reue überwältigt bei der Enthüllung dieser Gefahr, der sein Freund ausgesetzt gewesen war, versprach Mr. Waterton, seinen Freund nicht mehr in die Beine zu beißen, und so blieb Dr. Hobsons Verstand unversehrt. In der Folge begrüßte der Squire Dr. Hobson, »indem er ihm über den langen, mit Fliesen ausgelegten Gang entgegentanzte, von Zeit zu Zeit (auch wenn tiefer Schnee den Boden bedeckte) einen seiner leichten Pantoffeln hoch in die Luft schleuderte und ihn geschickt mit der Hand wieder auffing ... Die nassen Fliesen unter seinen Füßen«, werden wir belehrt, »oder ein Schauer von oben stellten kein Hindernis dar für Unternehmungen dieser Art«.

Dies freilich waren, nun da das Alter ihn auf seine Heimat einschränkte, keineswegs die einzigen Leistungen des südamerikanischen Wanderers. Denn sein ängstlicher und geplagter Freund berichtet, »daß Mr. Waterton eine beträchtliche Erfindungsgabe besaß, ganz besonders, um wie er annahm ausgestorbene Tiere von meist gräßlicher Form und Erscheinung durch eine kunstvolle Verbindung einzelner Teile von Reptilien auf das genaueste nachzubilden«. Seine Erfindungslust hätte übrigens diese experimentierfreudige Geschicklichkeit fast zu einem bösen Ende geführt, denn offenbar hatte Mr. Waterton eine Zeitlang die Idee, daß er eigentlich schon »über die Kunst des Fliegens verfüge und in Kürze ein zweiter Pegasus sein werde«. Unter »diesem trügerischen Eindruck hatte der Squire«, wie der Doktor nicht ohne gewisse Düsternis mitteilt, »zwei Exemplare eines ganz besonderen Mechanismus als Ersatz für natürliche Flügel« konstruiert, die er an jedem Arm befestigen wollte, wiewohl Dr. Hobson hinzufügt: »Was der Squire mit seinen unteren Extremitäten anfangen wollte, erklärte er mir nicht, aber er stellte, wie ich mich erinnere, fest, daß menschliche Beine, wenn auch symmetrisch ausgebildet, unverhältnismäßig lang und schwer seien für einen Ausflug in die Atmosphäre, wenn sie nichts anderes als Luft haben, worauf sie sich stützen können.« Das einzige Mal – so ließ er seinen Freund wissen – daß der Squire seine Beine unbeholfen und schwerfällig fand, war eben, als er im Begriff stand zu fliegen.

Schließlich wurden die Flügel fertiggestellt, und der muntere alte Gentleman kletterte, nachdem er sie an seinen Schultern befestigt hatte, auf das Dach eines Stallgebäudes und war dabei, sich in die Luft zu erheben, als Dr. Hobson auf dem Schauplatz erschien und durch anhaltende und inständige Bitten den zweiten Pegasus dazu brachte, auf eine weniger jähe Weise zur Erde zurückzukehren.

Mr. Waterton führte seine Heldentaten in jedem Land vor, das er aufsuchte. So kletterte er, als er in Rom war, auf den Engel, der die Engelsburg krönt, und als er diesen erstaunlichen Höhepunkt erreicht hatte, bestand er darauf, auf einem Fuß auf dessen Kopf zu stehen, in »einer Stellung, die«, wie Mr. Norman Douglas anmerkt, »jede Gemse, die etwas auf sich hält, seekrank gemacht hätte«. Und er fügte hinzu: »Ganz Rom hallt wider von dieser Großtat, sogar der Papst fängt an, sich für den verrückten Sohn Albions zu interessieren.«

Derartige Großtaten waren ohne Zahl, und niemand verstand ihren Witz, ihre Absonderlichkeit besser als der, der sie ausführte. Zu den verblüffendsten gehört die Episode mit dem verstauchten Gelenk. Während Mr. Waterton in den Vereinigten Staaten weilte, widerfuhr ihm dieses Mißgeschick. Und da ihn die Frage anderer, weniger abenteuerfreudiger Gentlemen im gleichen Hotel – wie sich denn seine »Gicht« entwickele – außerordentlich verdroß, entsann er sich, daß sein Arzt, wenn er sich früher das Fußgelenk böse verrenkt hatte, ihm verordnete, es unter die Pumpe zu halten. Es könnte eine Art Super-Kur sein, fiel ihm ein, wenn er sein Fußgelenk unter die Niagara-Wasserfälle hielt.

»Während ich meinen Fuß unter den Wasserfall hielt«, berichtet er, »versuchte ich über den immensen Unterschied zwischen einer Gartenpumpe und dieser ungeheuren Kaskade der Natur zu meditieren, und auch darüber, welche Wirkung er auf meine Verrenkung haben könnte; aber die Großartigkeit des Gegenstandes war zu überwältigend und ich mußte es aufgeben.«

Niemand konnte voraussagen, welche Form seine nächsten Einfälle annehmen würden. Unvorhersehbaren Gefahren waren alle Besucher des Squire ausgesetzt, denn wenn sie auch nicht ins Bein gebissen wurden, so konnte ihr Nervensystem doch jeden Augenblick zusammenbrechen; zum Beispiel, wenn sie auf einem dunklen Treppenabsatz oder in einem schummrigen Korridor mit einem abstoßend aussehenden Reptil oder einer anderen vorzeitlichen Bestie in Berührung kamen, die der Wanderer, wie ich angedeutet habe, aus einer Anzahl verschiedener Geschöpfe zusammengebastelt hatte, und die den Namen irgendeines berühmten Protestanten trugen.

Zum Beispiel stand eine riesige Büste, aus dem Kopf und der Haut eines enormen Affen gestaltet, aber versehen mit dem glatten, unbehaarten Gesicht eines Menschen im Treppenhaus von Walton Hall. »Da flossen verschiedene Kenntnisse zusammen«, meint sein Biograph, »die Mr. Waterton in den Stand setzten, ein Wunder an augenscheinlicher Natürlichkeit zu schaffen, und als ich ihn fragte: ›Wie sind Sie nur auf die Idee gekommen, einen Affen in einen Menschen zu verwandeln?‹, erwiderte er: ›Ich fürchte, Sie befassen sich nicht mit den fortschrittlichen wissenschaftlichen Ideen unserer Zeit. Haben Sie noch nicht bemerkt, daß die Affen sich anschicken, in unsere Fußstapfen zu treten? Ich habe lediglich künftige Zeitalter vorweggenommen oder ein kommendes Ereignis angekündigt, indem ich der ganzen Gattung ein menschliches Gesicht und diesem Gesicht einen intellektuellen Ausdruck gegeben habe, denn ich wage zu sagen, daß es in dem bunten Gemisch der Menschheit hier und da einige gibt, die der Ansicht sind, ein fairer Austausch wäre kein Diebstahl.«

Das Leben in Walton Hall war voller Überraschungen, und man braucht kaum zu sagen, daß der Tagesablauf des Squire durch vollkommen andere Dinge bestimmt war als der anderer Menschen. Er schlief niemals in einem Bett, sondern, in einen Mantel gewickelt, auf dem Fußboden und mit einem Buchenscheit als Kopfkissen. Er stand um 3 Uhr 30 auf, verbrachte, nachdem er seinen Kamin angezündet hatte, eine halbe Stunde in der Kapelle und begann dann seine Tagesarbeit. Er verabscheute elegante junge Gentlemen, die er »Miss Nancies« und »männliche Modepuppen« taufte, abgesehen von diesen aber liebte er alle menschlichen Wesen.

Innige Freundschaft pflegte er mit einer jungen Schimpansin, die in der Gefangenschaft kränkelte. Der Wanderer besuchte sie täglich und applizierte ihr, wenn er fortging, jedesmal einen galanten Kuß auf die Wange.

Einmal reiste der siebenundzwanzigste Lord von Walton Hall mit Käfigen voller Eulen von Italien nach England. Und nachdem er seine Freundinnen durch den nicht schlecht staunenden Zoll in Genua geschleust hatte, beschloß er, daß ihnen ein Bad so nötig sei wie ihm selbst. Aber ach, das Bad war nicht das richtige gewesen, und viele der Eulen starben.

Dieser liebenswürdige und liebenswerte Mensch war nicht leicht aufzubringen oder zu erzürnen; aber bei einer Gelegenheit fand ihn Dr. Hobson in einem Zustand hochgradigen Ärgers und Kummers, weil nämlich eins von Gottes Geschöpfen verächtlich behandelt worden war. »Ja«, rief er aus, »ich bin bis ins Innerste bekümmert! Mr...., dem sie noch auf dem Kutschweg hätten begegnen können und der behauptet, er sei entzückt von Gottes Schöpfung, hat eben das Haus verlassen. Und was glauben Sie? Er rümpfte kühl die Nase über meine Bahia-Kröte und nannte sie ein ›häßliches Untier‹!

Daß dieser Gentleman, der bekennt, ein Liebhaber der Naturgeschichte zu sein und behauptet, ein starkes Verlangen zu haben, mit mir im gleichen Weinberg zu arbeiten, eines von Gottes Geschöpfen als ›häßliches Untier‹ bezeichnen konnte, hat mich für mindestens eine Woche aus der Fassung gebracht. Und ich habe ihn bereits im Treppenhaus seinen eigenen Überlegungen überlassen.«

Tatsächlich konnte der fromme Sinn und das Herz dieses Mannes nichts Häßliches oder Abstoßendes in irgendeinem Werk Gottes erkennen – mit Ausnahme natürlich der unglücklichen hannoveranischen Ratte, einem Vierfüßler, den er, ich muß es beschämt gestehen, beharrlich verfolgte. Der große Naturkenner nahm die Kröte, diese arme, harmlose und verachtete Kreatur, auf, streichelte sie und bewunderte sie, er sprach sanft mit ihr und strich ihr mit liebevollem Entzücken über den Kopf; er »verbreitete sich mit offensichtlichem Vergnügen« über ihre Schönheit, die Tiefe und den Glanz ihrer Augen und ihre Nützlichkeit für den Menschen, dadurch, daß sie Insekten vertilgte – und das trotz der Undankbarkeit des Menschen. Er sprach in milden Tönen von der Unschädlichkeit dieser derartigen Verfolgungen ausgesetzten Kreatur und äußerte sich mit entzückter Ausführlichkeit über ihre Form und ihre Farbe, so als sei dieses verachtete Geschöpf ein Gegenstand von Interesse und Bewunderung, obgleich er, wie Dr. Hobson zu berichten weiß, »niemand hatte, der ihn darin unterstützte«.

Es gab in der Tat keine lebende Kreatur – außer, wie schon gesagt, der hannoveranischen Ratte –, auf die sich seine Liebe und sein Mitleid nicht erstreckte. Das Faultier, zum Beispiel, dem es – für den flüchtigen Beobachter – vielleicht an Charme fehlen mag, entlockte Mr. Waterton die folgenden schönen und bewegenden Passagen in seinen südamerikanischen Wanderungen:

»Sein Aussehen, seine Bewegungen, sein Schrei – alles zusammen beschwört uns, Mitleid mit ihm zu haben. Denn dies sind die einzigen Waffen, die ihm die Natur zu seiner Verteidigung gegeben hat. Während andere Tiere sich in Herden versammeln oder paarweise die endlose Wildnis durchstreifen,

– 135 –

ist das Faultier ein Einzelgänger und bleibt fast immer am gleichen Ort. Es kann einem nicht entkommen. Man sagt, daß sein mitleiderregendes Stöhnen sogar den Tiger zögern und ihm aus dem Wege gehen läßt. Richten Sie also nicht ihr Gewehr auf dieses Tier, durchbohren Sie es nicht mit einem vergifteten Pfeil, es hat noch niemals ein lebendes Wesen verletzt.

Ein paar Blätter, und zwar von der gemeinsten und härtesten Art, ist alles, was es zu seinem Unterhalt braucht. Wenn man das Faultier mit anderen Tieren vergleicht, könnte man sagen, daß in seiner Gestalt Mangel, Unförmigkeit und Überfluß eine Verbindung eingegangen sind. Es hat keine Schneidezähne, obgleich es vier Mägen besitzt, und ihm fehlen noch die langen Eingeweide der Wiederkäuer. Es hat – wie die Vögel – nur *eine* kleinere Öffnung, keine Fußsohlen und kann die Zehen nicht einzeln bewegen. Sein Haar ist glatt und läßt einen an Gras denken, das in Winterstürmen fahl geworden ist. Seine Beine sind zu kurz und wirken deformiert durch die Art, wie sie am Rumpf befestigt sind; und wenn es sich auf dem Boden bewegt, scheinen sie nur dafür berechnet zu sein, auf Bäume zu klettern. Es hat sechsundvierzig Rippen, während der Elefant nur vierzig hat, und seine Klauen sind unproportioniert lang. Wenn man auf einer Skala den Anspruch auf Überlegenheit unter den Vierfüßlern eintragen würde, so würde dieses unförmige Geschöpf auf der alleruntersten Stufe stehen.«

Dann folgt jene Passage, die womöglich noch schöner ist in ihrer Zuneigung und ihrem Verständnis: »Es erscheint uns verloren, armselig und falsch zusammengesetzt und so ganz ungeeignet, die Vorzüge zu genießen, die doch dem Rest der belebten Natur so reichlich zugemessen wurden. Denn, wie bereits angemerkt, es hat keine Sohlen unter seinen Füßen, und es fühlt sich offensichtlich unbehaglich, wenn es versucht, sich auf dem Boden zu bewegen. Und dann blickt es einem ins Gesicht mit einer Miene, die sagt: ›Hab' Mitleid mit mir, denn ich leide und bin traurig.‹ Aussehen und Bewegungen verraten seine unbequeme Lage, und wenn sich ihm ab und zu ein Seufzer entringt, so schließen wir mit Recht daraus, daß es wirklich Schmerzen leidet.«

Mr. Waterton hatte einmal ein Faultier monatelang in seinem Zimmer gehalten, und dieses verlorene und unglückliche Geschöpf scheint seine Zuneigung erwidert zu haben. Es suchte sich immer eine Stellung, die ihm möglichst bequem war und, nachdem es seine vier Beine am Rücken eines Sessels in eine Linie gebracht hatte, hing es stundenlang so da und schien »seinen Freund mit einem leisen, kaum hörbaren Schrei« aufzufordern, Notiz von ihm zu nehmen.

Manchmal allerdings führten Mr. Watertons Sympathie und Bewunderung auf gefährliche Pfade, so, zum Beispiel, als er auf seiner südamerikanischen Reise sich von den Lebensgewohnheiten und der Erscheinung des Vampirs faszinieren ließ und dieses geflügelte Wesen gegen den Vorwurf verteidigte, ausschließlich von Blut zu leben. »Wenn der Mond hell schien«, berichtet er, »und die Früchte des Bananenbaums reif waren, konnte ich sehen, wie er näher kam und sie aß ... Und da war auch irgend etwas an der Blüte des Sawarri-Nußbaums, das ihm angenehm war.« Immerhin mußte Mr. Waterton trotz aller Sympathie zugeben, daß »der Vampir eine merkwürdige Membrane an seiner Nase hat, die ihm ein sonderbares Aussehen gibt«.

Aber keineswegs abgeschreckt von diesem sonderbaren Aussehen, ergriff Mr. Waterton der heftige Wunsch, seine große Zehe von der Fledermaus aussaugen zu lassen – nur ein Mal, damit er sagen konnte, daß ihm auch dieses Abenteuer zugestoßen sei. Nacht für Nacht streckte er deshalb im Schlaf seinen Fuß aus der Hängematte – aber alles war vergebens. Und obwohl der Vampir sein Schlafzimmer oder richtiger seinen Dachboden einige Monate lang mit seinem Bewunderer teilte, näherte er sich ihm niemals, sondern zog, vermutlich aus Trotz, den großen Zeh eines neben ihm liegenden Indianers vor. Dieser schien, so fügt der Wanderer leicht pikiert hinzu, »alle Vorzüge zu haben«.

Trotz dieser Zurücksetzung hörte Mr. Waterton nicht auf, den Vampir zu bewundern, und ebensowenig hielten ihn die unerheblichen Nachteile des Geiers oder der Aaskrähe davon ab, auch diese beiden Zweifüßler zu bewundern. »Der Kopf und Nacken des Königs der Geier«, ruft er wie in Ekstase aus, »sind ungefiedert, aber ihr schönes Aussehen verblaßt im Tode. Die Kehle und der Nacken sind von einem zarten Zitronengelb, beide Seiten des Halses unterhalb der Ohren von einem satten Scharlachrot; zwischen dem unteren Teil des Schnabels und dem Auge ist ein Punkt wie von feinstem Silberblau … Der Magensack, der nur zu sehen ist, wenn Nahrung ihn ausdehnt, ist von klarem Weiß und durchzogen von blauen Adern, die so wirken wie die blauen Adern auf dem Arm einer zarthäutigen Person. Die Schwanz- und Schwungfedern sind schwarz, der Bauch weiß und der Rest des Körpers von einem feinen Seidenglanz. Die freundliche Vorsehung hat den heißen Ländern ein segensreiches Geschenk gemacht, indem sie ihnen den Geier gab.« Und was die Aaskrähe angeht: »Dieser kriegerische Vogel ist immer dem allgemeinen Abscheu ausgesetzt. Schon das Wort ›Aas‹, das sich mit ihrem Namen verbindet, hat etwas Widerliches an sich, und niemand bezeigt ihr Freundlichkeit. Und wenn sie auch ihre Laster hat, so hat sie dennoch auch ihre Tugenden.« Und Mr. Waterton beeilt sich, uns zu versichern, daß, zum Beispiel, »die Aaskrähe ein Frühaufsteher« sei.

Auch der Orang-Utan war Gegenstand steten Interesses und freundlicher Gefühle von Mr. Waterton, und bei einer Gelegenheit zumindest scheint dieser Vetter des Menschen seine Gefühle erwidert zu haben. Diese Gelegenheit ergab sich im Jahre 1861, als vor den Augen einer großen Menge und gewarnt von den Tierpflegern im Zoologischen Garten – die ihm alle versicherten, sein Gastgeber werde »kurzen Prozeß mit ihm machen«, da ihn gerade ein paar freche Buben geneckt hatten – Mr. Waterton den Käfig eines enormen Orang-Utans betrat, der den Ruf hatte, ungeheuer wild zu sein. Dieser Besuch fand gegen den Willen des Kurators des Zoologischen Gartens statt; aber zur größten Überraschung aller, nur nicht Mr. Watertons, wurde die Begegnung für Gastgeber und Gast zum gleichen Vergnügen. Tatsächlich, so versichert uns Dr. Hobson, »war die Begegnung dieser beiden Berühmtheiten ganz deutlich eine Liebe auf den ersten Blick, denn die beiden Fremdlinge umarmten einander nicht nur höchst liebevoll, sondern drückten sich herzlich ab und küßten sich in ihrer offenbar unbezwingbaren Freude mehrere Male«.

Mr. Waterton hatte diesen Besuch vor allem in der Hoffnung gemacht, daß ihm gestattet würde, sich die Handfläche seines Gastgebers im lebenden

Zustand und nicht erst nach seinem Tode genau anzusehen und auch die Zähne seines neuen Freundes aus möglichst großer Nähe zu untersuchen. Beide Untersuchungen »wurden dem Squire ohne Murren konzediert«, und Mr. Waterton durfte seine Hand in den Mund des Orang-Utans stecken. Als die Zeremonie vorbei war, hielt der Orang-Utan es offenbar für einen Akt der Höflichkeit, diese Aufmerksamkeit zu erwidern, und er beugte sich mit seinem zottigen Antlitz über Mr. Watertons Kopf und befühlte dessen Zähne mit großer Gründlichkeit. Dies getan, »fuhr er über Mr. Watertons Gesicht«, und schließlich setzte er sich hin und unterwarf Mr. Watertons Haar »einer sorgsamen und sanften Untersuchung, oder vielleicht sollte ich sagen, einer umständlichen Suche«.

Aber Mr. Watertons Abenteuer und die Merkwürdigkeiten, die ihn dauernd umgaben, nahmen kein Ende – auch als er, von seinen Wanderungen zurückgekehrt, heiratete und einen Sohn hatte. Und der Tribut, den Mr. Norman Douglas ihm in ›Experiments‹ und Dr. Hobson in seinem ›Life of Charles Waterton‹ zollten, ist wohlverdient. Wie auch Mr. Douglas sehr richtig bemerkt: »Schon allein das Inhaltsverzeichnis des bemerkenswerten Buches von Dr. Hobson ist eine immerwährende Freude. Da gibt es Gegenstände wie: ›Eine Ochsenaugen-Meise baut ihr Nest im Stamm eines Baums, der für Eulen vorbereitet ist, nimmt es aber in späteren Jahren nicht mehr an, weil ein Eichhörnchen es benutzt hat‹, oder ›Über den hervorragenden Mut des Squire bei einem Orang-Utan im Zoologischen Garten‹, worauf folgt: ›Als der Affe den Kopf des Squire untersucht, muß dieser an einer Anekdote aus Cambridge denken.‹ Oder nehmen sie solche anregenden Anfänge wie: ›Ein Hinweis auf den Gestank eines toten Herings neben der Grotte brachte den Squire dazu, einen Vorfall, die tote Wissenschaft betreffend, zu erzählen‹, ›Mr. Waterton hält einem Schneesturm ohne Hut stand und schleudert, als er auf das achtzigste Jahr zugeht, seine Pantoffeln über seinen Kopf‹, ›Mr. Waterton ist betrübt, weil seine Bahia-Kröte ein »häßliches Untier« genannt wurde.‹« Zu diesen Überschriften, die Mr. Douglas so klug ausgewählt hat, würde ich noch hinzufügen: »Besondere Widerstandsfähigkeit des weiblichen Geschlechtes gegen den Tod durch Blitzschlag«, »Der Autor vermutet, daß der Squire bereits eine Vorahnung vom selbstmörderischen Ende der Bäume hatte, als er sie aufzog«. »Mr. Watertons Meinung über die Anklage, die Aaskrähe sauge die Eier anderer Vögel aus, nebst Beweisen, welche diesen Vorwurf einigermaßen abschwächen könnten.«, »Kapriziöse Ente baut ihr Nest in einer Eiche, zwölf Fuß über dem Boden!«, »Die majestätische Gestalt und die einzigartigen Besonderheiten des Reihers.«, »Monogamie einer gemeinen Gans«.

Das sind nur einige der Genüsse, die uns in Dr. Hobsons Erinnerungen an seinen Freund bevorstehen.

Der große Naturfreund und Reisende machte vier Reisen in die Neue Welt aus Abenteuerlust und auch um ein bestimmtes Gift zu finden, das eines seiner lebenslangen Hauptinteressen war. Im Jahre 1812, dem Zeitpunkt seiner ersten Reise, stellte er fest, daß sich die Gegend seit Sir Walter Raleigh nur wenig verändert hatte. Da er wußte, daß die Türme von El Dorado nur Luftschlösser waren, wollte er gern wissen, ob der See Panina ebenfalls nur eine Sage war.

Während dieser Wanderung geschah es, daß Mr. Waterton einen Ritt auf einem Krokodil unternahm und, in seinem dringenden Wunsch, die Anordnung der Zähne bei einer Schlange zu erkunden, sein Schlafzimmer für eine Nacht mit einer Culcana von »vierzehn Fuß Länge« teilte, »nicht giftig, aber stark genug, um jeden von uns zu erdrücken. Eine Culcana von vierzehn Fuß Länge ist ebenso dick wie eine normale Boa von vierundzwanzig Fuß«, fügt Mr. Waterton trocken hinzu.

Das Einfangen von Mr. Watertons Schlafgenossin war denkbar gefährlich, denn die Schlange mußte aus ihrer Behausung ausgegraben werden; die Neger in seiner Begleitung waren in einem Zustand äußersten Schreckens, und selbst Mr. Waterton bekannte, so mutig er auch war, daß sein »eigenes Herz, trotz allem was ich dagegen zu tun versuchte, heftiger schlug als gewöhnlich; ich hatte ähnliche Empfindungen wie sie einen an Bord eines Handelsschiffes in Kriegszeiten beschleichen, wenn der Kapitän alle Mann an Deck befiehlt, weil ein fremdes Schiff unter verdächtiger Flagge sich nähert«.

Die Beschreibung des Schlangenfangs ist äußerst erregend. »Als wir sie mit der Lanze auf dem Boden festhielten, gab sie ein ungeheuer lautes Zischen von sich, und der kleine Hund lief heulend davon.« Der Kampf war lang und wütend; schließlich setzten sich Mr. Waterton und ein paar Neger, fahlgrau vor Angst, auf den Schwanz der Schlange. Dann hatte der Squire eine glänzende Idee: »Es gelang mir, meine Hosenträger zu lösen, und ich verband der Schlange das Maul damit.« Auf dem Weg zurück zum Lager kämpfte das Tier wütend und ohne Unterlaß, aber Mr. Waterton und die Neger gewannen die Schlacht, und die Schlange verbrachte die Nacht, eingeschlossen in einen riesigen Sack, in Mr. Watertons Schlafraum. »Ich kann nicht behaupten, daß sie mir eine ruhige Nacht gönnte«, bemerkt der Wanderer. »Meine Hängematte hing auf dem Dachboden genau über ihr, und die Decke dazwischen war verrottet, so daß teilweise keine Bretter mehr zwischen ihrer Bleibe und meiner waren. Sie war sehr unruhig und zornig, und wäre Medusa meine Ehefrau gewesen, es hätte kaum so viel unausgesetztes und unerfreuliches Gezische das Schlafzimmer erfüllen können.«

Ich bedaure, mitteilen zu müssen, daß Mr. Waterton in der Morgendämmerung der Schlange die Kehle durchschnitt, begleitet von mitfühlenden Lauten der Neger, die er zu Hilfe gerufen hatte. Es stellte sich dann heraus, daß die Zähne enttäuschend waren, denn sie waren alle »gebogen wie Spannhaken, wiesen nach innen in ihren Schlund und waren auch nicht so lang oder so stark wie ich erwartet hatte«.

Mr. Watertons Ritt auf einem Krokodil war ein ähnlich bemerkenswertes Ereignis, und ich vermute, daß die Unsinnigkeit dieses Einfalls dem Wanderer beträchtliches Vergnügen gemacht hat, denn er war niemals glücklicher als wenn er etwas Unerwartetes tat. Die Geschichte dieser Heldentat muß mit seinen eigenen Worten erzählt werden: »Die Leute zogen den Kaiman (oder das Krokodil) an die Oberfläche; er stampfte, versuchte wütend unterzutauchen, sobald er in die oberen Regionen kam, und verschwand sofort wieder, sobald das Seil nachgab. Ich sah genug, um mich nicht auf den ersten Blick zu verlieben. Darauf sagte ich ihnen, daß wir alles riskieren müßten, um ihn sofort an Land zu ziehen. Sie zogen das Seil wieder an, und da kam er heraus. ›Monstrum, horrendum, informe‹. Das war ein interessanter Augenblick; ich hielt meine Stellung, den Blick fest auf ihn gerichtet.

Inzwischen war der Kaiman nur noch zwei Yards von mir entfernt. Ich sah, daß er sich in einem Zustand von Angst und Verwirrung befand. Augenblicklich ließ ich den Knüppel fallen, sprang auf seinen Rücken, indem ich mich im Schwung halb herumdrehte, so daß ich in der richtigen Position zu sitzen kam. Ich ergriff sofort seine Vorderfüße und drehte sie nach hinten, so daß sie mir als Zügel dienten.

Er schien sich nun von seiner Überraschung erholt zu haben, und da er sich wahrscheinlich in feindlicher Umgebung glaubte, begann er, wütend zu stampfen und mit seinem langen und kraftvollen Schwanz auf den Sand zu schlagen. Ich war außer Reichweite seiner Schläge, denn ich befand mich ja an seinem Kopf. Er fuhr fort zu stampfen und zu schlagen und machte mir meinen Sitz sehr unbequem. Für einen unbeteiligten Beobachter muß es ein reizender Anblick gewesen sein.«

Die Leute brachen in lautes Triumphgeschrei aus und lärmten derart, daß es einige Zeit dauerte, bis sie hörten, daß ich ihnen sagte, sie sollten mich und mein Lasttier weiter ins Land ziehen. Ich war besorgt, das Seil könnte reißen – dann wäre ich wahrscheinlich mit dem Kaiman unter Wasser geraten, und das wäre gefährlicher gewesen als Arions Morgenritt:

›Delphini insidens vada caerula sulcat Arion.‹
(Auf dem Dephin sitzend durchfurcht Arion das Meer.)

Die Leute zogen uns dann etwa vierzig Yards auf den Strand hinauf; es war das erste und das letzte Mal, daß ich auf dem Rücken eines Kaimans gesessen habe. Wenn die Frage aufkäme, wie ich es bewerkstelligte, sitzen zu bleiben, würde ich antworten: Ich bin einige Jahre lang mit Lord Darlingtons Hunden auf Jagd gegangen.«

Mr. Waterton war, muß ich an dieser Stelle sagen, barmherziger gegen eine kleine, unausgewachsene, übellaunige Wanze, auf die er im Laufe seiner Wanderungen traf, als er es mit der Schlange oder dem Kaiman gewesen war, obgleich es zweifelhaft ist, ob die letztendlichen Gastgeber der Wanze dankbar waren für diesen Gnadenbeweis.

Dieses kleine und unternehmungslustige Geschöpf machte sich auf Mr. Watertons Nacken bemerkbar, während er in einem Dampfboot den St.-Lawrence-Strom hinunterfuhr, und Mr. Waterton fand, daß es ein Jammer wäre, sie umzubringen, so warf er sie wohlüberlegt auf ein Gepäckstück, das einem anderen Reisenden gehörte, und empfahl ihr, sich bei erster Gelegenheit an Land zu begeben.

Was nun das besondere Gift angeht, diese hochgeschätzte und lange gesuchte Kostbarkeit, so können wir mit Befriedigung feststellen, daß Mr.

Waterton es schließlich fand und daß er es im Triumph nach England zurückbrachte. Er behauptete – ich weiß nicht, aus welchem Grunde –, daß es Hydrophobie (Wasserscheu) heile –, und seine Experimente mit dem kostbaren Gift waren ebenso phantastisch wie alle seine vorhergehenden Heldentaten. Einmal gab er zusammen mit Mr. Higginbotham, dem ausgezeichneten Chirurgen aus Nottingham, einem Esel von dem geliebten und gefürchteten Gift, was ich nicht sehr freundlich finde, und das verursachte dessen Scheintod. Dann machten sie mit einer Lanzette einen Einschnitt in die Luftröhre des geduldigen Vierbeiners und bewirkten damit künstliche Atmung. Das Leben kehrte zurück, der Esel erhob sich, und Mr. Waterton ritt auf seinem Rücken eine Runde durch das Zimmer. Noch viele Jahre später lebte das Tier als Pensionär auf den Gütern von Walton Hall.

Mr. Watertons Briefe sind ein wahres Vergnügen und haben den persönlichen Duft seines Charmes, seiner Güte und der phantastischen Fröhlichkeit, die ihn so bemerkenswert machte.

In einem Brief aus Scarborough vom November 1854 läßt er uns etwas von seiner Einstellung zum Handel und zur Schießpulververschwörung* erkennen:

Mein lieber Sir – wir haben ihre letzte Mitteilung mit großer Freude erhalten und sie mit zufriedenem Lächeln gelesen. Nachdem wir letztes Mal in Neptuns salziges Waschbecken eingetaucht sind, bleibt nun nichts mehr, als unsere Rechnung mit Mrs. Peacock von Kliff eins zu begleichen, was wir immer zufriedenstellend für beide Seiten erledigen.

Morgen werden wir Scarborough verlassen und in die düsteren Regionen reisen, wo Unmengen stygischen Rauchs eine einst bekömmliche Atmosphäre vergiften und wo es durch Gesetz erlaubt ist, daß dreckige Abwässer aus den Höllen auf Erden für die heiligen Rechte des modernen Handels das Wasser in jedem Fluß weit und breit verunreinigen. Morgen bei unserem großen Detonationsfest werde ich eine Mußestunde haben, um eingehend darüber nachzudenken, was für schreckliche Folgen Old Guys Greueltaten gehabt hätten, wenn es ihm gelungen wäre, einige Dutzend Ruchlose zu Atomen zu zersprengen, die ohnehin hätten für ihre Verbrechen gegen Himmel und Erde gehängt werden müssen.

Und hier noch ein weiterer Brief mit dieser ganz persönlichen Note:

Mein lieber Sir – letzten Samstag Abend sang ich >Cease rude Boreas, blustering wild< und bat jenen eisigen Gott recht nachdrücklich, seine Schrecken zu mildern und unserem lieben Dr. Hobson einen sicheren Weg von Leeds nach Walton Hall zu gewähren. Ich habe gerade gesagt, daß ich einen Köder besitze, um Sie hierherzulocken. Wir haben zwei schöne Kormorane, die jeden Tag, nur einen Steinwurf weit weg von den Wohnzimmerfenstern, auf dem See schwimmen, und ich weiß ja, daß Sie lieber einem Kormoran in dieser Lage zuschauen würden, als mit uns all die guten Dinge zu genießen, die wir Ihnen zum Dinner bieten können; darum also halte ich Ihnen meinen

---

* Am 5. November 1605 endeckte katholisch inspirierte Verschwörung mit der Absicht, das Parlamentsgebäude in Westminster in die Luft zu sprengen: Nach dem 1606 hingerichteten Anführer heißt der 5. November auch heute noch in England »Guy-Fawkes-Day«.

verlockenden Köder hin. Wir haben gerade auch Pfeifenten in großer Zahl und auch einige Krickenten und Taucher. ›Hoc scripsi, non otii abundantio, sed amoris erga te.‹ (Ich schreibe dies nicht, weil ich Muße im Überfluß habe, sondern aus Liebe zu Ihnen.) Mit freundlichen Grüßen immer
Charles Waterton

Ja, wirklich, die Heldentaten, die Abenteuer dieses ritterlichen, klugen, liebevollen und fröhlichen Heiligen sind so reich an Zahl, daß es unmöglich ist, ihnen bei dem Raum, der mir zur Verfügung steht, gerecht zu werden. Thackeray beschreibt in ›The Newcomers‹ diese besondere »Heiligkeit«, die auf alle, die diesen geglückten Charakter gekannt haben, ausgestrahlt haben muß: »Ein Freund, der zum alten Glauben gehört, nahm mich letzte Woche in eine Kirche mit, wo die Jungfrau kürzlich einem jüdischen Gentleman erschien, im Licht und Glanz des Himmels auf ihn herabstrahlte und ihn natürlich auf der Stelle bekehrte. Mein Freund zeigte mir das Bild, und ich wußte, als er neben mir niederkniete, daß er aus vollstem, ehrlichstem Herzen betete, die Wahrheit möge auch mich erleuchten. Aber ich sah auch nicht das kleinste bißchen Himmel, ich sah ein sehr armseliges Gemälde, einen Altar mit flimmernden Kerzen, eine Kirche, die vollgehängt war mit schäbigen weißen und roten Kattunstreifen. Der gute, liebe W. verabschiedete sich, indem er bescheiden darauf hinwies, daß ähnliches durchaus wieder geschehen könne, wenn der Himmel es wolle. Ich konnte nur Freundlichkeit und Bewunderung für den guten Mann empfinden. Ich weiß, daß er bemüht ist, in seinen Werken seinem Glauben gleichzukommen, daß er sich von einer Brotkruste ernährt, keusch wie ein Eremit lebt und alles, was er besitzt, den Armen gibt.«

Diese Heiligkeit war ein Erbteil, denn auf Seiten seiner einen Großmutter war er der neunte in unmittelbarer Abkunft von Sir Thomas More, und er zählte die Heilige Mathilde aus Deutschland, die Heilige Margaret, Königin von Schottland, Sankt Humbert von Savoyen, den Heiligen Ludwig aus Frankreich, den Heiligen Wladimir und die Heilige Anna aus Rußland zu seinen Vorfahren.

Sein Leben ist ein einziger langer Bericht von dieser Heiligkeit, von seiner Liebe zu dem jungen und lieblichen siebzehnjährigen Mädchen, die seine Frau wurde, nach nur einjähriger Ehe starb und ihn mit gebrochenem Herzen zurückließ. Es ist eine lange Geschichte von hohen Idealen, von den verrücktesten Eigenheiten und Eskapaden und haarsträubenden Abenteuern. Wer außer Mr. Waterton, zum Beispiel, hätte den Schwarzen Brechdurchfall in Malaga überleben können, von dem er einen Bericht gibt, der – zumindest für mich – schrecklicher ist als Defoes Schilderung der Pest in London. Ich gebe ihn hier vollständig wieder, auch um zu zeigen, daß Charles Waterton, da, wo er sein Bestes gibt, ein großer Schriftsteller ist.

»Berichte«, so schreibt er, »kursierten in der ganzen Stadt, daß der Schwarze Brechdurchfall aufgetreten sei; und jeder weitere Tag brachte Beweise, daß alles nicht so war, wie es sein sollte. Ich selbst sah, wie in einer Allee nahe dem Haus

Charles Waterton
Gemälde von C. W. Peale

meines Onkels eine Matratze von höchst verdächtigem Aussehen zum Trocknen ausgehängt wurde. Ein Kapitän aus Malta, der bei guter Gesundheit mit uns zu Abend gegessen hatte, lag am nächsten Morgen tot in seiner Kajüte. Einige Tage danach packten mich während der Nacht Brechreiz und Fieber. Ich litt unter den fürchterlichsten Krämpfen, und alle nahmen an, daß ich den nächsten Mittag nicht überstehen würde. Jedoch meine kräftige Konstitution brachte mich durch. Während der nächsten drei Wochen sah man Menschenmengen die Stadt verlassen, die kurz danach als von einer Seuche befallen erklärt wurde. Einige nahmen an, daß die Krankheit aus der Levante kam; andere meinten, sie sei aus Havanna eingeschleppt worden; aber ich halte es für wahrscheinlich, daß niemand genau wußte, in welcher Gegend sie ihren Ursprung hatte.

Wir hatten uns alle in das Landhaus auf dem Gut meines ältesten Onkels zurückgezogen. Von Zeit zu Zeit kehrte er – da dringliche Geschäfte seine Anwesenheit in der Stadt erforderten – nach Malaga zurück. Und so verließ er uns auch eines Sonntagabends; das aber war die letzte Fahrt meines armen Onkels. Als er in seinem Haus in Malaga ankam, wartete bereits ein Bote mit der Nachricht auf ihn, daß Padre Bustamente erkrankt sei und ihn zu sehen wünsche. Padre Bustamente war ein betagter Priester, der bei der Ankunft meines Onkels in Malaga ganz besonders freundlich zu ihm war. Mein Onkel ging sofort zu ihm, tröstete ihn, so gut es ihm möglich war, und kehrte sehr unwohl in sein eigenes Haus zurück, um dort als Märtyrer seiner Barmherzigkeit zu sterben. Padre Bustamente verschied noch vor Tagesanbruch; mein Onkel legte sich zu Bett und stand nie mehr auf. Sobald wir Nachricht von seiner Erkrankung hatten, machte ich mich sofort zu Fuß in die Stadt auf. Sein Freund, Mr. Power, der nun in Gibraltar lebt, war schon bei ihm und tat alles, was Freundschaft einem rät und die Vorsicht diktiert. Die athletische Konstitution meines Onkels wehrte sich weitaus länger gegen das Übel, als wir es für möglich hielten. Fünf Tage kämpfte er dagegen und verschied schließlich gegen Sonnenuntergang. Er war sechs bis sieben Fuß groß und von so gütigem und großzügigem Charakter, daß er von allen, die ihn kannten, geliebt wurde. Viele Spanier vergossen Tränen, als es bekannt wurde, daß er nicht mehr war. Wir ließen eine Art Sarg für ihn machen, in dem er um Mitternacht zu den Außenbezirken der Stadt gebracht wurde, um dort in eine der Gruben versenkt zu werden, die Galeerensklaven tagsüber zur Aufnahme der Toten ausgehoben hatten. Aber sie hatten keinen Platz für den Sarg; so wurde sein Leichnam herausgenommen und auf den Haufen geworfen, der die Grube bereits füllte. Gleich unter ihm lag ein spanischer Marquis.

Einige starben, als wären sie vom Schwarzen Brechdurchfall ergriffen worden, andere unzweifelhaft an Gelbfieber. Einige schieden ohne große Qualen oder üble Symptome aus dem Leben; sie fühlten sich unwohl, gingen zu Bett – und verschieden in einer Art Schlummer. Es war unendlich traurig, am Ende des Tages die Leichen auf der Straße liegen zu sehen, die von den Totenkarren, wenn sie vorbeikamen, mitgenommen werden sollten. ›Plurima perque vias steruntur mortua passim corpora.‹

Die Hunde heulten angsterfüllt die ganze Nacht hindurch. In allen Straßen herrschten Finsternis und Schrecken; und am Strand konnte man die Geier

– 144 –

beobachten, wie sie an den Leichen zerrten, die der Ostwind angespült hatte. Man sagt, daß 50.000 Menschen die Stadt zu Beginn der Seuche verlassen hatten; und daß 14.000 von denen, die geblieben waren, zu Opfern der Krankheit wurden.

Am Hof lief inzwischen eine Intrige im Interesse gewisser machtvoller Leute, die, lange nachdem die Stadt wieder seuchenfrei erklärt worden war, den Hafen von Malaga geschlossen halten wollten, damit die Schiffe, die an der Mole lagen, keine Erlaubnis bekämen, zu ihren Bestimmungsorten abzulegen.

Inzwischen wurde die Stadt von Erdbeben geschüttelt, so daß Schrecken auf Schrecken folgte, bis wir alle glaubten, daß uns eine schlimmere Katastrophe als die von Lissabon bevorstand. Die Seuche tötete die Menschen schrittweise, und sie kam im allgemeinen langsam genug auf einen zu, daß man imstande war, ihr mit Festigkeit und Ergebung zu begegnen. Aber die Vorstellung, von einem Augenblick zum anderen von der klaffenden Erde verschlungen zu werden, machte einen krank im Gemüt und ließ einen fast den eigenen Schatten fürchten. Der erste Stoß kam um sechs Uhr abends mit einem Getöse, als prallten tausend Wagen gegeneinander. Das erschreckte viele Menschen derart, daß sie lieber die ganze Nacht auf der großen Allee oder auf den Promenaden hin- und hergingen, als sich in ihre Häuser zurückzuziehen.«

Dies war Charles Watertons frühestes und schrecklichstes Abenteuer gewesen. Das ganze weitere Leben dieses noblen, tapferen und vielgeliebten alten Mannes war so, als bewohne er einen anderen Planeten.

Er war ein großer Herr, einer aus der langen Reihe von Edelleuten ohne Titel, und er bewies den Stolz und den Glanz, der Menschen seinesgleichen ein Leben lang in jeder ihrer Handlungen eigen ist. In dieses Buch wurde er aufgenommen, weil selbst seine Prahlereien von einem solchen unbezähmbaren Sinn für das Komische leben, daß es unmöglich ist, ihn nicht zu berücksichtigen. Er war ein Exzentriker, wie alle wahrhaft großen Herren, womit ich meine, daß sie nichts taten, um sich den Konventionen oder der Feigheit der Menge zu fügen. Sein Biograph, Pater J. Wood, sagt mit Recht: »Es war vielleicht exzentrisch, einen starken, religiösen Glauben zu haben und ihm gemäß zu handeln. Es war exzentrisch, wie Thackeray es formuliert, ›sich von einer Brotkruste zu ernähren, so einfach zu leben wie ein Eremit und alles den Armen zu geben‹. Es war exzentrisch, als junger Mann zu großem Besitz zu kommen und ein sehr hohes Alter zu erreichen, ohne eine Stunde oder einen Schilling zu vergeuden. Es war exzentrisch, reichlich zu stiften und nie zu gestatten, daß sein Name auf einer Subskriptionsliste erschien. Es war exzentrisch, ganz von der Liebe zur Natur erfüllt zu sein. Und es mag auch exzentrisch scheinen, daß er niemals Dinner-Partys gab, sondern es vorzog, ein offenes Haus für seine Freunde zu haben. Aber es war eine sehr angenehme Art von Exzentrik. Er war so exzentrisch, kindlich, aber nie kindisch zu sein. Wir können die Beispiele seiner Exzentrik beliebig vermehren, und wir dürfen mit Gewißheit sagen, daß die Welt viel besser wäre als sie ist, wenn solch exzentrisches Verhalten üblicher wäre.«

Der Herr dieser Welt

Mr. John Elwes Esq.

Die Neuigkeit aus der St. John Street«, schrieb Mercurius Fumingosus 1654, »ist, daß der Türke bei seinen Luftsprüngen auf dem oberen Seil so hoch hinaufflog, daß er eine Goldmine in der Luft entdeckte, die wie eine Insel genau über Cheapside Cross hängt, welches Gold, so meinten die Philosophen der Alten, durch die Hitze der Sonne sich in eine Wolke zusammenzog, wo selbst es zu Goldsamen wurde, welcher inzwischen einen Goldberg erzeuget hat, so groß, wenn nicht größer als Highgate Hill, welche, fünfunddreißig Meilen hoch im Himmel hängt.« Das mag nur ein Teil der Wahrheit sein, denn ich kann nicht in den Herzen von Menschen lesen, die ihr Leben dem Dienst am Gold weihten. Einige vergötterten es und lebten ganz dafür wie die Alchemisten, während andere um seinetwillen hungerten und starben – wie die Geizkrägen.

Die Geschichte der Alchemisten ist zu gut bekannt, um sie hier zu wiederholen, aber in diesem Falle handelt es sich um ein nachgedunkeltes und fast schon ausgelöschtes Porträt von einem der letzten Alchemisten, in dem alles Gold abgeblättert ist. Ich fand es unter anderen Porträts in Mr. Timbs Buch über englische Exzentriker.

»Der letzte wahre Gläubige in der Alchemie war nicht Dr. Price, sondern Peter Woulfe, der hervorragende Chemiker, Mitglied der Royal Society, der Experimente anstellte, um die Zusammensetzung des Musivgolds (eines goldgelben Schwefelzinns) nachzuweisen«, schreibt Mr. Brande. »Es ist bedauerlich, daß sich keinerlei biographische Erinnerung an Woulfe erhalten hat. Ich habe die wenigen Anekdoten über ihn von zwei oder drei Freunden eingesammelt, die mit ihm bekannt waren. Er hatte mehrere Zimmer in Barnard's Inn in Holborn (und zwar in den älteren Gebäuden) gemietet, während er in London wohnte und den Sommer gewöhnlich in Paris verbrachte. Diese geräumigen Zimmer waren so sehr mit Öfen und Apparaten angefüllt, daß es schwierig war, bis zu seinem Kamin vorzudringen. Ein Freund hat mir erzählt, daß er einmal seinen Hut irgendwo hinlegte und ihn niemals wiederfinden konnte – so groß war das Durcheinander von Kisten, Kästen und Paketen, die im Zimmer herumlagen. Sein Frühstück nahm Woulfe um vier Uhr morgens ein; ein paar auserwählte Freunde wurden gelegentlich zu dieser Mahlzeit eingeladen und nur auf ein geheimes Zeichen hin – eine bestimmte Anzahl Schläge auf die innere Tür seiner Wohnung – eingelassen. Er hatte lange und vergeblich nach dem Elixir geforscht und schrieb sein wiederholtes Scheitern seiner mangelhaften Vorbereitung durch fromme und wohltätige Handlungen zu. Soviel ich weiß, sind noch immer einige seiner Apparate vorhanden, auf denen sich flehentliche Bitten um Erfolg und für das Wohlergehen der Adepten befinden. Wann immer er eine Bekanntschaft aufgeben wollte oder sich beleidigt fand, gab er seinem Groll über das angebliche Unrecht Ausdruck, indem er dem, der ihn gekränkt hatte, ein Geschenk zusandte und ihn danach nie wiedersah. Diese Geschenke waren manchmal von sonderbarer Art und bestanden gewöhnlich aus irgendeinem kostspieligen chemischen Erzeugnis oder Präparat. Bei Krankheiten hatte er eine wahrhaft heroische Medizin: wenn er sich ernsthaft unwohl fühlte, nahm er die Post nach Edinburgh und wenn er die Stadt erreicht hatte, kehrte er postwendend nach London zurück.«

Eine Erkältung, die er sich bei einer dieser Expeditionen zuzog, endete mit einer Lungenentzündung, an der Woulfe im Jahre 1805 starb. Von seinen letzten Augenblicken ist uns folgender Bericht seines Nachlaßverwalters, des Kassenführers von Barnard's Inn überliefert: »Auf seinen Wunsch hin schloß seine Wäscherin seine Zimmer ab und ließ ihn allein, aber sie kam gegen Mitternacht – als Woulfe noch lebte – noch einmal zurück. Am nächsten Morgen aber fand sie ihn tot vor. Seine Gesichtszüge waren ruhig und heiter, und offensichtlich saß er noch in genau der gleichen Stellung in seinem Sessel, wie sie ihn verlassen hatte.«

Sieh da, hier kommen die alten Spinnen angerannt, die ihre Netze hinter verschmutzten Fenstern spinnen und den Müll für den riesigen Abfallhaufen zusammentragen. Hier ist er, der schreckliche, irre John Ward aus Hackney, der, als er wegen Betrugs und Urkundenfälschung in einem Dokument (in dem es auch um Interessen der Duchess of Buckingham ging) im Gefängnis saß, sich »damit vergnügte, Hunden und Katzen Gift zu geben und sie unter raschen oder langsamen Qualen sterben zu sehen«. In seinen knochigen Händen hält er ein dünnes, zerfetztes Papier, so weiß wie der Bauch eines Fisches. Auf dem Papier steht Mr. Wards Gebet an den Gott, den er sich nach seinem eigenen Bilde geformt hat:

»O Herr, Du weißt, daß ich neun Grundstücke in der City of London besitze; und ebenso, daß ich vor kurzem eine Besitzung als unbeschränktes Grundeigentum in der Grafschaft Essex erworben habe; ich flehe Dich an, die Grafschaft Middlesex und Essex vor Feuer und Erdbeben zu bewahren; und da ich eine Hypothek in Herfordshire habe, bitte ich Dich, ebenso ein mitleidvolles Auge auf diese Grafschaft zu haben; mit den übrigen Grafschaften magst Du verfahren, wie es Dir gefällt. O Herr, gib, daß die Bank ihre Rechnungen begleichen kann und mache alle meine Schuldner zu guten Menschen. Gib dem Schiff ›Mermaid‹ eine ergiebige Fahrt und eine gute Rückkehr; denn ich habe sie versichert. Und da Du gesagt hast, daß die Tage der Gottlosen gezählt sind, so vertraue ich auf Dich, daß Du Dein Versprechen nicht vergessen

wirst, denn ich habe ein mit Heimfallsrecht belastetes Vermögen erworben, das beim Tode dieses liederlichen jungen Mannes, Sir J.L., mein wird. Bewahre meine Freunde davor unterzugehen und mich vor Dieben und Einbrechern, und mache alle meine Diener so ehrlich und treu, daß sie meine Interessen wahren und mich niemals um mein Eigentum betrügen, weder nachts noch tags.«

»Der Geizhals«, schreibt Cyrus Redding in seinen ›Memoirs of remarkable Misers‹ (Erinnerungen bemerkenswerter Geizhälse), »ist eine Figur, die man nicht in der Mittagssonne antrifft; er ähnelt vielmehr seinen eigenen angehäuften Schätzen und haust in der Düsternis, die er rund um sich her verbreitet, in dem unsozialen Besitz, in dem er mehr vegetiert als lebt.«

Eines der bescheideneren Gewächse unter diesen wenig angenehmen, saftlosen, von der Sonne unberührten Vegetationsarten war der Reverend Mr. Jones, Pfarrer in Blewburry in Berkshire. Dieser trockene und freudlose alte Mann, der mit Achtzig starb, trug während seiner ganzen Zeit als Hilfspfarrer – also dreiundvierzig Jahre lang – tagaus tagein den gleichen Anzug und den gleichen Hut. Als aber nach etwa fünfunddreißig Jahren der Rand dieses Hutes bis zum Kopf abgetragen war, konnte man ihn sehen, wie er um eine ähnlich elende Vogelscheuche herumschlich, in der Absicht, ihr den Hut, der sie vor dem Regen schützte, zu stehlen. Als ihm das gelungen war, band er den Rand vom Hut der Vogelscheuche mit einer geteerten Schnur am Kopf seines eigenen fest und erschien für den Rest seines Lebens mit diesem absonderlichen Kopfputz, der vor allem durch seine Zwiefarbigkeit auffiel: der Kopf war braun, der Rand tiefschwarz.

Eine andere geistliche Persönlichkeit der gleichen Art war der Reverend Mr. Trueman aus Daventry. Da er das Glück hatte, mehr als nur eine Pfarrstelle zu haben – darunter die in Bilton, wo Addison eine Zeitlang lebte –, hinterließ dieser knauserige alte Bursche, dessen jährliches Einkommen 400 Pfund betragen hatte, 50.000 Pfund, als er starb. Seine Stellung als Pfarrer war ihm dabei von großem Nutzen, denn wenn er Besuche auf den Bauernhöfen machte, um seinen geistlichen Beistand anzubieten, konnte er, wenn er sich zu seinem Werk der Nächstenliebe auf den Weg machte, Rüben auf den Feldern stehlen. Und nach dem geleisteten Beistand bat er um ein Stück Speck, um sie damit zu kochen. Die Bitte wurde ihm niemals abgeschlagen, und wenn die Frau des Bauern sich einen Augenblick umdreht und den Speck in seiner Nähe ließ, zog er sein Taschenmesser heraus und stahl ein weiteres Stück. Der nächste Empfänger geistlicher Gnade wurde dann um etwas Gemüse angegangen, um es mit dem Geschenk, das er gerade bekommen hatte, zusammenzukochen, der dritte um Kartoffeln. Wenn die Kleidungsstücke von Mr. Trueman oder seine Socken dringend der Ausbesserung bedurften, brachte er es fertig, in einem der reicheren Bauernhäuser von der Dunkelheit überrascht zu werden, so daß es ihm nicht mehr möglich war, nach Hause zurückzukehren, und der Bauer den Pfarrer bitten mußte, die Nacht in seinem besten Schlafzimmer zu verbringen. Das gab dem geschickten Gast Gelegenheit, etwas von der roten oder weißen Wolle aus den Ecken der Decken zu schneiden, und mit diesen vielfarbigen Flicken besserte er seinen Anzug und seine Socken aus. Diese Vogelscheuche von

– 149 –

einem Pfarrer verliebte sich in die Tochter eines Bauern in seiner Pfarre, und da er sich dunkel erinnerte, von Erfahreneren gehört zu haben, daß, wenn man der Geliebten irgendeine Art Putz zum Geschenk machte, dies bis zum gewissen Grade den Mangel an Schönheit beim Liebhaber wettmachen konnte, entsann er sich, daß er einen Bruder in Daventry hatte, der ein Kurzwarengeschäft führte. Er gab sich also den Anschein großer Zuneigung für seinen Bruder und stahl ihm bei einem Besuch ein großes Stück Band. Wie groß war die Überraschung des ungeistlichen Mr. Trueman, als er bald darauf am Markttag Butter kaufte, zu entdecken, daß sein Band eines der Pfarrkinder seines ehrwürdigen Bruders schmückte. Jedoch selbst diese Gabe vermochte, soviel ich weiß, das Herz der Dame nicht zu rühren, und so starb der Reverend Mr. Trueman zwischen 1780 und 1790 allem Anschein nach unverheiratet und wurde auf seinen eigenen Wunsch unter einem Gartenhaus begraben.

Das Leben von Mr. John Elwes ist so bekannt, daß ich mich darüber nicht länger auslassen werde. Die Leidenschaft, die ihm Beachtung verschaffte – wenn man etwas so Düsteres, Kaltes und Kärgliches wie Knauserigkeit als Leidenschaft bezeichnen kann –, scheint ein Erbteil seiner Mutter gewesen zu sein, die sich zu Tode hungerte, obgleich sie im Besitz von nahezu 100.000 £ war.

»Während seines Aufenthalts in Genf«, weiß Mr. Redding zu berichten, »wurde er bei Voltaire eingeführt, aber dieser geniale Mann machte keinen Eindruck auf Elwes«. Der Onkel von Mr. Elwes hatte in dieser Hinsicht mehr Glück und als der Neffe auf seinem Wege zu seinem Verwandten in einer Herberge bei Chelmsford Aufenthalt nahm, wählte er einen Anzug, der darauf berechnet war, ihm zu gefallen, nämlich einen abgetragenen Mantel, gestopfte Wollsocken und verrostete Eisenschnallen. Sir Harvey Elwes war zufrieden mit diesen Beweisen eines tugendhaften Lebens; und so saßen diese beiden Musterknaben an einem Feuer, das mit einem einzigen Scheit in Brand gesetzt worden war, teilten sich ein Glas Wein und beklagten die Verschwendungssucht der Zeit, bis es soweit war, ins Bett zu gehen; und dann fanden sie den Weg nach oben ohne Licht und begaben sich im Dunkeln zu Bett.

Mr. Elwes hatte in weiser Voraussicht in der Herberge zu Abend gegessen, ehe er seinen Onkel aufsuchte, denn er war ein herzhafter Esser; was wiederum zum Stolz des alten Gentleman beigetragen haben mag, denn er konnte nun feststellen, daß sein Erbe, dieser würdige Sproß seiner eigenen Art, ein Rebhuhn und eine Kartoffel mit ihm teilte, während das schwache Feuer müde flackerte und dann ausging. Sir Harvey lebte einzig von den Rebhühnern aus seinen Gütern, da ihn die nichts kosteten; und er bestand darauf, daß auch sein Diener und die beiden Hausmädchen, welche die einzigen Bewohner seines Hauses waren, das gleiche taten. Hager und halb verhungert, in einem alten grauen Mantel und wollenen Socken, auf dem Kopf eine schwarze Samtmütze, so ritt Sir Harvey ein Pferd, das ebenso kläglich aussah wie er selbst. Wenn das rauhe Wetter es ihm unmöglich machte auszugehen, ging er in der Diele auf und ab, um Feuerung zu sparen, und wenn es unumgänglich war, ein Feuer anzumachen, so tat er es mit einem einzigen Holzscheit.

Mr. Redding berichtet, daß, als Sir Harvey im Alter von achtzig oder neunzig Jahren starb und sein Neffe in den Besitz des Gutes und des alten Hauses, das dazugehörte, kam, »die Betten gespenstisch waren, antik, eine Beute zerstörerischen Ungeziefers, und das Dach durch zahlreiche Lücken Regen und Luft hindurchließ«.

Als Mr. Elwes dann im Besitz seines Vermögens war, ging er lieber im prasselnden Regen von einem Ende Londons bis zum anderen zu Fuß, als den Fahrpreis von einem Schilling für eine Mietskutsche zu zahlen. Er aß angefaultes Fleisch, um nicht einen frischen Braten kaufen zu müssen, und er saß lieber einen ganzen Nachmittag und Abend in nassen Kleidern da, als sich ein Feuer zu leisten, an dem er sie trocknen konnte. Er trug eine von einem Bettler weggeworfene Perücke, die er aus einem feuchten Graben herausgefischt hatte, und als er seinen einzigen Anzug zu Lumpen getragen hatte, setzte er sich in einem Rock zum Abendessen, der einem seiner Vorfahren gehört hatte, einem Rock aus grünem Samt mit Schlitzärmeln, der zusammen mit der Bettler-Perücke aus dem Graben, die er sich über sein zotteliges weißes Haar gestülpt hatte, einen recht merkwürdigen Eindruck machte.

Sonderbar ist, daß dieser dürre alte Geizhals auch ein großer Spieler war und bei einem einzigen Spiel in Gesellschaft von Männern seiner eigenen Schicht Tausende von Pfund einsetzte. Denn trotz seiner Gewohnheit war er doch in losem Kontakt mit der Welt geblieben, in die er hineingeboren wurde.

Ich weiß nicht, ob Mr. Elwes die »verschwenderischen Gewohnheiten« der Gentlemen beklagte, mit denen er spielte, wenn er in London war, aber ganz sicherlich tat er dies bei der gewöhnlichen Krähe – diesem düsteren und langweiligen Vogel. Er hatte die Gewohnheit, verstreute Holzstückchen, Knochen, Wollfasern usw. aufzusammeln, um damit sein Feuer anzumachen. Einmal wurde er dabei überrascht, wie er ein altes Krähennest auseinandernahm. Die interessierten Beobachter fragten ihn, warum er sich so viel Mühe mache, woraufhin der alte Gentleman erwiderte: »Ach, Sir, es ist doch wirklich eine Schande, was diese Kreaturen machen – sehen Sie doch nur, was das für eine Verschwendung ist!«

»Der Geizhals Claude«, meint Mr. Redding, »war zu gewissen Zeiten gefräßig, während er zu anderen von Luft zu leben schien.« Und diese kalte, allen verfügbare, rücksichtslose Luft scheint wirklich die einzige Nahrung aller Geizkrägen zu sein. Sie gehören nicht zur menschlichen Rasse, ihre Leidenschaften sind nicht die unseren, denn sie sind ohne Wärme; sie verschlingen ihr eigenes Fleisch, wenn die Luft ihren Hunger nicht befriedigt. Foscue, ein französischer Großbauer, der um 1762 im Languedoc lebte, sah sich, als er spinnengleich über eine Leiter in ein verborgenes Gewölbe hinunterstieg, um sein Geld zu zählen, in diesem Grab gefangen, als die Klapptür ins Schloß fiel. In der freien und offenen Welt suchte man Tag und Nacht nach ihm, pumpte die Teiche des Gutes leer und setzte eine Belohnung von seinem eigenen Gold für seine Auffindung aus. Als man ihn schließlich verloren gab, wurde der ganze Besitz, den er angehäuft hatte, in großer Hast verkauft, zusammen mit dem Haus und allem, was es enthielt. Aber es fügte sich so, daß der neue Besitzer des Hauses im Keller einiges umbauen wollte und die Arbeiter das lebendige Grab fanden, das eines nachts den Mann festgehalten hatte, der so lange weder lebendig noch tot war, und ihn nun für immer festhielt. Da saß er, umgeben von seinen Schätzen, deren ungeheurer Glanz die Augen blendete, obgleich sie nur beim Licht einer einzigen Kerze zu sehen waren. Neben dem Hohepriester des Herrn dieser Welt lag ein Kerzenhalter, aber es war keine Kerze darin, denn der Priester hatte sie gegessen. In seinem Hunger hatte dieser Heilige des Mammons, von seinem Gott verlassen, das Fleisch von seinen beiden Armen abgenagt.

Ohne Bedenken opferten die wahren und treuen Anbeter dieser Gottheit ihr Fleisch und Blut auf seinem monströsen Altar. Ein anderer Geizhals, Vaudille mit Namen, feilschte, als er zur Ader gelassen werden mußte – wie es üblich war in dem Jahrhundert, in dem er lebte – mit dem Barbier, den er hatte kommen lassen, um einen niedrigen Preis. Der Barbier zeigte sich bereit, eine Vene für den Betrag von drei Sous für einen Eingriff zu öffnen. »Wie oft wird der Eingriff nötig sein?« fragte der Geizhals. »Dreimal«, erwiderte der Barbier. »Wieviel Blut werden Sie mir alles in allem abnehmen?« »Etwa fünfundzwanzig Unzen, und das macht, wie Sie wissen, neun Sous.« »Das ist zu teuer«, erwiderte der Hohepriester des Mammon. »Nehmen Sie alles Blut auf einmal ab. Sie wollen dreimal operieren. Nehmen Sie das ganze Blut bei einem Eingriff ab. Ich muß meine sechs Sous sparen.«

Vaudille opferte also auf einen Streich fünfundzwanzig Unzen seines gefrorenen Blutes auf dem Altar. Die Menge war zu groß, und er starb an Erschöpfung, nicht einmal von seinem Gott beklagt. Im Tode wenigstens gelang ihm eine große und bedeutsame Geste.

Viele dieser Meßdiener ihrer Gottheit starben an Entkräftung, an den bei ihrem vereisten Blut von ihnen kaum wahrgenommenen Leiden durch Hunger und Kälte; aber andere wurden neunzig Jahre alt, weil zwischen Leben und Tod für sie kein merklicher Unterschied bestand. Von früher Jugend an waren sie Skelette, und Skelette blieben sie.

Mr. Daniel Dancer und seine Schwester waren zwei bemerkenswerte Exemplare dieser Art. Wiewohl sie im Besitz von 3.000 Pfund im Jahre waren, ist von diesem trauten Paar, das in Harrow Weald Common bei Harrow on the Hill lebte, folgendes zu berichten: Als sie gelegentlich ein Schaf fanden, das an einer Krankheit gestorben und schon in Verwesung übergegangen war, enthäuteten sie es und machten aus dem, was von dem verfaulten Fleisch übrig war, Pasteten, von denen sie ausschließlich lebten, bis diese zu Ende waren.

Als Miss Dancer auf ihrem Totenbett, einem Haufen alter Lumpen, lag, wurde ihr keine ärztliche Hilfe zuteil, denn, so meinte ihr frommer Bruder: »Warum sollte ich Geld verschwenden, nur um den gottlosen Versuch zu machen, der Vorsehung in den Arm zu fallen? Wenn die Zeit für das alte Mädchen gekommen ist, können ihr auch alle Patentrezepte aller Quacksalber der ganzen Christenheit nicht helfen – sie kann ebenso gut jetzt, wie zu einer späteren Zeit sterben.«

Während dieser Probezeit für den künftigen Zustand verabreichte er ihr die üblichen kalten Klöße und das übliche Stück »schleimiges Rindfleisch« mit der tröstlichen Bemerkung: »Wenn du es nicht magst, kannst du es lassen.«

Dieses Bündel aus Lumpen, Knochen und einem verfaulten Herzen besaß dennoch etwas, auf das er – außer Geld – Zuneigung verschwendete, und das

Mr. Daniel Dancer Esq.

war der »arme Bob«, sein Hund, den er mit »Bob, mein Kind« anzureden pflegte und dem er sogar eine Schale Milch am Tag gönnte, jedenfalls eher als auch nur einen Penny auf sich selbst zu wenden. Er selbst trank Brennspiritus in Lady Tempests Küche und trank so ungeheuerlich, daß er sich auf dem Boden wälzen mußte, ehe er sich schlafen legen konnte. Dennoch, als man Bob beschuldigte, daß er Schafe jagte, schleppte er seinen Freund zum Grobschmied und ließ ihm alle Zähne ausbrechen – ein bestialischer Akt der Grausamkeit, den er aus Furcht beging, Bob könnte Schafe jagen und beißen, und er müßte dann für den Schaden aufkommen.

Dieser liebenswerte Mensch war so ökonomisch in allen Dingen, daß er auch seine Felder auf seine eigene Weise düngte: er stopfte sich die Taschen seines zerfetzten Anzugs mit Kuhdung voll, den er auf der Gemeindewiese oder auf der Straße aufgesammelt hatte, während er gleichzeitig nach Knochen herumwühlte, von denen er die letzten Fleischrestchen für sich behielt und die zerbrochenen Knochen dem armen Bob mit den zerbrochenen Zähnen gab. Aus dem Dung, der übrigblieb, wenn er seine Felder bestellt hatte, machte er eine Art Schränkchen, in dem er sein Geld versteckte.

– 153 –

Das häusliche Leben des Mr. Dancer war mit Sicherheit bemerkenswert, und seine Einbildungskraft führte ihn zu unerhörten Höhen – oder Tiefen –, die weder vorher noch nachher wieder erreicht wurden. Frei und unstet streifte sie ganz nach Belieben einher, und diese Freiheit machte sich vor allem ganz besonders in der Art bemerkbar, wie Mr. Dancer Essen zubereitete. Seine Wohltäterin, Lady Tempest, die wußte, daß er eine in Rotwein gedünstete Forelle besonders gern aß, schickte ihm eine als Geschenk zu. Aber das Wetter war rauh und winterlich. So hockte sich Mr. Dancer – aus Angst sich von der ungewärmten Forelle Zahnschmerzen zuzuziehen, und nicht gewillt, die Kosten für ein Feuer zum Aufwärmen aufzubringen – wie ein Huhn auf diese köstliche Speise, bis sie durch seine Körperwärme aufgetaut war.

Mr. Cyrus Redding, sein Biograph, fand wenig lobende Worte für ihn, und er berichtet ohne Kommentar, daß »kein Hemd, das in seine Hände kam, soviel man weiß, je gewaschen oder gar ausgebessert wurde. Meist fiel es in Fetzen von seinem Rücken. Daher läßt sich annehmen, daß, ungeachtet seiner knauserigen Neigung zum Alleinsein, er niemals ohne eine ganze Kolonie ihm freundlich gesonnener Insekten war, die sehr an ihm hingen, und seinem Körper das lebhafteste Interesse bezeigten.« Mr. Redding fügt noch düster hinzu, daß »Mr. Dancers Schuhe so oft von ihm selbst geflickt worden waren, daß sie jede Form verloren und schwer wurden und eher Schweinetrögen ähnelten als Schuhen«. Über seinen Zustand auf dem Totenbett erfährt man, daß Lady Tempest, die ihn »während der Krankheit, die 1794 dem Leben dieser elenden Kreatur im Alter von siebenundachtzig Jahren ein Ende setzte, zufällig besuchte, ihn in einem alten Sack liegend fand, der ihm bis zum Hals reichte. Als sie ihm das Unschickliche seines Verhaltens vorwarf, erwiderte er, daß er ohne Hemd in die Welt gekommen und entschlossen sei, sie auf gleiche Weise zu verlassen.«

Nackt lebte er und nackt starb er, und war dahin. Wie ein schmutziges, schwärzliches Spinnweben, das sich im Luftzug irgendeines verstaubten Fensters bewegt, wird nun der Geist der alten ›Lady‹ Lewson, die neunzig Jahre lang in Coldbath Square in Clerkenwell gelebt hat, die Straße entlanggeweht. Die Ähnlichkeit mit einem Spinnweben ergibt sich aus der Tatsache, daß sie die »Halskrausen, Manschetten und Jabots ihrer Jugend trägt (sie wurde 1700 geboren), und daß sie sich niemals gewaschen hatte aus Angst, sich eine Erkältung zu holen und so den Grund zu einer Krankheit zu legen. Stattdessen schmierte sie sich mit Schweinefett ein, und legte noch etwas Rouge auf die Wangen. Wie jetzt das Spinnweben näher auf uns zukommt, können wir erkennen, daß es früher einmal einem zarten Seidengewand mit langer Schleppe geähnelt haben muß, mit breitem Volant und rüschenbesetzten Ärmeln, die etwas über die Ellbogen reichten.

Dieser seltsame alte Plunder bekam im Alter von siebenundachtzig Jahren zwei neue Zähne, ein Grund zum Stolz für sie und zur Verwunderung für ihre Nachbarn.

Ihr großes Haus in Coldbath Square beherbergte nur noch vier weitere Gespenster, wie sie selbst, zwei alte Schoßhunde, eine betagte Katze und einen

– 154 –

alten Mann, dessen Beschäftigung es gewesen war, im Distrikt von Haus zu Haus zu wandern und sich ein paar Brocken Nahrung zu verdienen, indem er Botengänge ausführte und Schuhe putzte. Aber jetzt, nachdem ›Lady‹ Lewsons einziges Dienstmädchen verheiratet ist, hat sie ihn in ihr Haus aufgenommen, wo er als Inspektor, Butler, Koch und Hausmädchen fungiert.

Das Spinnweben ist wieder weggeweht, zurück zu jenen lichtlosen, von Schmutz überkrusteten Fenstern des Hauses in Coldbath Square, und Mr. Pinks, Verfasser einer ›History of Clerkenwell‹, breitet ein wenig Klatsch vor uns aus, und erzählt uns die Geschichte des Spinwebens, die Geschichte des Hauses. Das Haus war allem Anschein nach geräumig und gut eingerichtet. Die Betten wurden jeden Tag gemacht, so als würde Besuch erwartet, obgleich nie jemand kam. Das Zimmer von ›Lady‹ Lewson wurde nie geputzt, allenfalls ganz gelegentlich ausgefegt, und »die Fenster waren so schmutzverkrustet, daß sie kaum einen Lichtstrahl hindurchließen«. Denn ›Lady‹ Lewson war der Überzeugung, daß schon ein Tropfen Wasser in ihrem Zimmer so gefährlich sein könnte wie das Meer, und daß, wenn die Fenster geputzt würden, sie sicherlich entzweigingen, die Person, die das tat, sich verletzte und die Unkosten also auf sie zurückfielen.

Das betagte Spinnweben genoß hingegen die frische Luft in dem großen Garten hinter dem Haus, und man hätte es bei warmem Wetter sehen können – wie es in einem Sessel hing, der unter den dunklen Bäumen stand. Hier saß sie also und las und besprach die Ereignisse der letzten hundert Jahre mit den wenigen Bekannten, denen sie erlaubte, sie aufzusuchen. Ihr Leben war von genauen Regeln bestimmt: sie trank Tee nur aus einer besonderen Lieblingstasse und saß nur in ihrem Lieblingssessel. Das ewige Leben schien der alten Dame sicher, bis der plötzliche Tod eines alten Nachbarn sie erzittern und an ihrer eigenen Unsterblichkeit zweifeln ließ. Sie wurde schwächer, legte sich zu Bett und starb an einem Dienstag, dem 28. Mai, mit einhundertsechzehn Jahren. Ein Mr. Warner, der nach ihrem Tode durch ihr Haus streifte, »war starr vor Staunen über die vielen Bretter und Bolzen, mit denen Fenster und Türe verrammelt waren«. Die Decken im Obergeschoß waren ganz mit starken Brettern ausgelegt, die eiserne Bänder zusammenhielten, um zu verhindern, daß irgend jemand über das Dach in das Haus gelangte.

Diese alte Dame häufte nicht so sehr Gold an als nutzlose Erinnerungsstücke. Nicht der kleinste Schnickschnack, kein winzigstes Stück entkam ihrem Zugriff während der neunzig Jahre, die sie in Coldbath Square lebte.

»Die Null«, sagt Lorenz Oken in seiner Schrift ›Elements of Physiophilosophy‹, »muß sich stets erneut postulieren, denn sie ist in jeder Hinsicht unbegrenzt, ewig … Die gesamte Arithmetik ist nichts als die endlose Wiederholung des Nichts, das endlose Postulieren und Unterdrücken von nichts.« Da fallen sie also dahin, diese Ganzheiten, diese Gesten, die aus dem Nichts kommen und ins Nichts treiben, schmelzen dahin wie Schnee, rieseln und fallen auf den riesigen Abfallhaufen.

»Charon wurde, wie Lukian witzig vorgibt, von Merkur an einen Ort geführt, wo er die ganze Welt auf einmal sehen konnte; nachdem er sich hinrei-

– 155 –

chend nach allen Seiten umgesehen hatte, wollte Merkur unbedingt von ihm wissen, was er beobachtet hatte. Er erzählte, er habe eine ungeheure und buntgemischte Menge gesehen, Wohnungen wie Maulwurfshügel, Menschen wie Ameisen ... er konnte Städte erkennen, die wie Bienenstöcke waren, in denen alle Bienen einen Stachel hatten, und sie taten nichts anderes als einander zu stechen, einige, die größer waren als der Rest, herrschten wie Hornissen, andere waren wie diebische Wespen, wieder andere wie Drohnen. Über ihren Köpfen schwebte ein wirres Durcheinander von Beunruhigungen – Hoffnung, Furcht, Ärger, Geiz, Dummheit –, und eine Unzahl von Krankheiten hing über ihren Köpfen, die sie auf sich herabzogen. Einige schlugen sich, einige kämpften, ritten, rannten, ›sollicite ambulantes, callide litigantes‹ (einige verklagten einander ernsthaft oder stritten voller List miteinander) wegen nichts und wieder nichts und ganz vergänglicher Dinge. Ihre Städte und Provinzen waren in Parteien gespalten, reich gegen arm, arm gegen reich, die Edelleute gegen die Handwerker, diese gegen den Adel und so weiter. Zum Schluß faßt er sie alle als Irre, Narren, Idioten und Esel zusammen. O stulti quaenam hac est amentia? O Ihr Narren, Ihr Verrückten, ruft er aus, wahnsinnige ›studia‹, wahnsinnige ›labores‹ usw., irre Unternehmungen, wirre Taten, irr, irr, O saeculum insipiens et infacetum, ein tollköpfiges Jahrhundert.«

Seriöse Kreise

Im Sommer 1841 hätte gelenkes, blasses, dunkelhaariges Mädchen« – um eine Beschreibung zu zitieren – auf Garten am Rande von können, wie sie sich ten näherte, die sich auf tes Bärenfell streckten oder saßen.
stellte die erste Bekanntundzwanzigjährigen Miss intellektuellen GesellMarian Evans kann zu von Größe gezeigt haben, sonders auf. Aber in ihren große Romanautorin, die wurde, trotz ihrer Häßsches, geheimnisvolles, sicht, wie das einer Stadie Meere von Licht umrer Besuche bei Mr. und

Mr. Carlyle

man »ein seltsames, unkelhaariges Mädchen« – von ihr als Schulmädchen dem Wege in Mr. Brays Coventry beobachten einer Gruppe von Leuein im Gras ausgebreiteoder darauf lagerten Die erwähnte Gruppe schaft der damals zweiMarian Evans mit der schaft her.
der Zeit kaum Anzeichen noch fiel sie sonst bespäteren Jahren hatte die als George Eliot bekannt lichkeit ein monolithiarchaisch-großartiges Getue von den Osterinseln, spült haben. Zur Zeit ihMrs. Bray schien sie ge-

radezu begierig auf langweilige Lektüre zu sein und verschlang mit offensichtlicher Begeisterung Werke wie Scropes ›Deer-stalking in the Highlands‹, Mrs. Jamesons ›Winter‹ Scenes and Summer Rambles in Canada‹ (dieses Buch löste allerdings schwere Zweifel in ihr aus, was Mrs. Jamesons religiöse Prinzipien anging), Professors Hoppers Werk über das Schisma, Milners ›Church History‹ und W. Gresleys ›Portrait of an English Churchman‹.

Als ihr Bruder Isaak sie im Sommer 1838 (sie war damals achtzehn) nach London mitnahm, war sie »überhaupt nicht entzückt von dem Trubel und Lärm des großen Babels«; und als sie es unklugerweise zuließ, daß einige leichtfertige Freunde sie im gleichen Sommer zu einem Oratorium einluden, konnte sie nicht umhin, sich zu fragen: »Ist es wünschenswert und würde es mit der Heiligkeit des Tausendjährigen Reichs für ein menschliches Wesen vereinbar sein, Zeit und Kräfte, die kaum für das wirklich Dringliche ausreichen, darauf zu verwenden, Triller, Kadenzen usw. zu erlernen?«

Aber man muß zugeben, daß sie in späteren Jahren so schwach war, sich von Händels ›Messias‹ betören zu lassen, und es wird berichtet, daß sie sogar als

– 157 –

Mädchen so überwältigt war durch den religiösen Gehalt eines Oratoriums, zu dem sie sich wiederum hatte mitnehmen lassen, daß sie in lautes Geheul ausbrach, dessen fagottähnliche Töne durch das ganze Werk hindurch anhielten und die übrigen Zuhörer ernsthaft störten.

Solch unverantwortliche Vergnügungen waren jedoch weit entfernt von den intellektuellen Freuden, die man in Mr. und Mrs. Brays Garten antreffen konnte.

Der Besitzer des Gartens und des Bärenfells hatte zunächst gar keine Lust verspürt, Miss Evans' Bekanntschaft zu machen, was dann doch im Hause seiner Schwester, Mrs. Pears, geschah. Sie erinnerte ihn zu lebhaft an seine sieben, entschlossen evangelischen Schwestern. Denn Mr. Bray war zu dieser Zeit ein überzeugter Unitarier. Aber gerade diese Ähnlichkeit, die zunächst eine unüberwindliche Schranke zwischen Mr. Bray und Miss Evans bildete, führte seltsamerweise schließlich zu ihrer Freundschaft. Denn Mrs. Pears erblickte in diesem ernstgesonnenen Mädchen einen womöglich guten Einfluß, und nachdem Mr. Bray einige Monate mannhaft widerstanden hatte, wurde eine neue Begegnung arrangiert – dieses Mal im Hause von Mr. und Mrs. Bray.

Sie waren sofort von ihr gefangengenommen, und nicht nur Mrs. Bray, auch ihr Mann fand, sie sei ein höchst erwünschter Gast.

Dieser ernste Mann, von Beruf Band-Fabrikant, war inzwischen unheilbar besessen von der Schädelforschung. Als er bei einem Londoner Buchhändler Andrew Combes ›Physiology‹ bestellte, erhielt er statt dessen George Combes ›Phrenology‹ und war, kaum daß er das Buch aufgeschlagen hatte (wie Mr. Laurence und Mrs. Elizabeth Hanson in ihrer George-Eliot-Biographie ›Marian Evans und George Eliot‹ schreiben), »von heftiger Erregung ergriffen«, denn, »in dieser Wissenschaft vermochte er klar die physische Bestätigung des verstandesmäßigen Beweises einer ›Philosophischen Notwendigkeit‹ zu erkennen, über die er gerade in Jonathan Edwards ›Enquiry into the Freedom of Will‹ gelesen hatte.«

Er eilte, eine Beute seiner unbeherrschbaren Erregung, sofort nach London und verlangte im ersten besten Friseurgeschäft, daß man ihm den Schädel vollkommen kahl schere. Dann wurde ein Abguß seines Kopfes gemacht, und Mr. Bray eilte wieder nach Coventry zurück, um bei Mr. Combes zu erfahren, ob sein Geist von der Art war, wie er vermutete.

So war es. Aber ach! Er hatte sein Haar unnötig geopfert, denn es wäre möglich gewesen, wie er entdeckte, den Abguß zu machen, ohne es anzurühren. Immerhin hatte er jetzt Gewißheit, daß die »Gesetze des Geistes gleichermaßen festgelegt oder bestimmt sind, wie die der Materie«. Da er sich nun als Missionar betrachtete, fuhr er durch das Land und verteilte Abgüsse an die Dorfbewohner, die sich, von seinem blanken Schädel angelockt, um ihn versammelten.

Das Opfer seines Haupthaars hatte ihn keineswegs daran gehindert, um ein Mädchen zu werben, und ein Jahr nach dem besagten Opfer heiratete er Miss Sara Henell, die Tochter eines anderen Band-Fabrikanten; während ihrer Flitterwochen machte er ihr die atemraubende Mitteilung, daß er nun für immer dem Unitarismus entsagt habe. Dann zog er Holbachs ›Système de la Nature‹ und Volnays ›Ruines – méditations sur les révolutions des empires‹ aus seinem Gepäck und drang in seine Braut, beides zu lesen und seinem Beispiel zu folgen.

Er wurde später der Autor eines Werkes, das ›The Philosophy of Necessity‹ heißt, wie auch eines anderen, mit dem Titel ›Adress to the Working Class on the Education of the Body and the Education of the Feelings‹. Die Gäste, die sich auf dem Bärenfell ausgebreitet hatten, standen ihrem Gastgeber in puncto Ernsthaftigkeit in nichts nach. George Dyson, stark von Carlyle beeinflußt, war nicht davon abzubringen, in horizontaler Lage endlose Vorträge über alles zu halten, was ihn gerade zu der Zeit beschäftigte. Mesmerismus wiederum war für Mr. Lafontaine das, was die Phrenologie für Mr. Bray war, und Mr. Bray finanzierte eine Veranstaltung, wo, wie man hoffte, Mr. Lafontaine seine Kräfte sichtbar machen würde. Unglücklicherweise wurde die Veranstaltung ein Fiasko, weil es ihm zwar gelang, eine junge Dame zu mesmerisieren, aber er sie nicht dazu bringen konnte, den Inhalt eines Buches, das sie nicht gelesen hatte und auf dem sie saß, wiederzugeben; was dazu führte, daß man Mr. Lafontaine einen Betrüger nannte und die Zuhörer lauthals ihr Geld zurückforderten.

Aber der am höchsten geschätzte unter Mr. Brays Gästen war der große George Combe, der Autor des Werkes über Phrenologie, das jenen so erregt hatte. Mr. Combe war seit einigen Jahren mit Mrs. Siddons Tochter Cecilia verheiratet. Aber ehe er ihr die Ehe antrug, bestand er – seinen eigenen Lehrsätzen folgend – darauf, daß sein Arzt ihn von Kopf bis Fuß untersuchte. Der Arzt versicherte ihm, daß er mit vollem Recht heiraten dürfe, warnte ihn allerdings davor, eine junge Frau zu nehmen. Was das Alter angeht, war Cecilia durchaus die richtige Wahl, denn sie war neununddreißig. Aber sie mußte noch eine weitere Prüfung bestehen. Waren wohl auch die Hirnfortsätze in Ordnung? Das mußte ermittelt werden! Mr. Combe untersuchte also ihren Kopf gründlich und entdeckte, zu seiner Erleichterung, daß »ihr vorderer Hirnlappen von ansehnlicher Größe ist; Wohlwollen, Gewissenhaftigkeit, Festigkeit und Selbstachtung, wie auch der Wunsch nach Anerkennung, sind gut ausgebildet, während Verehrung und Staunen ebenso bescheiden geraten sind wie bei mir«. Aber er war immer noch unentschlossen. Schließlich jedoch, nachdem er seinen Bruder und seine Nichte zu Rate gezogen hatte und beide seine Wahl billigten, ging er noch einmal ihre Briefe durch und fand, daß diese »zweifelsfrei einen ungewöhnlichen Geschäftssinn und gründliche Rationalität verrieten«. Ein Zweifel blieb dennoch. Könnte sie nicht vielleicht falsche Vorstellungen von seiner finanziellen Situation und seinen Ansichten über das Geldausgeben hegen? Er schrieb ihr und stellte ihr beides dar. Ihre Antwort entsprach ganz dem, was er gehofft hatte. Nun konnte er seine Glut nicht länger bändigen, machte ihr einen Antrag, sie nahm ihn an, und sie heirateten.

Mr. Combe erhielt den Ehrenplatz auf dem Bärenfell, und von dort aus entwickelte er seine Gedanken stundenlang. Mr. Bray machte es aktenkundig, daß diese Monologe »seine Anwesenheit zu einem bekömmlichen Schlafmittel für unseren Geist machten. Es überraschte uns nicht«, fuhr er fort, »wenn seine ihm ergebene Ehefrau mitten in seinen Darlegungen einschlief, den Kopf in ehrfurchtsvoll-aufmerksamer Haltung ihm zugeneigt.«

Schlaf, in »einer ehrfurchtsvoll-aufmerksamen Haltung« war der Leitgedanke im Leben der Brays... Aber in einem anderen intellektuell höhergestimmten Kreise schien Schlaf nicht in Frage zu kommen.

Der geniale Mensch und der Aristokrat werden von gewöhnlichen Menschen häufig als exzentrisch angesehen, weil sowohl das Genie wie der Aristokrat völlig unbeeinflußt sind von den Meinungen und Launen der Menge. Ein Riese wird dem Kleinen verzeihen, der Kleine dem Riesen aber nie; »Ich erinnere mich, als ich in Liliput war«, sagt Gulliver, »erschien mir die Gesichtsfarbe dieser kleinen Leute als die schönste von der Welt: und als ich mit einem Freund darüber sprach, sagte er, mein Gesicht erscheine ihm viel schöner und sanfter, sobald er mich vom Boden aus betrachte, als aus der Nähe, wenn ich ihn auf meine Hand hob und ihn nahe an mein Gesicht heranführte, was, wie er bekannte, zuerst ein schockierender Anblick war. Er könne, wie er sagte, große Löcher in meiner Haut erkennen; und meine Bartstoppeln waren zehnmal so stark wie die Borsten eines Ebers; und meine Gesichtsfarbe war aus mehreren Farben gemischt, die alle miteinander unangenehm waren...«

Die heutige Schreiberin hat nicht die Absicht, der Menge die »großen Löcher in der Haut« des Riesen Carlyle zu präsentieren. Vielmehr möchte sie nachweisen, daß, genauso wie diese Löcher den Liliputanern ungeheuer groß erscheinen, auch rastlose und sinnlose Liliputaner, wenn sie, aus dem Nichts kommend und ins Nichts dahinschwindend, zu ihren unwichtigen Geschäften eilen, sich im Ohr und Auge des Riesen bis zur Tortur verstärken.

Denkt man an den Haushalt von Mr. und Mrs. Carlyle, so ist man versucht, die Worte aus Mr. Carlyles Werk ›Die Französische Revolution‹ zu zitieren: »Aufrührerisches Chaos liegt schlummernd um den Palast, so wie der Ozean um eine Taucherglocke.«

Das Paar war von höchst unterschiedlichem Temperament. »Aufregung«, sagte Jane Carlyle, »macht mich ruhig.« Während, wie Geraldine Jewsbury meint, Thomas »viel zu groß war für das Alltagsleben. Eine Sphinx fügt sich nicht behaglich in die Arrangements unserer Wohnzimmer-Existenz, aber aus dem richtigen Blickpunkt gesehen, ist sie ein Gegenstand von übernatürlicher Großartigkeit«.

Obwohl also eine Sphinx, war Mr. Carlyle stets von Unruhe erfüllt, und in der Zeit der ersten Bekanntschaft mit seiner Frau »zerkratzte er immer wieder auf schreckliche Weise den Kaminvorsatz«. Ich mußte, sagt Jane, »stets ein Paar Pantoffeln und Handschellen für ihn bereithalten... Nur seine Zunge sollte völlige Freiheit haben – seine übrigen Gliedmaßen sind phantastisch ungeschickt.«

»London ist zwar ein kochender Tumult«, erklärt Mr. Carlyle, »dennoch sind inmitten dieses ungeheuren, ohrenbetäubenden Getöses eines Todesgesangs Töne eines Geburtsliedes zu venehmen.«

Aber auch das Lied der Geburt war nicht immer beliebt; denn in dem »aufrührerischen Chaos«, welches das Haus in der Cheyne Row im Stadtteil Chelsea umgab und erfüllte – wie eigentlich jedes Haus, das die Carlyles bewohnten oder besuchten –, bellten Hunde (hatte sich denn die ganze Welt in einen Hundezwinger verwandelt?, fragte sich Jane), kreischten Papageien, veranstalteten Dienstmädchen Ballspiele mit Schüsseln und Tellern.

Jane Carlyle als 25jährige

Wenn die Carlyles Ferien in Ramsgate machten, spielte »eine Blaskapelle während des ganzen Frühstücks, und der Blaskapelle folgte eine Band von Äthiopiern, und denen wiederum eine Gruppe von Geigerinnen! Und dazwischen eingestreut gibt es dann noch einzelne Drehorgeln, Dudelsäcke und auch ein Französisches Horn.«

Dies war immerhin besser, als was man in London ertragen mußte, wo die Hähne der Nachbarn »sich entweder zurückhalten oder sterben mußten«.

Sie starben nicht. Und weil Mr. Carlyle sich ständig vor dem Geburts-Lied auf der Flucht befand, war das Haus in dauerndem Aufruhr. Zimmer mußten neu ausgebaut, Auszüge geplant werden. 1853 mußte ein lärmsicherer Raum gebaut werden, der sich von einem Ende des Obergeschosses bis zum andern hinzog. Die Folge: »Hineinstürzte ein Trupp Mensch gewordener Dämonen – Fliesenleger, Maler usw.« Es gab ständig Krach, während Mr. John Chorley (der als Freund Carlyles die Bauarbeiten überwachte) ohne Unterlaß Leitern auf- und abgaloppierte. Ein Arbeiter fiel durch die Decke in Mr. Carlyles Schlafzimmer und brachte größere Mengen Baumaterial mit. Ein anderer stürzte in Mrs. Carlyles Zimmer und nur knapp an ihrem Kopf vorbei. Tische und Stühle streckten »alle Beine in die Luft, als hätten sie Krämpfe«, Dinge gingen verloren. Mr. Carlyle schlug lautstark Krach wegen eines Buches, das er selbst verlegt hatte« - und das sich natürlich dort wiederfand, wo er es liegengelassen hatte.

Schließlich waren die Bauarbeiten beendet und Mr. Carlyle in seinem neuen Arbeitsraum installiert. Aber kaum hatte er sich darin eingerichtet, als die junge Dame aus dem Nachbarhaus anfing, Klavier zu üben. Die Hähne begrüßten den Morgen; die Sittiche kreischten. Alles war umsonst gewesen.

Was sollte man machen? Sollten sie das Nachbarhaus mieten? »Was sind schon vierzig oder fünfundvierzig Pfund im Jahr, wenn man damit sein Leben und seine geistige Gesundheit retten kann?« fragte Jane. Am Ende zahlte Mrs. Carlyle dem nächsten Nachbarn fünf Pfund unter der Bedingung, daß nichts, was bellte, kreischte oder krähte, jemals mehr ihren Frieden störte. Dann zog sie sich mit Kopfschmerzen ins Bett zurück.

Nicht nur alles, was Fell oder Federn trug, schien gegen sie zu sein – sondern auch die gesamte Insektenwelt. Eines Morgens, als sie von Schottland zurückkamen, wo »alles in dicken, dunkelgelben Nebel gehüllt ist«, sagte Mr. Carlyle über den Frühstückstisch hinweg: »Meine Liebe, ich muß dir mitteilen, daß mein Bett voll von Wanzen oder Flöhen oder irgendwelchen anderen Tieren ist, die die ganze Nacht über mich hinwegkriechen.«

Diese Insekten scheinen tatsächlich unermüdlich in ihren Überfällen gewesen zu sein – und manchmal waren sie von ganz seltsamer Art. Eines Abends stürzte das Hausmädchen ins Wohnzimmer und schrie, daß eine Küchenschabe unbedingt in ihr Ohr eindringen wollte und nun auf dem Weg in ihr Gehirn sei. Sie wurde schleunigst in die Chirurgie am Ende der Cheyne Row gebracht, und ein Teil der Küchenschabe konnte entfernt werden, aber der Doktor meinte, daß »ein oder auch zwei Beine« wohl in dieser merkwürdigen Leichenhalle zurückbleiben würden.

Dies scheint das Dienstmädchen nicht beunruhigt zu haben, aber Mrs. Carlyle hätte sich durch den nächtlichen Ausflug beinahe eine Erkältung geholt.

Mrs. Carlyle war von zarter Gesundheit, obgleich nichts dieses lebhafte, bezaubernde Geschöpf daran hindern konnte, irgendein harmloses Vergnügen zu genießen, wenn es sich bot. Aber sie war anfällig für Influenza, Erkältungen und Kopfschmerzen. Eine Freundin – Mrs. Brookfield – hörte sie sagen: »Auch die kleinste Aufmerksamkeit Carlyles ist eine Zierde für mich. Wenn ich einen meiner Kopfschmerzanfälle und die Empfindung habe, daß glühendheiße Stricknadeln in mein Hirn eindringen, so ist Carlyles Ausdruck von Mitgefühl, mir seine schwere Hand auf den Kopf zu legen und sie dort einige Sekunden in völligem Schweigen liegen zu lassen, so daß ich – obwohl ich schreien könnte vor unerträglichen Nervenqualen – wie eine Märtyrerin dasitze und vor Freude lächle über einen solchen Beweis tiefen Mitleids«.

Mr. Carlyle pries, wie sich vorstellen läßt, das Schweigen. Der in London im Exil lebende Mazzini kam allerdings aufgrund seiner ständigen, oft über halbstündigen Monologe über diesen Gegenstand zu dem Schluß, »daß er das Schweigen eher ein wenig platonisch liebe«.

Francis Epinasse, den Carlyle als »quälenden jungen Mann beschreibt, dessen ›Konversation‹ nicht gerade einen Hochgenuß verspricht«, wurde, nach Mr. Julian Symons bewundernswerter Carlyle-Biographie, einem längeren Monolog ausgesetzt, bei dem es sich um den Ursprung der arabischen Zahlen von zwei bis neun handelte, die »durch die Hinzufügung von Strichen und Kurven zur senkrechten Linie, welche die einfache Zahl eins bezeichnet«, entstehen.

Mr. Carlyle verabscheute Lyrik, denn »wenn schon die Töpfe anderer Leute leer sind, so sind die von Künstlern noch leerer und zu nichts gut, als sie irren Hunden an den Schwanz zu binden.« Milnes' Biographie von Keats war seiner Meinung nach »der Versuch, uns Hundefleich durch ausgezeichnete Zubereitung und viel Curry schmackhaft zu machen! Mag's trotzdem nicht... Menschen wie Keats werden mir immer gräßlicher. Die Gewalt des Hungers nach Vergnügungen aller Art und was sonst noch für Zwänge – das ist eine Mischung!« Um Langweilern eine Rüge zu erteilen, pflegte er »auf beeindruckend monotone Weise« lange Passagen aus Gedichten zu rezitieren, wobei er durchaus absichtlich ein Wort oder eine ganze Wendung falsch zitierte.

Es muß schrecklich gewesen sein, sich der genauen Prüfung durch Thomas aber auch durch Jane zu unterziehen, denn, obgleich fast immer gnadenlos in ihrem Urteil, hatten sie doch fast immer recht – bis auf ihre Kritik an der Dichtung und anderen Künsten.

Alfred Tennyson allerdings wurde es nachgesehen, daß er ein Dichter war. Und auch Leigh Hunt war ein häufiger Gast bei ihren Abenden. »Er genoß mit ritterlichem Schweigen und Respekt«, sagt sein Gastgeber, »ihre (Janes) schottischen Melodien auf dem Klavier, von denen er die meisten bereits kannte, und ihren Burns oder eine andere Begleitung; das beschloß für gewöhnlich den Abend: kurz vor dem ›Nachtessen‹ (immer ein Porridge aus schottischen Haferflocken) wurde mit großer Wahrscheinlichkeit auf irgendeinen Wink hin, das Klavier geöffnet, und das ging so weiter, bis der Porridge auf den Tisch kam, von dem Hunt immer ein winziges Schälchen nahm und den er mit einem Teelöffel Zucker und unter hohem Lob dieser ausgezeichneten, bescheidenen und edlen Speise aß.«

Wie ganz verschieden war so ein Abend von dem, was Jane bei einer Dinner-Party zu erdulden hatte, welche die Kay-Shuttleworths gaben. »Es war eine so langweilige Angelegenheit, als hätten alle die Kiefernsperre«, erzählte sie ihrem Mann, »Little Helps war da, aber sogar mir gelang es nicht, ihn zu animieren; er sah bleich aus, als hätte er Magenschmerzen. Milnes war auch da und ganz umgänglich, aber offenbar von einem Gefühl beherrscht, das uns alle niederdrückte – dem Gefühl, als hätte man ihn in die absolute Leere fallen lassen... Mrs.- war unerträglich langweilig; sie hat das Gebaren einer unglücklichen Pensionärin; Hals und Arme waren nackt, so als hätte sie nie vom Baum der Erkenntnis von Gut und Böse gegessen! Sie erinnerte mich an die Prinzessin Huncamunca, so wie ich sie einmal bei einer Aufführung auf dem Land gesehen habe. Sie aß und trank mit einer gewissen Gier, nieste während des Essens wie ein rüstiger Alter, und es läßt sich alles in allem nichts Ungraziöseres, Unweiblicheres denken als ihr ganzes Benehmen.«

Ein ständiger Gast war Miss Harriet Martineau. Und nach Meinung von Mrs. Carlyle, »trat sie Mr. Carlyle auf eine ziemlich kokette Weise mit ihrem Hörrohr entgegen«. Aber nach einiger Zeit kam Mr. Carlyle doch zu dem Schluß, daß sie sich mit »ihren bemerkenswerten Gaben zu einer glänzenden Vorsteherin einer großen Frauenorganisation geeignet hätte«, aber »dennoch vollkommen unfähig war, tiefere gesellschaftliche oder geistige Fragen zu erfassen.« Auch war sie »zu glücklich und zu laut«, und als sie eines Tages »mit Hörrohr, Muff und Mantel« zu einem anderthalbstündigen Besuch anrückte, war Mr. Carlyle so erschöpft durch ihre lautstarke Zufriedenheit, daß er in sein Journal notierte: »Ich wünschte, die gute Harriet wäre anderswo glücklich.«

Schlimmer noch war der Besuch von Emerson – ein Besuch, der nicht nur anderthalb Stunden dauerte, sondern die ganze Zeit, die er in London war.

Die beiden Weisen hatten sich etwa fünfzehn Jahre zuvor in Schottland getroffen und waren entzückt voneinander gewesen, und dann hatte Carlyle Emerson eingeladen, in London sein Gast zu sein: »Sie müssen wirklich wissen, mein Freund, daß Ihr Heim, während Sie in England sind, bei uns ist...«

Aber die Umstände hatten sich seit jener glücklichen Begegnung in Schottland verändert. Beide waren nun berühmt; beide waren gewöhnt, ihr eigenes Leben zu leben, und beide sprachen gern, hörten aber nicht gern zu. Außerdem nahm Carlyle keinen Widerspruch hin.

Zunächst verlief der Besuch maßvoll angenehm. Aber das Leben unter einem Dach war eine schwere Prüfung. »Zwei Tage lang«, schreibt Jane, »habe ich vom Manna seiner (Mr. Emersons) Äußerungen gelebt und mich in mein Schlafzimmer geflüchtet, um meinen Kopf unter kaltes Wasser zu halten und Bericht zu erstatten... sie hassen sich noch nicht, C. nennt Emerson immer noch ›ein höfliches und sanftes Geschöpf! Einen Menschen von wahrhaft seraphischem Wesen, das allerdings an manchen Stellen überlagert sei von »ungeheurem Blödsinn«‹ – und Emerson nennt C. – im Vertrauen, mir gegenüber –

Miss Harriet Martineau

›ein gutes Kind!‹, trotz aller seiner Vergottung des Positiven, des Praktischen, die höchst erstaunlich seien für die, welche seine Bekanntschaft zuerst aus Büchern gemacht haben!... er vermeidet mit löblichem Takt jede Gelegenheit zu einer Auseinandersetzung; und wenn er – im moralischen Sinne – an den Haaren dazu herbeigezogen wird, gibt er – unter äußerst provozierenden Widerworten – wie ein weiches Federbett nach.« Dagegen steht, daß, »obwohl er freundlich ist, diese Freundlichkeit mehr aus dem Kopf als aus dem Herzen kommt – sozusagen eine theoretische Freundlichkeit ist.!«

Jane und Thomas hatte »im wahrsten Sinne des Wortes seit Emersons Ankunft keine fünf Minuten allein füreinander. »Er (Emerson) bleibt abends länger auf als ich«, notiert Jane, »und ist am Morgen früher unten, bis ich mich fühle, als hätte ich die Masern oder etwas ähnliches.«

Zu Lady Harriet Baring (Lady Ashburton) äußerte Carlyle: »Ich war in Stücke gerissen, wenn ich mit ihm redete; denn es scheint die traurige Yankee-

Regel zu sein, daß eine Unterhaltung unaufhörlich weitergehen muß, wenn nicht der Schlaf sie unterbricht: eine furchtbare Regel.«

Schlimmer aber als alle anderen Besuche war Miss Geraldine Jewsbury. Die junge Dame hatte Carlyle einen begeisterten Brief geschrieben und war sehr gegen seinen Wunsch »irgendwie« in die Cheyne Row für zwei oder drei Wochen eingeladen worden. Sie kam und wurde von Carlyle als »eine der interessantesten jungen Frauen, die ich seit Jahren kenne« bezeichnet.

Aber ach! Nach sehr kurzer Zeit bemerkte er: »Dieses Mädchen ist eine vollkommene Närrin, und es ist eine wahre Gnade, daß sie so unansehnlich ist.«

Der Besuch war ein ausgesprochenes Fiasko. Miss Jewsbury machte Carlyle verrückt, weil sie (im Wortsinn) ihm zu Füßen lag und anbetend zu ihm hinaufstarrte oder aber einschlief und stundenlang auf dem Boden liegenblieb, was die Folge hatte, daß er sich angewöhnte, »wie an den Vormittagen so auch abends oben zu bleiben«, notiert seine Frau; »sonst kennt sie nur wenige Menschen – und diese weigern sich allesamt, mit ihr zu reden«.

Und das war gut so; denn wenn es ihr gelang, jemanden zu einer Unterhaltung zu zwingen, »flatterten Lehrmeinungen wie Fledermäuse umher.«

»Ich wünschte«, sagte Carlyle, »sie würde es sich in den Kopf hämmern, daß weder eine Frau noch ein Mann einzig dazu geboren werden, sich zu verlieben oder Gegenstand einer Verliebtheit zu sein.« »Denn Geraldine«, schrieb Mrs. Carlyle Jahre später, »hat eine unausrottbare Schwäche: sie ist nicht glücklich, wenn sie nicht gerade eine ›grande passion‹ am Wickel hat; und da unverheiratete Männer die Flucht ergreifen vor ihrer impulsiven, nachdrücklichen Art, haben sich ihre großen Leidenschaften alle an verheirateten Männern verausgabt, die sich sicher fühlen.«

Erbarmungslos verfolgte sie alle Männer, die in der Cheyne Row zu Gast waren – zum großen Ärger von Mrs. Carlyle und zu der nicht geringen Verlegenheit der Männer, die sich weigerten, allein mit ihr im Zimmer zu bleiben. Sie entwickelte eine übertriebene, ungesunde Zuneigung zu Mrs. Carlyle, zu der sie sagte: »Ich fühle mich Ihnen gegenüber viel mehr als Liebhaber, denn als Freundin.« Und: »Ich bin eifersüchtig wie ein Türke und mache mir keinen Pfifferling daraus, mit meinen Freunden zusammen zu sein – außer in einem tête-à-tête, und dann habe ich den dringenden Wunsch, jeden umzubringen, der sich da nicht ganz heraushält.«

Beide, Mr. und Mrs. Carlyle, waren zutiefst von ihr gelangweilt und wünschten, daß die drei Wochen ihres Besuchs endlich ein Ende hätten. Aber erst nach fünf Wochen reiste sie ab. Die Bekantschaft freilich dauerte an.

Ganz unwissentlich ließ Carlyle seine Frau durch seine völlig unschuldige Freundschaft mit Harriet Baring (Lady Ashburton, nachdem ihr Mann Peer geworden war), leiden. Eine Freundschaft, die gewiß nicht leicht zu ertragen gewesen sein muß, denn ihr Mann konnte sich erlauben, in Briefen an seine Freundin zu schreiben: »Du bist wirklich die Beste und Schönste, freigebig wie der Sommer und die Sonne« oder: »Ach, bestes und schönstes aller Himmelsgeschöpfe, ich küsse den Saum deines Gewandes«. Und ebenso schwer erträglich war der Hohn, dem diese Freundschaft sie aussetzte. Der widerliche

Jane Carlyle kurz vor ihrem Tod

Samuel Rogers – den Carlyle als »einen halbgefrorenen Whig-Gentleman« beschreibt. – (»Überhaupt kein Haar auf dem Kopf, dafür der allerweißeste Schädel, gescheite, traurige und grausame blaue Augen; ein zahnloser Mund, der sich hufeisenförmig bis zur Nase nach oben zieht, dunkel krächzende Stimme, sarkastischer Scharfblick und vollkommene Manieren«) – dieser Gentleman bewies seine vollkommenen Manieren bei einem Abendessen, das Dickens gab, durch seine Frage: »Ist Ihr Gatte immer noch so betört von Lady Ashburton?‹ ›Natürlich‹, sagte ich (Jane) lachend – ›warum sollte er nicht?‹ – ›Mögen Sie sie – sagen Sie es mir aufrichtig – ist sie nett zu Ihnen – so nett wie zu Ihrem Gatten?‹ ›Nun, ich kann nicht wissen, wie nett sie zu meinem Mann ist; aber ich kann sagen, daß sie ungemein nett zu mir ist, und ich wäre dumm und undankbar, wenn ich sie nicht gern hätte.‹ ›Hmm!‹ (enttäuscht)

›Nun ja, es ist sehr gütig von Ihnen, sie zu mögen, wo sie Sie doch der Gesellschaft Ihres Mannes so ganz beraubt – und er ist immer bei ihr, nicht wahr?‹ ›O gütiger Himmel, nein!‹ (Jane immer noch bewundernswerterweise lachend) – ›Er schreibt und liest viel in seinem Arbeitszimmer‹. ›Aber er verbringt doch alle Abende mit ihr, wie ich höre.‹ ›Keineswegs alle – zum Beispiel sehen Sie ja, daß er heute abend hier ist‹. ›Ja‹, meinte er in gereiztem Ton, ›ich sehe, daß er heute Abend hier ist, und ich höre es auch – denn seit er eingetreten ist, hat er nichts anderes getan als quer über den ganzen Raum hinwegzureden!‹«

Lady Harriet starb im Frühling 1857, aber ihr Schatten fiel, auch als sie tot war, noch auf Mrs. Carlyles Leben.

Im August und frühen September 1863 hatten Mr. und Mrs. Carlyle, wie Carlyle mitteilt, »sechs Wochen in schöner, grüner Einsamkeit« verbracht. Für Jane aber war es Tag und Nacht eine Schmerzenshölle; sie litt an Neuralgien und war nicht einmal imstande, sich zu kämmen »oder irgend etwas zu tun, wozu man beide Arme braucht«.

Eines Tages gegen Ende September, als sie bis St. Martin-le-Grand ging, um dort eine Droschke zu nehmen, glitt sie aus, stürzte zu Boden und blieb in qualvollem Schmerz liegen. Eine Menschenmenge sammelte sich um sie, ein Polizist erschien, sie wurde in eine Kutsche gesetzt und nach Cheyne Row zurückgebracht. »Bitte helfen Sie mir nach oben in mein Zimmer«, flehte sie einen Nachbarn und das Hausmädchen an, »ehe Mr. Carlyle etwas merkt. Er macht mich verrückt, wenn er jetzt hereinkommt.«

Aber Carlyle hatte gehört, daß sie zurückgekommen war.

Ihre Tortur erreichte den Höhepunkt: »Solch ein alles überschwemmender, unerträglicher Schmerz«, schrieb ihr Mann, »so unbeschreibbare Schmerzen, gegen die man nichts tun kann, Schmerzen, wie ich sie noch nie gesehen habe, mir nicht habe träumen lassen, die sechs oder acht Monate im Leben meines armen Lieblings in tödliche Dunkelheit tauchten.« »Ach, ich habe einen solchen Ausdruck in den mir teuren, schönen Augen erblickt, der über jede Tragödie hinausgeht! (Besonders in einer Nacht, als sie verzweifelt zu mir hereinstürzte, sprachlos, ich sie einwickelte und auf das Sofa legte und sie schweigend auf all die vertrauten Dinge und auf mich starrte.) Sie sprach selten von ihren Schmerzen, aber wenn sie es tat, dann in Wendungen, als gäbe es keine Sprache dafür; ›jeden ehrlichen Schmerz, einfach nur Schmerz, so wie wenn man mir mit Messern ins Fleisch schnitte oder meine Knochen durchsägte, würde ich vergleichsweise als Höhepunkt des Wohlbefindens bejubeln!‹«

Zeitweilig glaubte sie, verrückt zu werden, und flehte ihren Mann an, sie nicht in eine Irrenanstalt zu stecken. Dann wieder bat sie ihren Arzt inständig, Mitleid mit ihr zu haben und sie zu töten.

Im Jahre 1864 »hat sie«, schreibt ihr Mann, »keinen Schlaf gefunden, sie kann überhaupt nicht schlafen. *Ein* gesunder Schlaf in sieben Wochen – das ist alles, was ihr zugebilligt wird«.

Im Oktober des darauffolgenden Jahres, während eines ihrer sich lange hinziehenden Anfälle von Schlaflosigkeit, wurde Mr. Carlyle »wieder einmal um seinen Schlaf gebracht, weil er auf das ›Pfeifen der Eisenbahnzüge‹ lauschte, die man seit Jahren nur schwach hören kann – nicht mehr ...« »Die schlimmen

Mr. Carlyles Alptraum

Nächte, die ich letzthin gehabt habe, waren nicht meine Schuld, sondern kamen daher, daß ich hörte, wie Mr. C. aufsprang, um zu rauchen, wie er gegen sein Bett hämmerte usw.«

»Stell dir die Situation vor«, schrieb sie später an die zweite Lady Ashburton, ihre liebste Freundin: »Du hast, denke ich, von unserem Kummer mit den Nachbarhähnen während der letzten Jahre gehört, wie ich von einem Hausverwalter zum anderen eilen, mich auf die Knie werfen und das Haar raufen mußte (im übertragenen Sinn), um das Schweigen dieser gefiederten Dämonen zu erlangen, die mit ihrem leisesten Krähen Mr. C.'s Schlaf störten, während man eine Pistole an seinem Ohr hätte abfeuern können, ohne daß er aufwachte! Durch unendliche Anstrengungen, an die ich mich nicht zu erinnern wage, ohne zu schaudern, waren die Nachbargärten ganz und gar von Hähnen freigeräumt, und Mr. C., der nun alles Leid, das sie über ihn gebracht hatten, vergessen konnte, war endlich frei, um seine ausschließliche Aufmerksamkeit – dem ›Pfeifen der Eisenbahn‹ zu widmen! Stelle dir bitte meine Empfindungen an einem Morgen vor etwa einem Monat vor, als ich vor Tagesanbruch durch das laute Krähen eines ausgewachsenen Hahns unmittelbar unter meinem Bett (so schien es im ersten Schrecken) aus dem Schlaf gerissen wurde.«

Eine volle Woche bewahrte Mrs. Carlyle »das schlimme Geheimnis in ihrem Busen«, während »dank seiner Voreingenommenheit für das Eisenbahn-Pfeifen Mr. C. das Krähen unter seiner Nase niemals hörte! Aber Nacht für Nacht wartete ich darauf, daß sein Fuß mit dem alten wütenden Stampfen, das nichts gutes verhieß, auf den Boden über meinem Kopf niederkam!«

Schließlich aber hatte Mrs. Carlyle den Hahn zum Schweigen gebracht, zum höchsten Entzücken von Mr. C., der seinen Feind gerade an dem Tag entdeckt hatte, als er von ihm befreit wurde und er »gerade auf dem Weg zu Tyndall war, um ihn um etwas Strychnin zu bitten«.

So schloß Mr. Carlyle seine Frau in die Arme und versicherte ihr ein ums andere Mal, daß sie sein Schutzengel sei. »Hm!«, notierte Mrs. Carlyle, »eine Sinekure ist das nicht.«

Sie hatte noch zwei Jahre zu leben. Für Augenblicke schien es, als würde sie gesunden. Dann wieder versank sie in ein Rotes Meer von Schmerzen, in ein graues Meer der Schlaflosigkeit. Sie versuchte, diese tödlichen Augenblicke vor ihm zu verbergen, und er war nur zu oft bereit, es geschehen zu lassen ... Er war befaßt mit seinen »neuen Tiefen der Abstumpfung und dem dumpfen Elend von Körper und Geist«. »Er ist jetzt«, schrieb Geraldine Jewsbury 1865, »was man bei gewöhnlichen Sterblichen übelgelaunt nennen würde, *sehr* übelgelaunt; aber da er ein Held und ein Halbgott ist, würde, vermute ich, die richtige Formulierung lauten, daß er die Unzulänglichkeit aller menschlichen und häuslichen Worte und Handlungen mit großer Schärfe sieht und fühlt und seine Gefühle mit großer Kraft zum Ausdruck bringt.«

Im Jahre 1866 wurde der Prophet in seinem eigenen Vaterland geehrt. Am 2. April folgte Carlyle Gladstone als Rektor der Universität Edinburgh. Am 29. März machte er sich nach Schottland auf.

Seine Frau begleitete ihn nicht, denn »der Frost und der Schnee der letzten ein oder zwei Tage haben meinen ganzen Unternehmungsgeist zu einem Eisklumpen gefrieren lassen«. Aber sie befand sich in einem Zustand hysterischer Erregung und Freude und wurde, wie sie schreibt, »nur durch einen ständigen Zustrom von Telegrammen und Briefen beisammengehalten«.

Bevor er das Haus verließ, küßte sie ihn zwei Mal und sah ihm dann nach, wie er aus der Tür ging.

Er sollte diesen Kuß nie mehr spüren.

Seine Rückkehr hatte sich etwas verzögert, weil er sich das Fußgelenk verstaucht hatte. Aber zwei Tage, bevor er schließlich zu ihr zurückkehren sollte, machte sie in glücklicher und friedvoller Verfassung ihre übliche Nachmittagsausfahrt im offenen Wagen, mit Tiny, ihrem kleinen Hund auf dem Schoß. Der Wagen trug sie durch Kensington Gardens. Sie stieg aus, ging ein paar Schritte und stieg dann wieder ein. Als der Wagen sich Victoria Gate näherte, bat sie den Kutscher Sylvester, anzuhalten und den Hund ein wenig herauszulassen. Er lief eine Weile neben dem Wagen her, bis ein anderer Wagen, der ihren Weg kreuzte, ihn anfuhr. Jane sprang aus dem Wagen zu dem Hund, der auf dem Rücken lag und winselte. Ein paar Frauen kamen dazu, und gemeinsam untersuchten sie das Tier, das lediglich an einer Pfote verletzt war. Jane stieg mit dem Hund in den Armen wieder in den Wagen.

Die Fahrt ging weiter – am Hyde Park Corner, an der Serpentine, an dem Platz vorbei, wo der Hund angefahren worden war, dann wieder zurück zum Hyde Park Corner.

Sylvester drehte sich um und sah nach Jane. Sie sprach nicht.

Er fuhr noch einmal zur Serpentine. Immer noch sagte sie kein Wort. Sie hatte sich nicht bewegt und ihre Hände lagen in ihrem Schoß. Ihre Augen waren geschlossen.

Die Schlaflose hatte endlich Schlaf gefunden.

»Vierzig Jahre lang«, schrieb ihr Mann in seiner Qual, »war sie die treue und stets liebevolle Gefährtin ihres Mannes und förderte ihn durch Wort und Tat in allem, was er Achtbares tat oder anstrebte. Sie starb in London, am 21. April 1866, ganz plötzlich von seiner Seite gerissen, und sein Lebenslicht war wie erloschen.«

»Ach, könntest du doch in das Innerste meines Herzens blicken«, hatte er ihr auf dem Höhepunkt ihres Leidens an seiner Freundschaft mit Lady Harriet Baring geschrieben. »Ich glaube nicht, daß du mir zürnen würdest oder dich bedauern müßtest.«

Sie würde es nun nie erfahren, wie sehr er sie liebte.

NACHBEMERKUNG

Im Vorwort zu ›Edith Sitwell – Fire of the Mind‹, einer klug ausgewählten Anthologie aus ihren Werken, rühmt ihr Bruder Sacheverell ihr Talent zu mimischer Nachahmung, ihre komischen Einfälle und ihren ›unnachahmlichen und faszinierenden Humor‹. Er hat bei Edith Sitwell eine dem Tiefsinn entsprechende Dimension: beide entstammen der gleichen Sensitivität und Intensität des Wahrnehmens. Eins, könnte man sagen, ist das andere – mit umgekehrten Vorzeichen. Und: Es ist kein ›goldener‹, eher ein schwarzer oder doch gelegentlich ins Makabre schillernder Humor. (Ein im Deutschen seltener, schwer zu treffender Ton, dem am ehesten noch das Wienerische entspricht.) In ihren Auseinandersetzungen mit Gegnern ihrer Kunst und Kunstauffassung, in Briefen an Freunde – und über Feinde – entfaltet er sich im hintergründigen Witz, in der Lust an der Polemik, im Vergnügen am schieren Nonsens.

Alle diese Schattierungen ihres Humors sind beteiligt an den ›English Eccentrics‹, die 1933 zum ersten Mal, in England und Amerika gleichzeitig, erschienen und 1957 und 1958 in erweiterter Ausgabe wiederaufgelegt wurden. Der Untertitel des Originals heißt: ›A Gallery of Weird and Wonderful Men and Women‹. Weird and Wonderful! Die Übersetzerin mutet dem geneigten Leser hier einen kurzen Exkurs in die Vertracktheiten der Übersetzung zu: ›Weird‹ schillert zwischen schicksalsträchtig und ulkig. Die ›Weird Sisters‹ sind die allwissenden Nornen oder Parzen. Ulkig, sonderbar, verschroben, schrullig, (etwas) verrückt – das ist das andere leichtergewichtige Bedeutungsende des Worts. Auf der Strecke dazwischen bietet sich noch ›unheimlich‹ an. Nichts trifft genau. Auch ›wonderful‹ ist hier nicht im sehr allgemeinen Sinne der geläufigen Exklamation »Oh, how wonderful!« (Zum Wetter, einer Landschaft, einem schicken Kleid, einem Berufserfolg, einer neuen Freundin etc.) zu verstehen. Hier ist es das Wundervolle das im positiven Sinne ganz Unerwartete und Hocherstaunliche. Einer ›Galerie sonderbarer und wundervoller Männer und Frauen‹ fehlt die kleine Prise ironischen Salzes und der alliterative Reiz des Originals. ›Eine Galerie wüster und wundervoller Männer und Frauen‹ fährt – der Alliteration zuliebe – ins Ungenaue ab. Die ›Galerie gar erschröcklicher und wundersamer Männer und Frauen‹ übertriebe den barocken Anklang, den Art und Auswahl der hier Abgebildeten durchaus nahelegen. Was tun? Wir haben versucht, uns dem Original ›anzunähern‹ – des Übersetzers bestes Teil. Auf der Titelseite lesen Sie: ›Eine Galerie höchst merkwürdiger und bemerkenswerter Damen und Herren‹.

Noch ein Wort zum vorliegenden Text: Es ist mit Bedacht versucht worden, den Stileigentümlichkeiten Edith Sitwells so nahe wie möglich zu kommen, und das heißt auch: ihren oft verschlungenen, von Parenthesen durchsetzten Satzgefügen und spielerischen Umständlichkeiten im Deutschen zu folgen. Es hätten sich – einer vielleicht gefälligeren Lesbarkeit zuliebe – derartige Umwege und Arabesken wegglätten lassen. Eine solche ›Transskription‹ schien uns nicht im Sinne einer so sprachmächtigen und sprachbedachten Autorin wie Edith Sitwell zu sein.

Die Auswahl von zehn unter den originalen siebzehn biographischen Porträts oder Raritätenkabinetten wurde im Hinblick auf die – für die Autorin – möglichst charakteristischen und – für den deutschen Leser – einleuchtendsten Stücke getroffen. Die kurzen Auslassungen in einigen dieser Prosastücke betreffen Einzelheiten, die ohne ausführliche Anmerkungen kaum zu verstehen wären, deren Fehlen aber den Sinnzusammenhang nicht stört. Das sind – zugegebenermaßen – Eingriffe in den Text, die ihn aber, wie wir meinen, nicht entstellen.

Es ging darum, sich einer bei uns weithin unbekannten Autorin, der großen Lyrikerin und Essayistin, mit diesem zum ersten Mal ins Deutsche übertragenen Prosatext aufs neue – und von einer anderen Seite her – zu nähern. Im Mittelpunkt von Edith Sitwells Werk steht unzweifelhaft – auch nach ihrem eigenen Verständnis – die Lyrik. Die Auswahl aus ihren großen Gedicht-Zyklen, die Werner Vordtriede noch vor ihrem Tod herausgab (übersetzt vom Herausgeber, Christian Enzensberger und Erich Fried, Insel Verlag, 1964) ist vergriffen, ebenso der Roman ›I Live under a Black Sun‹ (deutsch unter dem Titel ›Stella und Vanessa‹ von Hilde Mentzel und Paulheinz Quack, Schwann Verlag, 1950). Neu aufgelegt wurde 1986 (im Sozietätsverlag Frankfurt) die Biographie ›Victoria von England‹.

Edith Sitwell hat die ›Exzentriker‹, »dieses verdammte Buch«, das sie »sieben Stunden am Tag« kostete – und das sie, wie fast alle Prosa-Arbeiten, als nicht unbedingt willkommene Ablenkung von ihrer eigentlichen dichterischen Aufgabe empfand –, geschrieben, um Geld zu verdienen. Das mindert seine Qualitäten nicht. In diesem skurrilen Figurenkabinett entwickelt sie die ganze Skala menschlicher Möglichkeiten. Die Autorin macht aus Vorlieben und Abscheu kein Hehl. Der südamerikanische Wanderer und rüstige Naturfreund Squire Waterton – dessen ziemlich einziger Makel es war, daß er eine bestimmte Rattensorte unbarmherzig verfolgte – ist ihrem Herzen nahe. Für den naiven, melancholischen Beau, Shakespeare-Enthusiasten und Brillanten-Fan Mr. Romeo oder ›Kaleschen-Coates‹ zeigt sie warmes Verständnis, auch sein Freund, der tapfere Hochstapler Baron de Geramb, der sein Leben als Abt beschließt, hat ihre Sympathie. Sie liebt abseitige und widerspenstige Charaktere – wenn sie menschlich bleiben, sie toleriert Torheit, wo sie unschuldig irrt; sie führt den Tanz der Geizigen um das Goldene Kalb – den ›Herrn dieser Welt‹ – in seiner ganzen widerwärtigen Selbstzerstörung vor Augen. Nie hebt sie den Zeigefinger. Aber hinter ihrem spöttischen Wohlwollen, ihrem attackierenden Witz gibt sich unmißverständlich die entschiedene Moralistin zu erkennen, die sie in ihren großen Zeitgedichten ist.

BILDNACHWEIS

Umschlag und Seite 6, 9, 15: Cecil Beaton. S. 20, 28, 49, 54, 55, 71, 74, 106 rechts, 118, 125, 147 und 169: Archiv für Kunst und Geschichte, Berlin. S. 35, 60, 63, 131 und 157: The Mansell Collection, London. S. 78, 86, 94, 103, 106 links, 107 links, 111, 115 rechts, 117, 123, 126, 147, 153, 161, 165 und 167: BBC Hulton Picture Library, London. S. 100, 107 rechts, 115, 121 und 127: Bildarchiv Preußischer Kulturbesitz, Berlin.

PHILOSOPHEN UND EXZENTRIKER

Peter Burke   *Vico*
Philosoph, Historiker, Denker einer neuen Wissenschaft
»Die beste denkbare Einführung in das komplizierte Werk des
neapolitanischen Philosophen.«
Gustav Seibt, Frankfurter Allgemeine Zeitung
Broschur. 120 Seiten, DM 19.80

Antonio Negri   *Die wilde Anomalie*
Spinozas Entwurf einer freien Gesellschaft
»300 Jahre nach seinem Tod ist die Wirkung seines Denkens nicht
abgeschlossen, sondern scheint in eine neue, revolutionäre Phase zu treten.«
Michael Rohrwasser, Frankfurter Rundschau
Broschur. 288 Seiten, DM 39.80

Alain Corbin   *Pesthauch und Blütenduft*
Eine Geschichte des Geruchs
»Wir haben es mit einer Lektüre zu tun, die auf beinahe jeder Seite eine
Neuigkeit – und allgemeine Heiterkeit zugleich verbreitet.«
Harald Wieser, Der Spiegel
Englische Broschur. 376 Seiten mit 46 Abbildungen, DM 39.80

Djuna Barnes
New York
Geschichten und Reportagen aus einer Metropole
»Die Geschichten sind unglaublich gut, meisterhaft erzählt, sie ist eine
phantastische Schriftstellerin.«   Frankfurter Allgemeine Zeitung
Mit vielen Fotos, Zeichnungen und einem Stadtplan
Englische Broschur. 192 Seiten, DM 29.80

Georg Simmel
Das Individuum und die Freiheit   Essais
»Simmel überträgt als erster den Begriff der Kultur vom Kunstwerk auf die
sozialen Verkehrsformen.«
Wolfgang Sofsky, Frankfurter Rundschau
Broschur. 224 Seiten, DM 34.—

Robert Pinget
Monsieur Traum   Eine Zerstreuung
»Das schmale Büchlein ist brillant: humorvoll und vergnüglich zu lesen.«
Alice Villon-Lechner, Frankfurter Allgemeine Zeitung
Quartheft 149. 128 Seiten, DM 16.80

Fernando Pessoa *Ein anarchistischer Bankier*
»Ein äußerst unterhaltsames Gedankenspiel, dem man gern folgt und oft
beipflichtet, weil es Wahrheiten ausspricht, und das einen doch immer
wieder erschreckt.«
Gustav Ernst, Österreichischer Rundfunk
Quartheft 146. 80 Seiten, DM 14.80

Javier Tomeo *Mütter und Söhne*
Roman über Monster
»Was Tomeo erzählt, ist unglaubwürdig, phantastisch, aus der Luft
gegriffen. All das. Und dennoch wahrhaftig, alltäglich, gegenwärtig.«
Verena Auffermann, Basler Zeitung
Quartheft 144. 128 Seiten, DM 17.80

Günther Rücker
Herr von Oe. Eine Münchhausiade
»Rücker schreibt auch Zeitgeschichte mit seiner Geschichte eines Mannes,
der die Zeitereignisse nur als persönliches Glück oder Unglück begreifen
will. Nicht zuletzt aus dieser Blindheit resultieren souveräner Humor,
Lesevergnügen.« Konrad Franke, Süddeutsche Zeitung
Quartheft 138. 128 Seiten, DM 16.80

Louise Collis
Leben und Pilgerfahrten der Margery Kempe
Erinnerungen einer exzentrischen Lady
»Die englische Historikerin hat die Lebensbeschreibung der Margery
Kempe bearbeitet, die darin scharfsinnig und hysterisch ein präzises Bild
des 15. Jahrhunderts gibt.« Eva Krings, Stadtrevue Köln
Wagenbachs Taschenbücherei 139. 192 Seiten, DM 16.50

Werner Sombart *Liebe, Luxus und Kapitalismus*
Über die Entstehung der modernen Welt aus dem Geist der Verschwendung
»Verve, Bildung und Originalität der Ausführungen Sombarts reißen immer
wieder zu Amüsement hin, man goutiert eine Art fröhliche Wissenschaft,
die in ihrer Parteilichkeit menschlich und in der Sprache verständlich
erscheint.« Barbara von Becker, Süddeutsche Zeitung
Wagenbachs Taschenbücherei 103. 208 Seiten, DM 14.—

Boris Vian *Der Voyeur*
13 unanständige Geschichten
»Dreizehn Beispiele einer menschenfreundlichen Literatur, die genußvolle
Beschädigung von gesellschaftlichem Porzellan zum Prinzip ihrer
Kunst macht.« Falter, Wien
Wagenbachs Taschenbücherei 123. 144 Seiten, DM 12.50

Verlag Klaus Wagenbach   Berlin